富布赖特
美国冷战外交的批评者

赵学功 著

James William Fulbright

本书为国家社科基金重大项目[20世纪国际格局的演变与大国关系互动研究] (11&ZDJ33) 阶段性成果

北京大学出版社
PEKING UNIVERSITY PRESS

图书在版编目(CIP)数据

富布赖特:美国冷战外交的批评者/赵学功著.—北京:北京大学出版社,2015.8

(美国对外战略的设计者)

ISBN 978-7-301-26176-7

Ⅰ.①富… Ⅱ.①赵… Ⅲ.①富布赖特,J.W.(1905～1995)—人物研究 Ⅳ.①K837.127=5

中国版本图书馆 CIP 数据核字(2015)第 185143 号

书 名	富布赖特:美国冷战外交的批评者
著作责任者	赵学功 著
责任编辑	董郑芳(592564478@qq.com)
标准书号	ISBN 978-7-301-26176-7
出版发行	北京大学出版社
地 址	北京市海淀区成府路 205 号 100871
网 址	http://www.pup.cn
新浪微博	@北京大学出版社 @未名社科-北大图书
电子信箱	zpup@pup.cn
电 话	邮购部 62752015 发行部 62750672 编辑部 62753121
印刷者	北京大学印刷厂
经销者	新华书店
	650 毫米×980 毫米 16 开本 21.75 印张 251 千字
	2015 年 8 月第 1 版 2015 年 8 月第 1 次印刷
定 价	32.00 元

未经许可,不得以任何方式复制或抄袭本书之部分或全部内容。
版权所有,侵权必究
举报电话:010-62752024 电子信箱:fd@pup.pku.edu.cn
图书如有印装质量问题,请与出版部联系,电话:010-62756370

主 编 的 话

人类历史归根结底是由人创造的。马克思说过:"历史不过是追求着自己目的的人的活动而已。"据此,历史乃无数人物之"传记"。史缘于事,事缘于人;无人则无事,无事则无史。以人物为中心的历史研究,原本也是我国史学的一个优良传统,伟大的太史公即是楷模。如果只议事、不论人,一个个生动鲜活的人物隐匿了,历史的星空势必黯然失色。历史记录本来就是人类自身的写照,人们怎能容忍"无人的历史"呢?

站在21世纪举目回望,可以看出一个明显的事实:20世纪世界历史发展的一个最重要的特点与结果,是美国全球性主导地位的确立和巩固。当冷战结束时,美国的地位非常突出,不仅成为绝无仅有的政治、军事与经济超级强国,美国意识形态或"生活方式"更成为国际社会的主导性话语。而美国这种独特地位,尽管其历史根源可以追溯到更早的时期,但总的来说主要是在20世纪尤其是冷战时期形成的。美国是最大的发达国家和最重要的守成大国,中国是最大的发展中国家和最重要的新兴大国。研究美国的强盛之道,包括"人的因素",尤其是美国外交与战略精英在其中所起的作用,对我们来说,意义不言而喻。

这就是我们决定编写这套丛书并以冷战时期为研究重点的一个主要原因。

美国外交领域值得研究的人物当然还有许多,我们的选择有主客观两方面的考虑:或因为相关档案材料较为丰富,或因为此人在某些方面的代表性,或主要因为作者的研究兴趣与专长,等等。但毫无疑问,这十位政治家都曾在20世纪美国外交的某个阶段、某个领域发挥过重要作用,当得起"美国对外战略的设计者"这个称号。

细心的读者不难看出,有时涉及同样的人和事,不同的作者看法并不完全一致。这是很自然的。达成共识诚然是值得追求的目标,但学术研究并不以意见统一为出发点,恰恰相反,各抒己见,百家争鸣,才有可能"殊途同归"。所以我们对于丛书的撰写只规定了几条基本原则,同时也是想要达成的目标:

其一,尽可能利用翔实、可靠的第一手资料,并注意反映国内外最新研究成果。与此同时,作为一种新的尝试,我们鼓励借鉴国际政治理论、决策理论、战略史与战略思想史等相关领域的研究视角和分析方法,并且在展示美国对外战略的决策过程、决策机制和实施过程的同时,注意揭示有关决策者的政治哲学、安全观念与战略思想及其所反映的美国政治文化与战略文化传统。

其二,丛书显然具有政治评传的性质,并非面面俱到的人物传记,而是着重揭示有关人物在战略与外交领域的主要思想和实际影响。鉴于人们过去较多关注总统等"前台"人物,对于政策背后那些思想型人物却注意不够,我们将研究重点更多地聚焦于政治、军事、外交、经济、文化等领域的一些有思想、有政策影响的谋士型、智囊型人物。这不仅有助于丰富美国外交的研究视角,还有助于使我们的认识从物质、技术的层面上升到思想的层面和战略的高度。

其三,在保证思想性与学术性的前提下,兼顾趣味性与可读性。但我们并不打算靠搜罗各种逸闻趣事或花边新闻来"吸引眼球",更无意通过渲染这些社会名流、政坛精英的个人奋斗史来提供类乎"励志文学"的教化功能。我们的关注点,乃是美国人的精神气质、思想遗产、政治智慧、历史经验或成败得失对于我们可能具有的启发意义。

最后,也是最重要的,我们将着重思考和展示一个迄今仍然具有重大现实意义的关键问题,即战后美国世界性主导地位或全球"霸权"的确立、巩固或维系,与冷战的形成、展开、转型和终结之间具有何种联系;以及战后各个历史时期,美国战略精英如何确定国家利益的轻重缓急与优先次序、判断内外威胁与挑战、评估自身能力并做出战略选择,以达到维护美国国家利益,确立、巩固或护持美国全球霸权的战略目的。

由于资料条件、研究水平等方面的限制,我们离上述目标可能还有相当距离,缺点和错误也在所难免。"嘤其鸣矣,求其友声。"对于我们的研究和写作初衷,读者诸君倘能有所会心,从而引发新的思考,那将是我们莫大的荣幸。

2013 年 12 月 8 日于南京

前 言

在当代美国历史上,有一位杰出的政治家,他早年进入阿肯色大学读书,后获得"罗兹奖学金"赴英国牛津大学留学;1939年担任阿肯色大学校长,1943年成为美国众议员,1945年进入参议院,由此开始了长达30年之久的参议员生涯,是美国历史上最有影响的参议员之一;1959年担任参议院外交委员会主席,直至1974年,成为迄今担任这一职务时间最长的参议员,对这一时期美国对外政策的制定和实施产生了重要的影响,被誉为华盛顿"不可或缺"的政治家。此人就是詹姆斯·威廉·富布赖特(James William Fulbright)。

在阿肯色州首府费耶特维尔市中心广场有座塑像,上面刻着这样赞美的词句:

费耶特维尔市之子、
阿肯色大学校长、
美国参议员(1945—1974)
J. 威廉·富布赖特

播下的和平种子成长为联合国、富布赖特交流项目、禁止核试验条约和肯尼迪表演艺术中心的和平种子。①

这短短几行文字概述了富布赖特一生中主要的活动轨迹以及所取得的成就。

在富布赖特的一生中,美国对外政策始终是他关注的重点。作为国会议员,他不仅参与了许多美国重要对外政策的制定,同时也是美国外交的战略思想家和评论家。他撰写的著作包括《权力的傲慢》《跛足巨人》和《帝国的代价》等,其中后两部还被翻译成中文。他还通过发表演说及电视采访来阐释自己的观点,对美国外交政策和国际关系提出了许多富有见地的看法,影响深远。20世纪60年代中期,他曾经连续主持了十多次有关中国问题的国会听证会,推动了美国对华政策从"遏制与孤立"到"遏制但不孤立"的转变,开启了美国各界重新认识中国的进程。

在美国,富布赖特及其外交思想很早就成为学界研究的对象,自20世纪50年代后期开始就陆续有相关的著作问世,既涉及其对美苏关系、美欧关系、中美关系的认识,也涉及他对美国总统与国会在外交领域的权力之争等问题,内容非常丰富。其中成果最多的是有关富布赖特对越南战争立场转变的研究。到目前,已有数部相关著作问世。有关富布赖特的传记主要有两种,即阿肯色大学历史系教授兰德尔·伍兹所著的《富布赖特:一部传记》和李·鲍威尔所著的《威廉·富布赖特及其时代:一部政治传记》。两书都依据大量翔实的档案文献,对富布赖特丰富多彩的一生做了全面、系

---

① 霍伊特·珀维斯:《威廉·富布赖特:来自美国小镇的国际理解倡导者》,《交流》2004年冬季号,第10页。

统的考察,生动地展现了富布赖特所经历的一幕幕重大事件,为人们进一步认识和了解这位颇具个性的政治家提供了丰富的资料。由阿肯色大学图书馆特藏部工作人员贝蒂·奥斯汀编辑的《威廉·富布赖特:文献目录》是一本极有价值的参考书。该书分门别类,对美国国内有关富布赖特的档案收藏、富布赖特自己的著述、学界的相关研究成果以及一些报纸、期刊所刊登的评论和报道等做了细致梳理,成为人们进行更深入研究的指南。

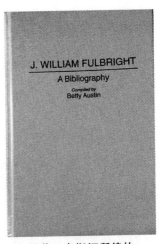

贝蒂·奥斯汀所编的《威廉·富布赖特》的封面

就国内而言,虽然目前尚没有专门的研究著作出版,但学者们对于富布赖特外交思想的某些方面也进行了较为深入的探讨,主要集中在20世纪50、60年代他为推动美国对华政策转变所做的努力,以及有关富布赖特项目及其在中国实施的情况。另外,国内有数所高校的研究生选择富布赖特的外交思想及活动为研究对象,提出了一些新的见解,拓展和深化了国内学界的相关研究。

写作本书过程中,作者除了尽可能参考国内外相关研究成果外,使用的基本资料主要来源于富布赖特本人的相关著述和演说。富布赖特曾出版过五部与美国外交政策相关的著作,在参议院、各大学及媒体发表了大量的演说,同时还在报纸、期刊发表了不少文章,这些都成为研究其外交思想的重要材料来源。美国《国会记录》所登载的富布赖特的有关讲话尤为重要,因为这些讲话更真实地反映了他当时对某些问题的看法或观点,而不是事后回顾或反思得出的结论。同时,作为参议员和参议院外交委员会主席,他的主要活动是在国会内展开的,主要通过发表演说来影响美国对外政策的制定和实施。另外,本书还使用了美国国务院所编撰的《美国对外关系文件集》中有关各卷,以及有关的数据库。

作者之所以写作本书,首先要感谢南京大学石斌教授和北京大学出版社的耿协峰先生。2010年中,石斌教授和协峰先生策划出版一套美国外交思想家和战略家丛书,并让我承担富布赖特一书的写作任务。自己承担这一任务主要是基于两点考虑:一是1999—2000年自己有幸曾作为富布赖特访问学者赴美国马里兰大学和国家档案馆从事过一年的学术研究,是富布赖特国际交流项目的直接受惠者,有责任和义务将这位对当代美国政治和外交产生过重大影响的政治家一生的重要活动介绍给大家,使更多的人认识和了解他;二是国内对于富布赖特的研究还很薄弱,希望通过抛砖引玉,引起更多学人的兴趣和关注,从而进一步促进国内对相关问题的研究。

在资料收集和写作过程中,石斌教授、厦门大学韩宇教授、首都师范大学姚百慧博士、美国佐治亚大学历史系杜丹博士、北京现代信息公司国以群先生、Proquest公司吴家强先生和李鹏先生、南开大学历史学院董瑜博士以及南开大学图书馆馆际互借中心的苏东、申巍等老师都给予了热情帮助。责任编辑董郑芳在审阅、编校过程中严谨认真,指出了书稿中存在的诸多问题,为本书贡献良多。在此一并表示深深的谢意。同时,作者深感富布赖特思想的深邃、复杂与丰富,囿于自己的学识和水平非常有限,书中肯定存在不少疏漏乃至谬误之处,祈盼诸位师友给予批评指正。

目 录

第一章　早年经历 / 1
　　一、求学生涯 / 1
　　二、崭露头角 / 9
　　三、《富布赖特法案》/ 22

第二章　冷战卫士 / 28
　　一、倡导欧洲联合 / 28
　　二、捍卫冷战 / 31
　　三、直面麦卡锡 / 43
　　四、挑战"艾森豪威尔主义" / 50
　　五、对苏联看法的改变 / 58

第三章　建言献策 / 65
　　一、富布赖特与肯尼迪 / 65

二、谋求缓和 / 87
三、"旧神话与新现实" / 95

第四章 打开绿灯 / 105
一、东京湾事件 / 105
二、战争边缘 / 127
三、美国入侵多米尼加 / 153

第五章 鸽派领袖 / 165
一、转变立场 / 165
二、越南问题听证会 / 175
三、中国问题听证会 / 190
四、再接再厉 / 201
五、春节攻势的影响 / 229

第六章 坚持到底 / 243
一、战争的"越南化" / 243
二、战火蔓延 / 265
三、僵持不下 / 281
四、越战结束 / 290
五、告别政坛 / 313

结　语 / 320

参考文献 / 331

第一章　早年经历

对于富布赖特来说，早年的经历特别是远赴伦敦的求学经历对他思想的形成产生了至关重要的影响。正是在这一时期，他开始对国家之间的关系以及不同文化之间的相互交流有了初步的认识，为日后富布赖特国际交流计划的出台奠定了基础。

一、求学生涯

1905年4月9日，詹姆斯·威廉·富布赖特在密苏里州一个名叫萨姆纳的小镇出生了。第二年，全家迁往阿肯色州北部风景秀丽的欧扎克山区的费耶特维尔小镇。富布赖特的父母都出身于殷实家庭，并且都毕业于密苏里大学。父亲杰伊·富布赖特勤劳能干，是一位成功的农场主，拥有的产业涉及木材、养殖、零售、银行、酒店等领域，还办了一份报纸《阿肯色西北时报》，是费耶特维尔的一大富翁。母亲罗伯塔·富布赖特经常教导富布赖特只有勤奋、节俭和努力工作才能富有。不仅如此，富布赖特的母亲在社交方面颇有才能，时常举行家庭聚会，宴请当地的社会名流和阿肯色大学的教职员工。

威廉·富布赖特自幼衣食无忧，生活安逸，从小就爱好学习和体育。费耶特维尔是阿肯色大学的所在地,在那里近二十年的生活影响着他一生的政治选择。1920年他进入阿肯色大学学习后,成绩优良,特别是在网球和橄榄球上所拥有的天赋让他在大学时代就是校园里的名人。尽管他不善交际,但仍被选为阿肯色大学互助会的主席、学生会主席,并曾担任其他学生组织的领袖。同时,良好的教育、贫瘠的阿肯色州,让他对于富裕与贫困有着独特的理解。

富布赖特日后在参议院任职期间,经常跟很多同事在美国对外干涉的问题上有着不同的看法,这与他出生和成长的环境有着密切联系。富布赖特认为,他对于强国和大国的态度与他从小生长的环境有着密切的关系。他曾回忆说:"我也许是内战时南方的后代,也许我已经因此养成了一种对强国和大国的态度。究其根源,与阿肯色州的文化背景有关。如果你是我长大成人时期的阿肯色人,你就不会十分傲慢,我们当时几乎比任何地区的人都要穷,很多其他地区的人往往看不起阿肯色州,认为这里的人又穷又无知。在考虑美国与比它小的不发达国家之间的关系时,这种背景影响我的态度,我看这似乎是符合逻辑的。"他还表示:"正因为我在阿肯色州长大,被富有的州剥削是怎么回事,我是有感受的。内战以后,我们州的某些主要资源被阿肯色州以外的人开发了。大公司运走了我们的铝土,获得了巨额的利润,他们在阿肯色州土地上留下的是敞着口的大坑。我认为这是件很可怕的事,是强者对弱者的残酷剥削。我以为阿肯色人应该从这些资源中得到实惠,他们应该有提高自身生活水平的机会。"显而易见,生活在这样的环境使富布赖特在一定程度上对强国对弱小国家的剥削有更深刻的理解,并影响着他对有关美国对发展中国家政策的看法。①

1924年之前的富布赖特,与绝大多数同龄人一样,对于未来自己的人生并没有深入的思考,也没有远大志向,更无出国求学的打算。实际上,即使有出国的打算,在当时对于身处边远山区的富布赖特来说也是非常困难的。富布赖特这样回忆说,在1925年大学毕业前,"我很少离开或远离过阿肯色,我从未想到过要去其他地方甚至到美国别的地方去读书"。但是1924年秋天他在校园里与阿肯色大学研究生院院长克拉克·乔丹的一次偶遇成为他人生中的一个重要转折点。乔丹曾经担任过富布赖特的英语课老师,并多次出席富布赖特母亲举办的聚会,是富布赖特家的常客。他告诉富布赖特罗兹奖学金的申请开始了,并建议富布赖特着手准备。

塞西尔·罗兹早年在南非开采钻石,获益颇丰,于1902年设立了奖学金,旨在为所有当时和先前英属殖民地国家的青年才俊提供资助,使其有机会能前往牛津大学深造。罗兹要求奖学金获得者必须在才智、体育和领导才能等方面都出类拔萃,具有成为未来领导人的潜质。他之所以选择牛津大学,是因为该校在哲学、历史、法律、政治学和古典文明研究方面享有盛誉,而这些学科有助于青年学生日后承担公共责任。美国每年都会经过严格的层层筛选,从中选出数十名杰出的青年去英国学习。乔丹认为富布赖特非常适合申请罗兹奖学金,因为富布赖特不仅学习能力强,而且也是阿肯色大学橄榄球队中一位非常出色的队员。1924年12月,经过层层选拔,年仅19岁的富布赖特获得了令诸多年轻学子梦寐以求的罗兹奖学金,在当地成为轰动一时的新闻。要知道在当时阿

---

① J. William Fulbright, *The Price of the Empire*, New York: Pantheon Books, 1989, p. 154; Randall B. Woods, "Dixie's Dove: J. William Fulbright, the Vietnam War and the American South," *The Journal of Southern History*, Vol. 60, No. 3, August 1994, pp. 533-552.

肯色大学并不出名,而申请罗兹奖学金的要求又非常高,很多学生都望而生畏。富布赖特日后多次表示,获得罗兹奖学金在很多方面完全改变了他的生活。①

牛津大学曲棍球队员 J. 威廉·富布赖特(第一排右)
图片来源:《交流》2004 年冬季号

1925 年秋天,富布赖特负笈牛津。他回忆说,"牛津大学对我是个崭新和神奇的世界,也是一次很大的文化冲击"。富布赖特在橄榄球和长曲棍球方面的天赋为其赢得了声望,被邀请参加各种社团和俱乐部,这使他有更多的机会接触到来自不同的国度和文化背景的学生。他在积极参加各种体育活动的同时,也深深感受到自己在知识方面的不足,"为自己在文学和其他领域知识的贫乏感到羞耻",因而开始认真地广泛阅读,充实自己。② 富布赖特将历史学和政治学作为自己的主修课程。幸运的是,他在彭布罗克学院学习时,遇到了罗纳尔多·麦卡勒姆,一名来自苏格兰的年轻教师,当时只有 27 岁,对学生认真负责,是一位颇受学生喜欢的学者

---

① Haynes Johnson and Bernard Gwertzman, *Fulbright*: *The Dissenter*, Garden City: Doubleday Company, 1968, p.26.

② Ibid., p.27; Fulbright, *The Price of the Empire*, p.208.

和教师。麦卡勒姆曾经在普林斯顿大学访学一年,因而相对于他的同事而言,对美国有着更多的好感,也非常喜欢这位来自阿肯色州的年轻人。麦卡勒姆是苏格兰长老会和英国自由党成员,研究方向是英国选举制度和国际组织。同时,他也是威尔逊主义的忠实信徒,终其一生都认为国际集体安全组织是维护世界和平的可靠保障,这对富布赖特产生了重要影响。他经常教导富布赖特要以国际主义的视野来观察问题,并鼓励富布赖特游历欧洲,广泛了解欧洲社会,开阔视野。直至1973年5月去世之前,麦卡勒姆一直与富布赖特有着较为密切的联系,就美国的内外政策与国际局势交换看法,现存的往来信函有上百封。①

1928年6月,富布赖特以优异的成绩从牛津大学毕业,决定去欧洲大陆旅行。在维也纳,他看到了自己所向往的"文明社会"。他终日徜徉于剧院和艺术展览馆,漫步在城市街头,沉浸在维也纳的咖啡文化氛围中,听咖啡馆里的作家、画家、演员和各种类型的知识分子谈论"后"各种艺术流派,辩论凡尔赛体系下魏玛共和国的困境。后来,富布赖特对维也纳的"卢浮宫咖啡馆"更感兴趣,因为在那里聚集着来自包括美国在内的世界各地的记者。也正是在那里,富布赖特结识了曼彻斯特《卫报》驻巴尔干地区的记者麦克·福多尔。此人对中欧事务非常熟悉,擅长从历史的角度深入剖析东欧错综复杂的政治问题。富布赖特对他钦佩有加,称他是自己所见过的"最博学""最善良""最有教养"的人之一。②

---

① Rabdall B. Woods, *Fulbright: A Biography*, New York: Cambridge University Press, 1995, p.24; Herb Gunn, "The Continuing Friendship of James William Fulbright and Ronald Buchanan McCallum," *The South Atlantic Quarterly*, Vol. 83, No. 4, Autumn 1984, p.417.

② Johnson and Gwertzman, *Fulbright*, p.30.

从1929年春开始,富布赖特、福多尔结伴而行,一起游历了中欧和希腊,并采访了许多重要的政界和文化界名流,其中包括匈牙利、罗马尼亚和捷克斯洛伐克等国家的政府高级官员,也结识了很多重要的新闻记者和作家。这些采访和社交活动让富布赖特对国际政治有了进一步的了解,这对他以后提出国际交流计划是大有裨益的。他曾这样回忆说:"从赴牛津开始,多年的国外旅行对我也有一定的影响。要说清到底如何影响的并不容易,但我相信这一切都对我以后关于富布赖特交流计划的想法有影响。"①

本来,福多尔希望富布赖特能成为《华盛顿邮报》驻东欧的记者,但因为富布赖特在雅典患病,只得于1929年离开欧洲乘船回国。富布赖特在家乡一边修养,一边帮助母亲照料生意。富布赖特的父亲1923年因病突然去世,全家只好靠母亲的辛勤劳作支撑着,自然非常希望富布赖特能留在家中。此后不久,富布赖特去华盛顿出差,结识了后来成为他妻子的伊丽莎白·威廉斯,两人一见钟情。因而,富布赖特选择在乔治·华盛顿大学法学院继续攻读,并于毕业后留校任教,同时在司法部兼职。1932年6月,两人喜结连理。1936年,富布赖特和妻子离开华盛顿回到阿肯色,一边帮助母亲管理农场和生意,同时还在母校阿肯色大学法学

富布赖特与他的母亲罗伯塔·富布赖特及第一任妻子贝蒂·富布赖特
图片来源:伍兹著的《富布赖特传》

---

① Fulbright, *The Price of Empire*, p. 209.

院兼职教学,过着惬意、悠然的生活。他教学认真,颇受学生欢迎。1939年春,他被正式聘为法学院副教授。9月,阿肯色大学校长突遭意外身亡,新的校长人选成为人们关注的焦点。此时,富布赖特的母亲通过自己所办的报纸,已经在阿肯色州具有一定的政治影响,并且时任州长卡尔·贝利也是她家的常客。她通过各种途径,想方设法使富布赖特成为阿肯色大学校长。时年他才34岁,是当时全美最年轻的大学校长。

担任阿肯色大学校长的富布赖特
图片来源:伍兹著的《富布赖特传》

富布赖特在担任校长期间,积极参与公共事务,发表了一系列评论,抨击时政。1940年10月,他在小石城举行的美国商会会议上发表了题为"阿肯色州的经济问题"演说,指出贫穷的阿肯色州实际上成了东部资本家的殖民地;尽管这里拥有丰富的土地、石油、铝、铝矾土等资源,但大都为来自其他州的人所开采,阿肯色州人所得到的只是每天1.5美元的一些工作。他强调,只有联邦政府提供持续的、大规模的援助,才能为落后的各州摆脱贫困和外部控制、解决社会和经济发展中的问题带来希望。这一思想成为他日后支持美国政府向不发达国家提供援助主张的萌芽。①

富布赖特对当时盛行的孤立主义思潮给予了尖锐批评,呼吁美国民众决不要被孤立主义者的陈词滥调所迷惑。1940年7月,他在俄克拉荷马州立大学发表演讲,主张美国参加第二次世界大战,推动大西洋共同体的构建,捍卫西方文明和世界和平。他说,

---

① Johnson and Gwertzman, *Fulbright*, p.43.

"我们当然不想要一场战争,如同奥地利、捷克斯洛伐克、波兰、挪威、荷兰、比利时、法国和英国一样,但问题是战争已经爆发了,我们应该如何面对"。他认为,很多美国国会议员还没有认识到局势的严重性,强调希特勒的行为严重威胁了整个大西洋共同体的安全,事关整个西方文明的存亡。因而,他成为威廉·怀特领导的"援助盟国保卫美国委员会"强有力的支持者。① 富布赖特还致信罗斯福总统,敦促美国政府采取强有力的措施援助英国,认为不能期望美国国会会采取决定性的行动,倘若罗斯福能勇敢、果断地应对战争,"我确信美国人民特别是年轻人将热情地支持您"。他本来要在密苏里大学举行的毕业典礼上发表演说,抨击那些孤立主义参议员所提出的"胆怯的、旨在逃避义务的政策"是美国国家利益"最大的危险之一"。但是密苏里大学校方担心,这一演说会冒犯恰恰是孤立主义者的该州州长,要求他对演说稿的内容进行修改,遭到富布赖特的拒绝。因而,密苏里大学取消了对他的邀请。②

富布赖特虽然深受学校师生拥戴,但还是成了政治斗争的牺牲品。1940年阿肯色州州长选举中,得到富布赖特家族大力支持的贝利被富布赖特父亲以前的政敌霍默尔·阿德金斯击败。1941年6月9日,在阿德金斯的授意下,不顾学生们的抗议,阿肯色大学董事会解除了富布赖特的大学校长职务。当晚,当已经被宣布免职的富布赖特登上演讲台向参加毕业典礼的学生介绍致辞嘉宾时,学生们都自发地起立,为他鼓掌达数分钟。

虽然富布赖特担任阿肯色大学校长仅仅两年,但这次经历使他走上了从政的道路。尽管他被解职是因为政治的原因,但在一

---

① Karl E. Meyer, *Fulbright of Arkansas: The Public Positions of a Private Thinker*, Washington: Robert B. Luce, 1963. pp. 1-2.

② Woods, *Fulbright*, p.60; Johnson and Gwertzman, *Fulbright*, p.47.

年之后,富布赖特自己也介入了政治。1942年,他以前的一位学生告诉他,自己打算放弃在国会众议院的席位而竞选参议员,建议富布赖特参加阿肯色州第三选区众议员的竞选,接替他在国会中的位置。尽管富布赖特并没有想过要从政,况且对这一选区也不熟悉,"仅仅到过该选区10个县中的3个",但他在阿肯色州民主党委员会以及他母亲、妻子等人的鼓励和支持下,最终决定参加竞选。在1942年9月举行的阿肯色州民主党会议上,富布赖特呼吁,今后两年民主党领导人应在建立世界组织方面提出一项"大胆的、积极的方案"。阿德金斯曾指示阿肯色州福利委员会的各位成员一定要充分发挥在第三选区的影响,尽一切努力击败富布赖特,称如果富布赖特当选的话,对他来说"将是最为耻辱的事情"。虽然如此,凭借其良好的教育背景和家庭的财政支持,富布赖特赢得了选民的普遍支持,最终如愿以偿,击败了竞争对手。通过这次竞选,他也深深地认识到,"不论是在国会还是参加激烈的竞选活动,立法机构最重要的作用是要具有弥合分歧、达成妥协的能力,因为在政治问题上没有绝对化"。

二、崭露头角

1943年就任美国众议院议员后,富布赖特被安排在无人问津的众议院外交事务委员会任职,从此即投身于外交事务,并且很快就成为众议院中美国对外政策的主要发言人。

此时,美国及其盟国在打击德意日法西斯的战争中已开始进入全面反攻阶段,如何构建战后的世界和平与秩序遂提上议事日程,成为美国决策者和国会议员们关注的重要问题。"珍珠港事件"的发生使美国民众和领导人认识到,美国决不能再像一战结束后那样置身于国际政治之外,必须积极主动地参与国际事务,并主

富布赖特

导战后世界的安排,确保战后世界的长久和平。因而,许多美国国会议员纷纷就构建战后新的国际组织以及和平机制问题献计献策,各种议案不断出现。

在富布赖特看来,战争纵然可怕,但同时也为世人通过建立一个国际组织来确保战后的世界和平提供了一个巨大的、难得的历史机遇。他认为,为了避免世界大战的再次爆发,美国不能在创建集体安全组织的第二次机会面前无所作为,而应该担当起领导责任,努力推动集体安全组织的创建,成为维护世界和平的主要力量。他强调,"美国为人类文明做出自己贡献的时机已经到来",告诫美国民众唯有抛弃孤立主义,支持集体安全,美国的国家安全才能确保,也才能维持持久的和平。①

1943年2月16日,富布赖特在就任美国国会众议员的首场讲话中,呼吁美国国会对战后维持和平的途径展开研究,并与同为新任众议员、传媒大亨卢斯的夫人克莱尔·卢斯展开了一场交锋。就任众议员不久,克莱尔·卢斯便在众议院发表了首场讲话,对"自由派国际主义者"进行了猛烈抨击,强调美国在战后的作用必须牢牢地基于"自身利益"和单边主义考虑。对此,富布赖特针锋相对,在讲话中逐一驳斥了卢斯的"狭隘"观点,强调美国应该从第二次世界大战中汲取的教训是,只有集体安全才能确保世界的和平,为此应做出必要的牺牲。他表示,提出这一观点并非感情用事,也不是空想,而是确信美国的自身利益有赖于一个切实可行的集体安全体系。他提议,美国应放弃其传统的孤立主义思想,立即与盟国进行磋商,就世界各国建立一个集体安全体系提出详细和具体的方案;美国国会立即授权并指导外交事务委员会开始全面

---

① Johnson and Gwertzman, *Fulbright*, p.47.

研究有关建立战后国际组织以阻止发生战争的各项方案,并将详细计划提交行政部门考虑。①

富布赖特的首场发言受到美国民众的热烈欢迎,大量支持这一讲话的信函从美国各地涌向他的办公室。有国会议员称,这是近十年来自己在众议院所听到的最好的演说。媒体则称赞他是"杰出的新议员",并将其视为"自由主义者与知识分子的希望"。②尽管作为新任众议员,富布赖特的主张在国会并未得到应有的重视,但他并不气馁,公众舆论的支持使其对建立国际组织的这一设想更加充满信心。2月27日,富布赖特出席"和平组织研究委员会"在纽约举行的会议,再次呼吁人们放弃孤立主义,认为美国的大多数民众已经认识到,必须采取某种"积极的、创造性的措施"以防止战争的重演,并将目前的这场悲剧转变成为缔造未来世界的"巨大机会"。他强调,美国在建立集体安全体系中必须发挥领导作用,如果再像20年代那样坐等"恢复常态",那么美国在这场战争中的一切努力都将付诸东流。富布赖特的讲话得到了与会的美国卡内基国际和平基金会研究员、"和平组织研究委员会"主席詹姆斯·肖特维尔以及哈佛大学拉尔夫·佩里教授、纽约大学克莱德·伊格尔顿教授等人的支持。肖特维尔表示,为了维护人类所享有的权利,美国现在必须与其他国家一道努力;当初美国人拒绝接受威尔逊总统提出的建立国际联盟和谋求国际合作的主张,认为美国有东西两洋为屏障就可以高枕无忧,但现在他们感到不再安全了。他重申,每一个美国人现在必须明白,国际合作是未来确保世界和平的唯一办法,而如果没有美国的全面参与,那么这种合

---

① Meyer, *Fulbright of Arkansas*, pp.5-10; U.S. House, *Congressional Record*, February 16, 1943, pp.1011-1013.

② Johnson and Gwertzman, *Fulbright*, p.66.

作机制就不能有效地发挥作用。伊格尔顿告诫说,要么努力建立一个强有力的国际合作体制以"控制战争",要么不断地为战争进行准备;而一旦选择后者,"我们就不得不实行全民动员,对私有企业和民主程序实行严格控制,征收重税,以维持历史上规模最大的军备"。①

3月16日,共和党参议员约瑟夫·鲍尔联合共和党参议员哈罗德·伯顿、民主党参议员哈里·杜鲁门、卡尔·哈奇在参议院大会上提出了他们的议案。很快有媒体以四人的姓名首字母为序,将此议案称为"B2H2决议案"。该议案首先呼吁美国政府与其他联合国家一起,在战争进程中,共同组建一个永久性的国际组织。议案指出,这一组织应具有以下几方面的功能:拥有进行战争的权力和力量;有占领和管理被解放领土的权力;负责管理被解放领土的救济和战后经济重建工作;为国际社会提供一个能够和平解决彼此间争端的机制。议案同时主张建立一支"联合国家警察力量",旨在阻止任何国家对外武力侵略。约瑟夫·鲍尔强调,战争的悲剧必须避免,建立一个世界范围内的集体安全体系是维持战后和平与稳定的最好选择,参议院应立即行动起来,向美国的战时盟友明确表示自己的态度。②

对于这一议案,美国政府和国会内都有不同意见。罗斯福总统希望参议院能尽快通过这一议案,但同时担心议案的内容过于具体,易引起争议。国务卿赫尔也担心孤立主义者有可能寻衅滋

---

① "Planning for Peace Seen Gaining in U. S. ," *New York Times*, February 28, 1943, p. 33.

② Rober Divine, *Second Chance: The Triumph of Internationalism in America during World War II*, New York: Atheneum, 1967, p. 94; 韩长青:《试论二战期间美国国会的战后国际和平组织政策》,首都师范大学硕士学位论文,2004年,第27—28页。

事，建议应慎重考虑，用一个内容宽泛、措辞温和而且各派政治势力都能接受的原则性声明来代替这一议案，以此来获得大多数国会议员对国务院采取积极的国际主义政策的支持。在参议院内，以外交委员会主席马修·康纳利为首的几名议员对此持反对意见，担心国会围绕战后和平问题展开的公开辩论会引发孤立主义者对战时盟国英国或苏联的肆意攻击，从而影响了盟国的团结，危害战后世界和平，要求搁置"B2H2决议案"。此外，他们也希望就此提出自己的方案。康纳利等人对B2H2决议案的拖延和参议院旷日持久的争论，为富布赖特在众议院提出自己的议案提供了机会。

1943年4月5日，富布赖特提出一项议案，内称"众议院决定，国会应赞成建立一个拥有适当权力的国际机构，以建立并维护公正、持久的国际和平，并支持美国参加该组织"。随后，在共和党议员的要求下，该提案又增加了"通过宪政程序"这句话，以免行政部门不经国会同意就擅自与其他国家达成秘密协议。富布赖特的提案只有寥寥数语，言简意赅，措辞上要比"B2H2议案"模糊得多，并删去了原文中有关建立"国际警察力量"的设想。他认为决议案越少引起争议，获得国会通过的可能性也就越大。此时，众议院外交事务委员会想借此机会在外交政策问题上摆脱参议院的控制，积极参与美国对外政策的制定，因而决定秘密开会讨论富布赖特决议案。6月15日，该议案在众议院外交事务委员会获得一致通过，并于次日提交到众议院全体会议审议。富布赖特表示，这一决议旨在表明美国不赞成孤立主义政策，愿意与各国合作，共同努力创建一个确立并维持持久和平的国际机构。①

---

① Frederick R. Barkley, "House Group Backs World Peace Plan," *New York Times*, June 16, 1943, p.1, p.4.

富布赖特的提案得到了不少议员的支持。众议院外交事务委员主席索尔·布卢姆表示,委员会对所收到的各项有关战后安排的方案都进行了研究,最后确定了富布赖特提交的只有一句话的提案;"即使你们撰写、谈论一个星期,也不可能比该决议案所表达的含义更多"。新罕布什尔州议员福斯特·斯特恩斯认为,富布赖特提案的最大优点就是内容简洁,可以印在明信片上,使更多的美国人能够读到。共和党资深众议员约翰·沃瑞斯在做介绍性发言时指出,这一议案并非是一个完整和正式的战后和平方案,更不会使美国承担什么强迫性义务,充其量只是国会就战后美国外交政策所做的"意向性声明"。但是,这样一个意向性声明又是非常重要的,因为它将会向国际社会传递这样一个重要信息,那就是在战后,美国外交政策的基调是对国际社会的参与,而非孤立。汉密尔顿·菲斯在发言中也表示赞成这一议案,强调现在是开始讨论未来和平方案的时候了。①

"珍珠港事件"后美国国内的孤立主义势力已大不如以前,但仍有一定的影响力,不少议员对富布赖特的提案持怀疑乃至反对的态度。来自中西部地区的一些孤立主义者批评议案用词模糊,将会给罗斯福政府和其他国际主义者开出一张空白支票,等于授权他们建立一个完全有可能损害美国主权与独立的超国家机构,这些国际主义者打算牺牲美国的利益,为他国火中取栗,其结果只能是得不偿失。孤立主义的代表人物、资深参议员塔夫脱批评富布赖特的计划是放弃了美国今后行动的自由。对此富布赖特据理力争,抨击孤立主义者的观点是"绝望的、危险的倒退",它"迎合了我们的情感、偏见和自私"。②

---

① Johnson and Gwertzman, *Fulbright*, p. 71; Divine, *Second Chance*, p. 111.
② Divine, *Second Chance*, p. 143.

对于富布赖特来说,要想让其政治主张成为美国的政策,绝非易事。他面临的困难主要有三个方面:美国传统的孤立主义思潮;作为新任众议员,缺乏政治影响力;国会内参议院与众议院之间的争斗。幸运的是,该议案得到了国务卿赫尔、副国务卿萨姆纳·韦尔斯和罗斯福的私人顾问哈里·霍普金斯的支持。为促成议案能够得到通过,富布赖特努力从罗斯福总统那里寻求支持,力劝他抓住当前时机,在对外政策方面采取主动。实际上,富布赖特的提案正合美国决策者的心意。罗斯福责成赫尔促成此事,并且通过韦尔斯告诉富布赖特,他希望议案能尽快获得通过,但是需要避免反对者附加任何歧视性的修正案,而且要等到议案能够争取到国会和民众最大程度的支持的时候,再将议案交付表决。韦尔斯在给富布赖特的信中明确指出,罗斯福、赫尔完全赞成富布赖特提案所确定的基本原则。①

同时,富布赖特利用各种机会阐述自己的观点,争取美国舆论和国会议员特别是外交事务委员会成员的支持。他多次表示,如果美国再像20年代那样无所作为,那将会导致"国际无政府状态"的出现。他重申,战后维护国际和平的组织不仅必须拥有对军事力量的监督权,而且还必须有权对制造重型武器、化学武器的能力以及任何制造发动侵略战争所必需的武器装备的技术实施监督。富布赖特认为,美国必须抓住时机,承担起领导世界的责任,摒弃孤立主义的政策。他强调,"国会通过这一决议案旨在向世人保证,美国真诚地希望与其他国家一道努力,阻止战争的发生,在行政部门与其他国家开展有效的谈判之前,这一保证是绝对至关重

---

① Divine, *Second Chance*, p. 112; Johnson and Gwertzman, *Fulbright*, p. 70; Kurt Tweraser, "The Advice and Dissent of Senator Fulbright," Ph. D. dissertation, American University, 1971, pp. 81-82.

要的"。因而,国会必须立即采取行动。① 9月20日,他又在众议院发表讲话说,美国向世界提供的应是智慧和领导能力,而不仅仅是牛奶、面包、金钱和石油;"我们可以向他人提供我们的产品,提高其生活水平,乃至帮助其建立一个自由和民主的政权,但这并非是他国特别期望的";世界各国对美国的期待是,能够承担起领导的责任,并找到公平分享权力的办法,从而使得对国际体系的控制更为有效。他同时指出,鉴于众议院要比其他任何机构都更能体现民意,应当在国家基本政策制定过程中发挥重要的作用。②

为了尽可能减少反对的声音,使决议案顺利通过,主张在对外政策方面奉行国际主义的共和党众议员詹姆斯·沃兹沃思建议众议院议长萨姆·雷伯恩暂时不要对富布赖特议案采取任何行动,他打算在国会休会期间,向各个选区的选民展开广泛的宣传活动,争取使议案得到更多选民的理解和支持。他认为,如果现在就决议案付诸表决,至少会有50位或者80位共和党议员出于党派利益的考虑投反对票。他表示,如果能给他一些时间做这些议员的工作,肯定会有不少人转变立场,估计届时投反对票的不会超过12人。雷伯恩、富布赖特等都表示同意推迟至9月再对议案进行表决。③

富布赖特的决议案被提交给众议院之后,有媒体表示,该项议案是美国朝着制定一项"真正的国家性外交政策"迈出的第一步。1943年7月的盖洛普民意测验表明,尽管众议员们还无法就某项

---

① Meyer, *Fulbright of Arkansas*, pp. 11-15; Johnson and Gwertzman, *Fulbright*, p. 69.

② Eugene Brown, *J. William Fulbright: Advice and Dissent*, Iowa City: University of Iowa Press, 1985, p. 18; U. S. House, *Congressional Record*, September 20, 1943, pp. 7659-7660.

③ Johnson and Gwertzman, *Fulbright*, p. 72; Philip Briggs, "Congress and Collective Security: The Resolutions of 1943," *World Affairs*, Vol. 132, No. 4, 1970, p. 336.

具体的方案达成一致,但已经有78%的美国民众希望出自己选区的联邦众议员投票赞成富布赖特决议案。到9月初,经过富布赖特、沃兹沃思、雷伯恩等人的不懈努力,越来越多的国会议员倾向于支持建立一个美国应在其中起主导作用的国际组织,而意大利的投降使人们进一步认识到解决这一问题的必要性和紧迫性。同时,经过广泛的宣传,美国民众对建立战后和平组织问题表现出浓厚的兴趣。9月21日,众议院就富布赖特决议案进行投票表决。德克萨斯州众议员乔治·马洪称,"在美国历史上,这是具有历史性意义的一天。我们要通过的议案有助于向全世界表明,当我们赢得了这场战争的时候,我们将继续维持这一胜利,美国国会之前从未采取过此类行动"。富布赖特在会上表示,"我并不幻想这一议案成为解决所有国际冲突的灵丹妙药,这只是朝着制定一项我希望结果要比以往更好些的外交政策迈出的第一小步"。伊利诺伊州众议员杰西·萨姆纳对富布赖特决议案持反对意见,指责该议案将赋予国际主义者"剥夺美国人独立的一切权力",这是提交给美国国会的"最为危险的议案"。①

经过两天的辩论,众议院最终以360票对29票通过了富布赖特决议案。在所有投反对票的议员中,只有3名议员是民主党人,其他都是共和党人。就地区而言,投反对票的大都是来自于中西部各州。正如《纽约时报》所言,这是自美国参战以来众议院所表现出来的前所未有的团结一致。众议院外交事务委员会主席布卢姆称,这次投票"没有受到党派分歧的干扰"。国务卿赫尔认为,众议院以绝对多数通过了富布赖特议案,将大大加强美国与英国和

---

① Lee Riley Powell, *J. William Fulbright and His Time*, Memphis: Guild Bindery Press, 1996, p.37; Johnson and Gwertzman, *Fulbright*, pp.72-73; George Gallup, "The Gallup Poll," *The Washington Post*, July 10, 1943, p.5.

苏联就战后世界安排问题进行谈判的地位，并由此向世人表明，美国将全面参与建立的这一国际组织。①

9月25日，众议院将富布赖特法案送达参议院，希望这一议案能成为两院联合决议案。根据规则，富布赖特议案首先由参议院外交委员会审议通过。但是，参议院外交委员会主席康纳利对此持消极态度，认为目前美国和盟国正处于战争的关键阶段，在这样一个关乎美国和盟国切身利益的重大问题上，应避免在参议院引起不必要的争论。其实，康纳利之所以如此，在很大程度上是故意为难众议院外交事务委员会，其目的就是要把制定外交政策的权力控制在参议院手中。不仅康纳利如此，在参议院外交委员会中还有一些成员认为，众议院通过富布赖特决议案是对参议院权力的明显冒犯。对于应该如何做出回应，在参议院内存在不同的基本意见。范登堡参议员主张按照富布赖特决议案的模式行事，康纳利则坚持要求参议院外交委员会应提出自己的议案。

参议院外交委员会的消极态度引起了美国政要、民众和媒体的强烈不满。富布赖特议案的支持者纷纷致函参议院，或发表声明，要求尽快表决通过这一决议，并付诸实施。② 罗斯福、赫尔认为，美、英、苏三国外长会议即将于10月底在莫斯科举行，如能赶在英国和苏联之前提出一项有关战后和平的议案，不仅可以使美国获得政治上的主动，同时也有助于确保会议的成功。9月29日，罗斯福向参议院多数党领袖巴克利表示，参议院就战后的和平方

---

① Turner Catledge, "House Votes 360-29 for Collaboration in Peace after War," *New York Times*, September 22, 1943, p. 1, p. 14; William Knighton, "Fulbright Resolution is Approved by House," *The Baltomore Sun*, September 22, 1943, p. 1, p. 6.

② "Supports Fulbright Resolution," *New York Times*, September 27, 1943, p. 19; "The Senate Should Act," *The Washington Post*, September 24, 1943, p. 16.

案通过一项议案的时机已经成熟,希望参议院能尽快出台一项措辞简要的议案,因为这样有助于弥合意见分歧,争取获得尽可能多的支持。康纳利获悉罗斯福的态度后,立即举行记者会,宣布外交委员会将拟就一项全新的议案,提交参议院审议。10月14日,康纳利正式提出议案,措辞与富布赖特决议案基本相同,规定"反对轴心国的战争应进行到底,直至取得完全胜利;美国应同战时盟国通力合作,建立公正和光荣的和平;美国依据其宪政体制,应同其他的自由、主权国家一道创建和维护一个其能力足以制止侵略和维持世界持久和平的国际权威机制"。25日,参议院正式开始对康纳利议案进行辩论。11月5日,参议院全体会议以85票对5票的压倒多数通过了康纳利决议案。富布赖特决议案和康纳利决议案的通过,为美国全面参与联合国的创建铺平了道路。

在努力推动建立一个维护世界和平的国际组织的同时,富布赖特也在为竞选参议员加紧准备,并成立了一个竞选委员会。富布赖特并没有胜算的把握。当时阿肯色州有可能参加竞选的共有5人,包括时任州长的阿德金斯。想到要与阿德金斯展开竞争,这使富布赖特颇为沮丧。他曾这样回忆说:"是他把我赶出了阿肯色大学;我作为众议员与作为参议员的他一起共事会感到非常痛苦,我想我还是应该早点回家,我不知道自己是否有获胜的机会。"①

在另一方面,他也知道自己有很多优势。他在竞选中明确指出,在至关重要的未来几年,阿肯色州需要一位"积极的、富有进取心的代表",而他"特有的条件和经验"显然可以为阿肯色民众所用。虽然任国会众议员只有一年时间,但他的出色表现已经得到了公认。特别是以他名字命名的"富布赖特决议案",更使他声誉

---

① Johnson and Gwertzman, *Fulbright*, p.78; Woods, *Fulbright*, p.90.

鹊起。他说,因为这一决议案,"我得到了媒体、48个州的公民、国会同事们以及很多国外的赞誉","并使我在全国特别是在华盛顿获得了承认和声望",这些赞誉和影响如果能够被恰当地予以利用,可以给阿肯色州民众带来极大的益处。1943年秋,富布赖特开始在阿肯色州各县巡视,为竞选造势。结果发现,在75个县中有73个支持他。① 1944年1月31日,他正式宣布竞选参议员。

富布赖特的确非常幸运。1944年3月,正当富布赖特开始为竞选参议员加紧准备之时,在赫尔的大力举荐下,罗斯福总统任命他为美国代表团团长,率领由5名成员组成的代表团参加即将于4月中旬在伦敦举行的盟国教育部长会议。此次会议有来自17个国家的代表团参加,主要商讨沦陷区战后教育与文化活动的重建事宜,并筹建一个负责有关教育和文化的国际机构。富布赖特之所以被美国政府选中出任团长,在很大程度上是因为他曾担任阿肯色大学校长,了解和熟悉有关教育的相关事宜。而且,作为罗兹奖学金获得者,他在英国和欧洲大陆生活了数年,熟悉欧洲的历史与文化。同样重要的是,他还是众议院中一颗正在冉冉升起的政治新星,使美国政府便于获得相应的资金支持。

会议开始时,在比利时代表团的提议下,富布赖特被与会各国代表一致推举为会议主席。他在会议上强调,美国政府已经充分认识到在教育领域展开国际合作的重要性,因而授权他向与会各国提议讨论以下议题:在教育领域向被解放国家提供物质支持,帮助其培训一定数量的教师;重建各国的图书馆和档案馆以及归还被轴心国掠夺的各国艺术珍品。在富布赖特的领导和积极推动

---

① Johnson and Gwertzman, *Fulbright*, p. 78; Tweraser, "The Advice and Dissent of Senator Fulbright," p. 100.

下,与会代表就建立一个国际机构以实施教育与文化重建工作拟订了初步计划,这就为联合国教育、科学和文化组织的建立奠定了坚实的基础。① 与此同时,他敦促美国国务院不仅应尽快批准会议所通过的联合国教育与文化重建组织暂定章程,而且还要通过外交渠道促成其他国家采取同样行动,并组建各自的教育与文化重建机构。令富布赖特欣喜的是,在会议结束时,英国首相丘吉尔夫妇邀请他到首相官邸做客,并预祝他竞选参议员取得成功。回国前夕,富布赖特通过英国广播公司向英国民众发表讲话,重申有必要改革二战前的国际政治秩序,建立一个新的国际体制,以避免战争悲剧的重演。② 出使伦敦的成功也为其赢得了很高的声誉。在致富布赖特的贺信中,赫尔称赞说,有他这样一位具有政治家品格的人率领代表团实乃美国的一件幸事。③

富布赖特在国际舞台上的出色表现无疑进一步提高了他在阿肯色州民众心目中的地位。7月2日晚,他正式发表了竞选演说,强调竞选的核心问题是"候选人是否有能力为持久的世界和平与提高阿肯色居民的福利而采取一些积极的、建设性的行动"。④ 随后,富布赖特全身投入了竞选活动,最终以绝对多数击败阿德金斯等人。就任参议员伊始,富布赖特联合其他15名新任参议员联名致函罗斯福,敦促美国政府立即采取强有力的行动,建立一个维护世界和平的国际组织。

---

① H. H. Krillde Capello, "The Creation of the United Nations Educational, Scientific and Cultural Organization," *International Organization*, Vol. 24, No. 1, 1970, pp. 8-10.
② "Unity Pledge Now Urged," *New York Times*, May 1, 1944, p. 3.
③ Johnson and Gwertzman, *Fulbright*, p. 81.
④ Ibid.

三、《富布赖特法案》

1945年4月25日,联合国成立大会在旧金山开幕,会议的议程之一就是成立联合国教育、科学及文化组织。为了说服美国国会支持联合国教育、科学及文化组织的成立,富布赖特于5月21日向国会提交了一份报告。他在报告中称:"联合国教育、科学及文化组织致力于促进世界各国之间的教育和文化关系,鼓励各国之间学者和学生的国际交流,提高国际教育的总体水平。该组织将作为世界各国教育体系的咨询机构,面向所有国家,不谋求控制和干涉各国的教育制度。"富布赖特强调,联合国教育、科学及文化组织不论是在平时,还是在当时不确定的国际环境下,都是促进各国之间关系,维护世界和平的最有效的力量,认为联合国教育、科学及文化组织将促进国际教育交流,有助于消解不同地区的人们之间的敌对和隔阂,传播人类的知识和理性,并由此清除滋生法西斯主义的土壤。富布赖特在报告中指出,"如果不开展战后教育与文化重建,不启动国际教育交流,就无法根除法西斯主义存在的根源,那么法西斯主义就会死灰复燃,暂时实现的和平就不能长久"。[①] 与此同时,他还发表广播讲话,表示赞成展开学生和教师的交流,翻译书籍,并且向各国传播。他强调,这种国际交流有助于维护和平,控制冲突,美国政府决策和政治家们应该克服对国际文化交流项目的偏见,充分认识其在国际事务中的重要性。

9月27日,富布赖特提出一项议案,建议利用出售美国在战时的海外剩余资产所获得的资金,资助美国学者和学生去国外进行

---

① 孙世鳌:《富布赖特国际主义研究》,北京大学历史系硕士学位论文,2009年,第28—29页。

学术研究、授课或其他学术活动,同时招聘外国学者来美从事学术研究,通过这种方式来加强美国和其他国家在教育、科学、文化等领域的交流,增进美国与其他国家之间的沟通和理解,促进世界的持久和平。他强调,"增进我们对其他人的理解和他人对我们的理解的必要性从未像现在这样迫切"。11月,他就《剩余资产法》提出一项修正案,赋予国务院处理美国在海外剩余资产的权力,授权国务卿可以与外国政府签署相关协定,以支持美国公民到国外从事教育交流活动,同时为外国学生和学者提供来美国学习的旅费;用于国际交流的费用完全来自出售美国海外资产所得。① 富布赖特的提案对美国乃至整个世界产生了深远和持久的影响。

富布赖特希望通过教育与文化的交流来促进世界和平,增进美国人民和其他国家人民之间的相互了解。他指出,富布赖特国际交流项目的宗旨是通过这种交流活动,"使人们对国际事务多一点了解、多一点理性和多一点同情心,并以此促使各国最终学会和平而友好地生活在一起"。他回忆说,"我考虑了可以设想的一切办法,想到了有一件可以给我带来一点希望的事,即通过教育交流培养一种社会风尚。这种风尚概括起来讲就是相信必须造就——特别是在大国——一代代的领导人,他们有了教育交流的亲身经历之后,必然对其他国家人民的文化有些感受和了解,懂得他们为什么要那样工作、那样想事、遇事有那样的反应,也会懂得这些文化之间的差异。这样,国际关系就可以得到改善,战争危险就可以大幅度减少"。他认为,通过跨文化的教育交流有助于人们找到和

---

① U. S. Senate, *Congressional Record*, September 27, 1945, p. 9044; Woods, *Fulbright*, p. 132.

富布赖特

睦相处的途径和办法。①

富布赖特深知,要想使他的这一提案获得通过并非易事,一些国会议员和国务院官员都对此持反对态度。因而,富布赖特必须首先争取获得更多议员和政治家的认同。前总统赫伯特·胡佛、副国务卿威尔·克莱顿、助理国务卿威廉·本顿、参议院军事委员会剩余资产小组委员会主席约瑟夫·奥马奥尼以及美国国家教育协会、美国学术团体理事会等都表示赞成这一设想。随后,他又想法说服了共和党少数派领袖肯尼斯·惠里等人。

不仅如此,富布赖特在提出和推动国会通过这一提案过程中,采取了"低调处理"的策略,确保该提案不引起讨论或争议。富布赖特清楚地知道,美国国会中怀疑这个计划的人实在太多了,唯有不经辩论尽可能悄悄地通过,才有可能最后获得批准。在奥马奥尼担任主席的小组委员会举行听证会时,该委员会的绝大多数成员并未出席,只有富布赖特和另外5名该项提案的支持者出席作证。1946年4月12日,当该提案被提交到参议院讨论的时候,为避免可能发生的争论,富布赖特的讲话非常简短。他认为,这一提案受到关注的程度越小,获胜的几率也就越大;如果他当时就此做了重要发言,或这一问题引起了新闻界的注目,很可能会有人表示反对,并阻止议案的通过;"如果经过全体辩论,我怀疑能否获得通过"。一位来自田纳西州的参议员事后就表示,如果事先了解到这个问题的话,他会表示反对,因为把美国的青年学生送到国外受外国"主义"的影响是十分危险的。② 幸好,这种反对的声音来得太

---

① Johnson and Gwertzman, *Fulbright*, p. 113; Fulbright, *The Price of Empire*, pp. 193-194.

② Fulbright, *The Price of the Empire*, pp. 212-213; Harry P. Jeffrey, "Legislative Origins of the Fulbright Program," *Annals of the American Academy of Political and Social Science*, May 1987, p. 45.

迟了,富布赖特的低调处理使议案未经讨论便获得国会的通过。

同样重要的是,富布赖特提出的国际交流计划不需要美国国会额外的拨款,资金来源是靠出售海外的剩余物资,不会增加财政负担。应当说,如何处理战后美国的海外剩余物资对美国政府来说是一件颇为棘手的事情,富布赖特提出的教育交流计划正好解决了这一难题。

1946年8月1日,杜鲁门签署了该项法案,富布赖特见证了这一重要时刻。不久,美国国务院与英国政府率先达成协议,美国从出售海外资产所得中拨出2000万美元用于资助美国与英国及其殖民地的教育交流活动。与此同时,美国还与20余个国家就此展开磋商。富布赖特频频出访欧洲和亚洲,努力推动这一活动的开展。1948年富布赖特国际交流项目正式开始实施,有35名外国学生和1名教授来到美国,65名美国学生和学者到国外学习、授课。从此以后,富布赖特将如何更有效地开展国际交流活动作为自己工作的一项极为重要的内容,为此倾注了大量心血和精力。

在富布赖特和助理国务卿本顿的注视下,
杜鲁门总统于1946年8月1日
签署了《富布赖特法案》
图片来源:《交流》2004年冬季号

为了使国际交流项目顺利展开,富布赖特力图将其说成是美国对苏联实施宣传战的重要组成部分,并积极奔走各方,以获得足

富布赖特

够的资金支持。50年代初期,他还想方设法压缩"美国之音"和"自由欧洲电台"的经费。他在参议院强调,"欧洲本能地抵制美国官方的宣传,我们实际是在浪费金钱",美国应该通过人员交流来传播其文明,这是促进国际的相互了解和改善关系的有效途径,美国应为此投入更多的经费。他和参议员本顿提出一项决议,称美国的海外宣传计划"在各个方面都存在着缺陷"。① 在富布赖特的积极争取下,《富布赖特—海斯法案》终于在1961年获得通过,确定每年以国会拨款的方式为富布赖特国际交流项目提供稳定的资金,这为日后富布赖特项目的扩大以及顺利实施奠定了法律基础和资金保证。时至今日,全世界有150多个国家和地区的31万人参加了这一项目,每年还以数千人的规模递增。《富布赖特法案》的目的是通过教育和文化交流来促进国家间的相互理解,同时美国期望也借此向他国传播美国的价值观念,被认为是美国公共外交的肇始。

就规模和人数而言,富布赖特中国项目在富布赖特所有项目中虽然不是最大的,但它却是开展得最早的。1947年11月,美国与中国签了第一份富布赖特协议书。第一位来华的富布赖特学者是美国汉学家、宾夕法尼亚大学教授德克·博德(Derk Bodde),曾于1948年至1949年间在燕京大学将中国哲学家冯友兰的《中国哲学史》翻译成英文。到1949年为止,共有27位美国人和24位中国人参加了这一项目。新中国成立后,该项目中止。1979年中美关系正常化后,该项目于1980年重新启动。1985年,中美两国签署了教育交流议定书,正式将该项目纳入双方教育交流范畴。目前,中美富布赖特项目是中美两国重要的政府间教育交流项目之

---

① U. S. Senate, *Congressional Record*, April 26, 1950, pp.5775-5777.

一,所涉及的学科范围从最初的人文学科扩展到社会科学的各个领域,有120多所高校和研究机构参与了这一项目,每年有数十名学者和学生前往美国从事研究和学习。

"富布赖特计划"的实施已有六十多年,其规模和影响是世界上任何其他国际教育与文化交流计划所无法比拟的。英国著名历史学家汤因比赞誉说,富布赖特项目是二战后世界上"最为慷慨、最富有想象力的事情之一"。肯尼迪总统称富布赖特国际交流计划是"铸剑为犁的经典范例",是用来改善美国与其他国家和地区关系的"最为重要的"手段,"是在通往和平的道路上迈出的重大且具有建设性的一步"。富布赖特在牛津大学的导师麦卡勒姆称这一项目是"自1453年君士坦丁堡陷落以来人类进行的规模最大且最为重要的学者交流活动"。富布赖特一生的政治成就斐然,但其中他最引以为豪并且认为也是最为重要、最有意义的就是该项目的实施。①

与此同时,富布赖特还不断著书立说,阐释国际文化和教育交流对于维护世界和平、促进不同文明相互理解、培育与构建人类共同体的重要性。他认为,对不同文化背景的人进行教育,本质上是要使受教育者培养起一种同情心,加强相互之间的理解和沟通,从而更好地确保和维护世界的持久和平,这是大国关系中最为迫切的需要。因而,国际教育与文化交流的理念和活动不应该被置于国际关系的边缘,而应该是中心位置。他强调,国际交流计划并非是根治所有问题的灵丹妙药,但可能为人类的生存和进步提供了一条最有希望的道路。②

---

① Johnson and Gwertzman, *Fulbright*, p. 108; J. William Fulbright, "The Most Significant and Important Activity I Have Been Privileged to Engage in During My Years in the Senate," *Annals of the American Academy of Political and Social Science*, March 1976, p. 3.

② Fulbright, *The Price of Empire*, p. 217, p. 219.

第二章 冷战卫士

战后初期,富布赖特希望美苏之间能继续保持合作,共同维护世界的持久和平,并对美国的外交政策特别是对苏政策提出了批评。随着冷战的展开,他的思想开始发生明显变化,成为"杜鲁门主义"和"马歇尔计划"的坚定支持者。另一方面,他也对美国国内的反共歇斯底里狂潮表示反对,与麦卡锡展开了激烈交锋。

一、倡导欧洲联合

随着反法西斯战争的顺利进行,1945年3月,富布赖特在参议院的首次讲话中提出,美国的对外政策应该有两个锚:一个是大西洋共同体,另外一个就是由所有国家参加的集体安全组织,即联合国。因而,在强调构建国际安全体系的同时,他还一直倡导欧洲国家应该联合起来。特别是随着美苏关系的恶化,富布赖特对联合国已开始感到失望,因而更加关注欧洲的联合问题。

富布赖特早年留学牛津,游历欧洲。这样的学习经历,改变了他的人生轨迹,也培育了他的欧洲情结,认为美国与欧洲在建立区域性集体安全组织上具有天然的优势,应该加强大西洋联盟,创建大西洋共同体;欧洲的繁荣和稳定是大西洋联盟的基石,也是大西洋共同体创建的前提。战后初期,经历了数年战火的欧洲经济凋敝,社会动荡不安。为了尽快恢复欧洲经济,维护欧洲稳定,富布赖特极力推动欧洲联合,呼吁建立"欧洲合众国"。1947年3月,他与参议员艾尔伯特·托马斯共同提出一项决议案,称"美国国会赞成在联合国的框架下建立欧洲合众国"。他认为,如果今后西方国家要想在世界上发挥作用,必须保持政治上的稳定和经济的复兴。他同时指出,欧洲要想实现其经济的复兴,维持长久的繁荣和民主,必须依靠自身的努力,首先在经济上实现联合,美国只能提供一部分的援助。而且,也只有政治上的统一才能解决"富于进攻性的民族主义"这一传统问题。在"欧洲联邦"的框架下,不仅德国可以得到有效控制,确保它不会利用其工业和技术力量再次疯狂地试图征服世界,而且随着对德国担心的日渐减少,苏联也可能会放松对东欧的控制,停止其"扩张"政策。他还提出,欧洲的联合也应向东欧国家敞开大门,任何一个欧洲国家都可以加入,这样即可逐步削弱苏联对东欧国家的控制和影响。① 6月初,美国国务卿马歇尔在哈佛大学的毕业典礼上提出了美国援助欧洲经济复兴的"马歇尔计划"后,富布赖特给予了大力支持。在他看来,美国的这一政策可以有力地促进欧洲国家的政治联合。

富布赖特确信,如果欧洲政治上不实行联合,经济复兴将毫无意义。1947年12月初,他在多伦多大学发表了题为"新世界注视着旧世界"的系列演说,全面阐述了他对欧洲联合的看法,认为欧洲必须联合,这是其避免苏联控制的唯一选择。他强调,目前的欧洲处于分崩离析的状态,而苏联正极力试图填补这一力量真空;

---

① U.S. Senate, *Congressional Record*, April 7, 1947, p. 3138; Woods, *Fulbright*, p. 139.

富布赖特

"如果苏联控制了西欧,那么非洲、近东和中东也会落入其手"。富布赖特表示,"欧洲的存在与否,关键在于欧洲能否实现联合"。在他看来,欧洲的联合意义重大,不仅能实现欧洲经济的恢复和发展,使社会趋于稳定,这是西方世界秩序和自由的根基,而且能够化解法德矛盾,根治长期危害世界和平的顽疾,削弱西欧民族主义势力,同时对苏联还可以起到防范作用。富布赖特确信,欧洲的联合和发展不仅不会威胁苏联,而且还会有利于苏联,欧洲的经济发展能为苏联提供商品和原料市场。不仅如此,由于整个欧洲的社会结构都被战争破坏,这也为其政治和经济的联合提供了有利条件。①

为了实现欧洲的联合,富布赖特到处奔走,以争取美国政府和民众的支持。一些知名的政治评论家如沃尔特·李普曼等也撰写了大量文章,支持欧洲的政治联合。1948年5月,包括1924年民主党总统候选人约翰·戴维斯、前总统赫伯特·胡佛、前孤立主义参议员罗伯特·拉福莱特等人成立了"美国自由联合欧洲委员会",富布赖特当选为第一任主席。同年秋天,富布赖特前往西欧,努力争取法国、英国和意大利政府官员支持欧洲的政治联合。对于1949年4月成立的"北大西洋公约组织",他更是寄予厚望,认为这一组织的成立有助于推进欧洲的联合。因而,他与托马斯再度提出议案,要求美国国会支持建立"欧洲联邦",但仍未能获得通过。至50年代中期,富布赖特称他在外交领域"最大的遗憾"就是未能实现"欧洲联邦"的建立。②

---

① James William Fulbright, *The New World Looks at the Old World*, Toronto: University of Toronto Press, 1948.

② Charles Seib and Alan Otten, "Fulbright: Arkanss Paradox," *Harper's Magazine*, June 1, 1956, p.65.

二、捍卫冷战

战后初期,对于杜鲁门政府的外交政策,特别是其对苏政策,富布赖特多持批评态度,他与杜鲁门的关系一度颇为紧张。但是随着美苏冷战的愈演愈烈,富布赖特则成为美国政府冷战政策的主要捍卫者之一。

1945年3月28日,富布赖特在参议院首次发表了演讲,包括康纳利、范登堡等在内的三十多名参议员到场。他在演讲中表达了对于参议院有可能重蹈覆辙、否决战后国际和平组织的担忧,也阐述了他对于苏联的看法,希望战后美苏能在联合国保持合作,共同努力维护世界的持久和平。他表示很难理解美国政府为何对苏联如此敌视,苏联进行社会主义的经验并不比乔治三世时代美国的《独立宣言》激进,认为苏联将成为一个强大的国家,可能是美国的好朋友和主顾,并运用其影响以加强世界的和平与稳定。他强调,美国现在拥有一个非常好的机会,在缔造一个强有力的联合国组织、阻止再次发生世界大战方面,可以发挥至关重要的作用。他还告诫他的同事们,仅仅靠打败了纳粹德国和日本、签订了《联合国宪章》并不能确保持久的和平,和平的缔造是一个漫长的过程,需要日复一日、年复一年的努力,美国应在各个方面积极参与联合国的活动和决策。① 这一演说立即引起美国媒体的广泛关注。有评论家确信,富布赖特注定要成为一位伟人。②

不久,罗斯福因病去世,这令富布赖特深为痛惜。他非常钦佩

---

① Meyer, *Fulbright of Arkansas*, pp. 15-23; U. S. Senate, *Congressional Record*, March 28, 1945, pp. 2896-2900.

② Johnson and Gwertzman, *Fulbright*, p.93.

罗斯福的个人魅力,认为罗斯福的去世"对我们这些致力于建立一个维护和平的国际组织的人来说是一个巨大的损失"。① 他很担心,继任的杜鲁门由于缺乏外交经验和能力,能否肩负起建立一个有活力的国际组织的重任。尽管如此,在杜鲁门担任总统的最初一段时间,两人的关系还是较为融洽的,美国朝野甚至公开传言他有可能接替爱德华·斯退丁纽斯担任国务卿。②

1945年4月,来自50个国家的代表在旧金山起草了《联合国宪章》。7月底,美国参议院以绝对多数通过了这一文件。尽管富布赖特对这一文件给予了高度赞扬,认为这是"美国历史上最为重要的文献之一",但是,在他看来,这一国际组织仅仅是"一个框架",缺乏活力和生命力,不能有效地维护世界的和平。之所以如此,就是因为《联合国宪章》赞同各国固守传统的"绝对主权"观念,并赋予大国"否决权"。他多次强调,"绝对主权"观念是与确立一套各国共同遵守的行为准则格格不入的,而"否决权"意味着一项规则只有在符合该国利益时才会得到遵守。他呼吁美国政府尽一切力量来确立适用于所有国家的行为准则,通过一系列修正案的方式来完善联合国宪章,并废除大国的否决权。他愈发怀疑,各国是否真的愿意依靠集体安全来维护自身利益。在富布赖特看来,如果各国继续坚持"绝对的国家主权"原则,那么就根本不可能建立一套有效的国际法,因为"在两个主权国家之间不存在真正意义上的法律"。③

---

① Johnson and Gwertzman, *Fulbright*, p. 94.
② Powell, *Fulbright and His Time*, pp. 40-41; Johnson and Gwertzman, *Fulbright*, pp. 95-96.
③ Lee Riley Powell, *J. William Fulbright and America's Lost Crusade*, Little Rock: Rose Publishing Company, 1984, p. 28.

富布赖特还呼吁,参议院应该在制定美国外交政策方面发挥其应有的作用,如果不同意行政部门的方针,那么参议院就必须提出替代的方案。他很快就发现,在对外政策尤其是对苏政策方面,美国政府缺乏明确的方向,前后摇摆。富布赖特不顾他的同事、妻子以及顾问的反对,在1945年几次发表演说,对杜鲁门政府的外交政策提出批评。他认为,西方国家没有理由不能与苏联和平相处;没有任何证据表明,苏联打算像德国那样要以武力统治世界;一些美国政治家之所以对共产主义和苏联展开"极具情绪化的攻击",只能说明他们对美国的制度缺乏信心。

原子弹是这一时期影响美苏关系发展的极为敏感的问题。在这一问题上,富布赖特与杜鲁门的观点完全不同。杜鲁门认为,美国在广岛、长崎投掷的两颗原子弹已经充分证明了这一武器的巨大毁灭性力量,美国必须牢牢地控制这一武器,决不能让他人分享制造原子弹的技术。但在富布赖特看来,美国对日使用原子弹使得人们对未来世界充满恐怖和不安心理,并动摇了对联合国的信心。他强调,美国绝不可能长久地保持对原子弹的垄断,因为任何一个工业国家都有可能在今后三年至五年内研制出这一武器,强烈建议由联合国对核武器实施有效的国际管制;如果美国放弃垄断的企图,与苏联分享原子能技术,有助于加强刚建立不久的联合国的力量。他认为,在原子弹的威胁面前,美国要比苏联更为脆弱,一旦遭受突然袭击,整个美国一夜之间将陷入瘫痪。①

1945年11月,富布赖特通过美国全国广播公司发表讲话,再次对杜鲁门政府的外交政策提出批评,称"我已经得出结论,我们

---

① Johnson and Gwertzman, *Fulbright*, pp. 99-100; "Atomic Bomb Held Peril to U. S. Cities," *The Baltimore Sun*, October 21, 1945, p. 3.

的政府已经迷失了方向,在犹豫不决的迷雾中四处漂泊","我们在外交方面采取的政策和行动似乎是对事件的临时反应";"在历史的紧要关头,我们的外交政策和行动由于相互矛盾,不仅未能有效地解决问题,反而陷入了困境"。他指责说,一方面,美国通过征兵来增强其军事力量,在东亚建立军事基地,坚持要求参与东欧事务,并试图垄断原子弹;另一方面却在批评军国主义,反对苏联在地中海和达达尼尔海峡建立基地,拒绝其作为平等的伙伴参与对日事务,并批评其在巴尔干的所作所为。富布赖特警告说,美国政府以这种方式对待苏联只能导致出现一场"灾难"。①

除了对美国政府的外交政策提出批评,还有两件事使得富布赖特与杜鲁门之间的关系急转直下。1946年秋,富布赖特在与朋友的一次聚会中表示,杜鲁门与共和党控制的国会之间的僵持局面不仅会破坏国内的经济繁荣,而且也会危及世界的和平。他认为,美国政府应采取措施,以结束当总统和国会分别为不同的党派控制时行政部门与立法机构之间不可避免地形成的敌视关系。一旦行政部门与立法部门出现对立,总统就应拥有解散政府的权力,并举行全国大选。在谈话中,富布赖特表示,如果在1946年的国会中期选举中共和党控制了国会,杜鲁门最好任命一名共和党的国务卿,然后辞职,并由共和党提名新的总统人选,以此来解决行政部门和立法部门之间的对立关系,因为政府只能由一个政党来控制。在他看来,"美国宪政体系的最大缺陷就是总统和国会经常分属于不同的政党,从而极大地伤害了美国民众"。他建议,共和党参议员亚瑟·范登堡是杜鲁门的最佳继任者,此人不仅熟悉外交事务,而且还是国会在外交问题上"两党一致"的象征。实际上,

---

① U. S. Senate, *Congressional Record*, November 26, 1945, pp. 10962-10963.

富布赖特此举绝非是一时心血来潮,而是道出了他长期的真实想法。他一直对英国的议会制赞赏有加,坚持认为如果美国国会和总统不能有效地一起共事,而是相互抵制,这将危及美国国内的繁荣和世界的和平,在此情形下,总统应有权解散政府,然后举行大选。为了使行政和立法机关更好地合作,他还主张由美国总统和国会常设委员会主席共同组建"联合内阁"。①

果然不出富布赖特所料,共和党在国会选举中大获全胜,在两院都赢得多数,而且在全国 48 个州中有 25 个州长是共和党人。富布赖特的上述谈话被媒体披露后,立即引发轩然大波。赞成者认为杜鲁门应该对此"严肃地"予以考虑,反对者则指斥这一建议纯属"异想天开"。民主党全国委员会主席詹姆斯·法利和国务卿艾奇逊都对富布赖特这一"荒谬""可笑"的主张给予了回击。杜鲁门也在记者会上呼吁国会与他一道努力,共同制定"两党一致同意"的对内和对外政策。11 月 10 日,富布赖特发表声明,表示提出这一建议绝非是有意诋毁杜鲁门总统的声誉和能力。虽然如此,富布赖特的"辞职建议"还是招致杜鲁门的极大不满,两人的关系急剧恶化,并严重削弱了富布赖特对杜鲁门政府外交决策的影响力。富布赖特曾回忆说,自此之后,他便极少被邀请参加任何与杜鲁门会晤的活动。即使在杜鲁门退休后,他对富布赖特仍抱有很深的敌意。②

及至 1949 年,作为参议院银行与货币委员会主席,富布赖特对由民主党经营的"复兴金融公司"官员营私舞弊、中饱私囊行为的调查更使其与杜鲁门的矛盾再度白热化。"复兴金融公司"是由

---

① U. S. Congress, *Congressional Record*, March 29, 1945, p. A1586.
② Fulbright, *The Price of Empire*, pp. 48-49; Johnson and Gwertzman, *Fulbright*, p. 103, p. 105; Powell, *Fulbright and His Time*, pp. 47-48.

民主党经营的一家贷款公司,在罗斯福新政时期曾为数千家公司和企业提供了数十亿美元的贷款,为美国走出"大萧条"、摆脱危机并赢得第二次世界大战的胜利做出了重要贡献。杜鲁门执政后,该公司由于在管理方面出现了严重问题,导致丑闻接连不断。富布赖特要求对该公司进行一次根本性的重组,杜鲁门却对此置若罔闻。1951年1月底,富布赖特毅然决定将对复兴金融公司调查的结果公之于众,所发表的报告指控该公司在贷款方面屈从于政治需要,有违公众利益。杜鲁门则极力为该公司及其负责人辩解,并试图将该公司移交商业部。经过富布赖特的不懈努力,美国国会最终决定重组该公司。这一事件导致杜鲁门政治名誉受损,富布赖特却因此获得"华盛顿的清洁工"的称号,并给他带来了极大的政治好处,有参议员甚至公开表示支持富布赖特作为民主党候选人参加1952年的总统大选。杜鲁门则表示,如果富布赖特想成为民主党总统提名人,除非踩着他的尸体过去。[1]

1946年年底,富布赖特对杜鲁门政府外交政策的态度发生了重大变化,由批评、指责转向辩护、捍卫。之所以如此,在很大程度上是出于政治上的考虑。杜鲁门在阿肯色州享有很高的支持率,作为一名资历尚欠的参议员,如果过多地批评身为同党的总统,那对富布赖特的政治前途来说是非常不利的,况且已有不少国会议员开始指责他对共产主义"心慈手软"。另一方面,他对苏联的看法也较前有了很大不同。战后初期,富布赖特和大多数美国人一样,认为苏联为了第二次世界大战的胜利,付出了巨大的代价,做出了重大的贡献,希望战时的同盟能成为战后的朋友,继续合作,共同努力维护世界的持久和平。随着美苏关系的不断恶化,富布

---

[1] Woods, *Fulbright*, p.163.

赖特对苏联的看法有了明显的改变,认为苏联的确对西方国家构成了"可怕的威胁"。

1946年5月中旬,富布赖特在纽约发表演讲,第一次尖锐地批评了苏联的对外政策,认为苏联不再是美国的盟友,因为苏联在战后的一系列外交行为并不是出于苏联安全需要的考虑,而是向周边渗透和扩张,乃至是要"统治世界"。这一系列外交行为包括:苏联在中国东北大肆破坏工矿企业设备和有选择地拆卸一些重要的机器设备运回苏联;向意大利索要战争赔偿的过分要求;在的黎波里和达达尼尔海峡建立军事基地的过分要求;吞并波罗的海三国(立陶宛、拉脱维亚和爱沙尼亚)和波兰领土;违反支持巴尔干地区建立"自由政府"的承诺;拒绝东欧国家的流亡政府参与新政府的组建。因而,富布赖特认为,苏联大军现在已开始全面出击,严重威胁着世界和平。为了抵御苏联的"扩张",他表示坚定地支持杜鲁门主义,反对任何主张与苏联和解的政策。他强调"极为重要的是,要让全世界都知道,我们并不是在寻求战争;但是一旦我们确认任何大国威胁到人们自由选择其生存权利和机会的时候,我们愿意并且是有能力作战的"。10月中旬,他再次指责苏联试图一意孤行,变得更加热衷于对外扩张。①

富布赖特认为,苏联已经变得不可信任,在对外政策方面采取了咄咄逼人的态势,试图主导世界。因而,他原来对战后国际关系的一些乐观看法开始明显改变,放弃了建立"世界共同体"的幻想,并成为杜鲁门政府冷战政策的支持者。他积极支持马歇尔计划,努力推动欧洲联合,主张加强大西洋联盟,强化北大西洋公约组

---

① Meyer, *Fulbright of Arkansas*, pp. 48–49, p. 51; Johnson and Gwertzman, *Fulbright*, p. 102.

织,以此来对抗苏联的"进攻"。

在很大程度上,富布赖特是从经济的角度来看待美苏冷战的。他认为,苏联的扩张威胁到了盛产石油的中东地区,美国应该就此与苏联进行谈判,平均分配那里的资源,确保苏联不会完全控制该地区。他同时担心苏联在亚洲和非洲的扩张有可能使美国失去那里的资源和市场。在富布赖特看来,对于苏联势力的扩张,美国应该做出强有力的回应。他甚至主张,如果苏联不停止其在欧洲和中东地区的"侵略"行动,美国就应该对其使用原子弹,并称"我认为向苏联保证我们不首先使用原子弹的做法是愚蠢的","我们应该让苏联人明白,我们随时可能会使用这一武器"。① 但是对于作为意识形态的共产主义,他认为需要慎重行事,不可能用军事手段来谋求解决。1951年5月,他在麦克阿瑟被解职后举行的听证会上明确表示,"我并不认为我们的敌人是共产主义,我认为主要是俄国的帝国主义者"。

为了缓和因"辞职建议"而引发的杜鲁门的不满,富布赖特主动向其示好。1947年年初,马歇尔接替贝尔奈斯出任国务卿。富布赖特特致函杜鲁门,对其"这一如此之好的决定和任命"表示祝贺,并表示对媒体经常以"好战的口吻"引述他的话表示遗憾,称他的真实意图是"尽自己一切所能支持你"。② 3月12日,杜鲁门在国会发表讲话时提出了"杜鲁门主义",宣布将向希腊和土耳其提供4亿美元的经济与军事援助,富布赖特对此表示支持。当前副总统亨利·华莱士称对希腊的援助无异于是帝国主义行径时,富

---

① Gary B. Bullert and Francis M. Casey, "The Foreign Policy of Senator William J. Fulbright," *The Journal of Social, Political, and Economic Studies*, Vol. 18, No. 4, Winter 1983, p.452.

② Powell, *J. William Fulbright and His Time*, p.49.

布赖特回击说,这种说法"听起来就像是由克里姆林宫写就的"。他批评说,有些人认为应该由联合国负责对希腊、土耳其的援助事宜,这种说法要么是过于"天真",要么是反对美国提供援助。他认为,西方国家面临的真正威胁是,苏联希望通过渗透和蓄意破坏这种"非传统"的手段,试图不直接使用武力就达到控制世界的目的。① 1948年总统大选中,富布赖特赞成杜鲁门连任。同时,他还对杜鲁门提出的实施援助不发达国家的"第四点计划"给予了大力支持。

1947年6月美国提出援助欧洲的"马歇尔计划"后,富布赖特立即表示赞成。在他看来,这一计划不仅有助于欧洲的经济复兴,而且也为欧洲的统一带来了光明的前景。但是,苏联拒绝参与这一计划,认为美国提出这一计划旨在控制欧洲经济。在富布赖特看来,苏联的拒绝表明了苏联并不希望任何欧洲国家的经济复兴,"除非这一国家是共产党国家,并且被一道铁幕隔离开来"。不仅如此,苏联此举进一步激起了富布赖特的敌视。在写给选民的信中,他表示,根据最近两年的情况来看,"我不相信苏联会与我们达成任何我们可以信赖的协议";"如果一个极权主义政府强大到足以对他人构成了威胁,我们不可能获得安全"。他宣称,每一次成功都进一步助长了苏联的"狂热",使其更有信心征服下一个目标,只有遇到一个更为强大的力量才能使其罢手。②

更为重要的是,1950年朝鲜战争爆发后,面对共和党对杜鲁门亚洲政策的责难,富布赖特坚定地站在杜鲁门一边,支持美国政府所采取的"有限战争"战略,强烈反对战争的扩大。他强调,任何情

---

① Powell, *J. William Fulbright and America's Lost Crusade*, p. 34.
② Tweraser, "The Advice and Dissent of Senator Fulbright," pp. 224-225.

况下,莫斯科都是最主要的对手,西欧是美国全球战略的重点;美国可以让苏联控制整个亚洲,但绝不允许其独占西欧,因为美国的基本体制以及大多数美国人的祖先都来自于欧洲而不是远东。在中国出兵朝鲜后,富布赖特认为这场战争的"整个性质"发生了变化,美军应立即从朝鲜半岛撤出,并表示与中国打一场旷日持久的地面战争的任何风险都是不能接受的,决不能为了不切实际的目标而危及美国的军事安全。1950年年底,共和党将攻击的矛头又对准艾奇逊,指责他在欧洲对共产主义奉行强硬政策的同时却在亚洲为其"大开门户",要求杜鲁门解除其职务。对此,富布赖特极力反驳,认为共和党对美国政府的攻击最终"将会使盟国对美国采取一项负责的外交政策的能力丧失信心"。他还写信安抚艾奇逊说,美国民众最终会对共和党的这种无端指责感到厌烦。①

随着美军深陷朝鲜半岛,美国国内就对外政策问题展开了一场激烈争论。杜鲁门政府坚持奉行全球遏制政策,而新孤立主义者罗伯特·塔夫脱参议员和前总统赫伯特·胡佛则要求美国从欧洲和亚洲大陆撤出陆军,充分发挥空军和海军的作用,以保卫美国的安全利益。虽然富布赖特并没有直接参与美国外交政策的制定,但是他一直在密切关注时局的变化,由此形成了自己的一套外交思想。他认为美国不应该采取全球主义立场,而孤立主义同样不可取,他试图在全球主义和新孤立主义之间开辟一条中间道路。

富布赖特认为,这场大辩论为美国的外交政策指出了三种选择。第一种是胡佛、塔夫脱等人所主张的集中海、空力量加强西半球的防御;第二种即是杜鲁门政府正在实施的政策,反对一切"侵

---

① Johnson and Gwertzman, *Fulbright*, p. 119; Powell, *J. William Fulbright and America's Lost Crusade*, p. 38.

略"行动;第三则是主张在防御西半球的同时,向西欧派出地面部队以保卫西欧的安全。富布赖特表示支持第三种选择。他批评说,第一种选择无异于把西欧拱手让给苏联,这对美国的安全是危险的,而且在道义上也是错误的;杜鲁门的政策则使美国超出了自己的能力。他确信,只要把美国的承诺限于欧洲和一些战略要地,那么美国就可以确保整个"自由世界"的安全,这是对美国来说"最为安全"和"最明智"的举措。①

  随着朝鲜战场上僵局的出现,美国政府与"联合国军"司令麦克阿瑟之间的矛盾和分歧也愈来愈尖锐化。麦克阿瑟把美军在朝鲜的失败归咎于行政部门对他的"战史上前所未有的限制",强调"我们必须取得胜利,除了胜利之外我们别无选择"。为此,他主张美国应封锁中国海岸;动用海、空军力量破坏中国进行战争的工业生产能力;在朝鲜战场使用国民党军队;支持国民党军队对中国大陆采取牵制性进攻行动。在他看来,如果美国采纳了他的计划,将作战行动扩大到朝鲜之外,中国"就注定有立即发生军事崩溃的危险"。很显然,这一主张与杜鲁门政府的政策是背道而驰。不仅如此,麦克阿瑟的桀骜不驯、刚愎自用也令美国政府难以忍受。

  1951年4月11日,杜鲁门下令解除了麦克阿瑟的一切职务,此举在美国掀起轩然大波。5月中旬的一次盖洛普民意测验表明,高达66%的美国民众支持麦克阿瑟的战略,只有25%的民众赞成杜鲁门政府的"有限战争"政策。还有一些保守派议员公开支持麦克阿瑟扩大战争的主张。4月26日,富布赖特在参议院发表讲话,极力为美国政府的政策辩护,捍卫杜鲁门的权威,强调总统解除战地指挥官职务的举措完全符合美国的宪法原则和精神。他认为麦

---

① U. S. Senate, *Congressional Record*, January 22, 1951, pp. 520-523.

克阿瑟的主张势必会触发第三次世界大战,因为一旦美国轰炸中国,苏联出于自身声誉和安全的考虑,决不会坐视不顾。即使苏联不介入,美国也要在这场对中国的战争中投入大量的人力和物力,而苏联却不动一兵一卒。他同时指出,美国的西欧盟国不仅不可能同意麦克阿瑟的冒险计划,反而有可能促使其与苏联谋求和解甚至结盟。这些国家绝不会甘愿听任美国单方面决定自己的命运,将其拖入一场全面战争。①

不仅如此,富布赖特与麦克阿瑟还展开了直接的交锋。1951年5月,美国参议院军事委员会和外交委员会就远东军事形势举行联合听证会。富布赖特在会上强调,中国缺乏重工业基地,主要依靠较为原始的手工业,美国的轰炸不可能奏效。况且,中国大部分的武器装备都来自苏联,即使摧毁了东北的兵工厂也无济于事。麦克阿瑟回避了这一问题,只是称对中国的封锁可以造成饥馑,1500万中国人会因此丧命。在富布赖特看来,麦克阿瑟过高估计了美国的实力和能力,错误地认为美国无所不能。他指出,第二次世界大战期间,日本人在中国占绝对的空中优势,但也未能使中国人因饥饿而屈服。麦克阿瑟认为,对美国利益构成长久威胁的是"共产主义意识形态",不论它是在美国国内还是世界其他地区,美国没有其他选择,只能寻求对共产主义的全面胜利,因而有必要将朝鲜战争扩大为对中国的一场规模更大、更激烈的战争。富布赖特反击说,"我并不认为我们的敌人是共产主义,我们的主要敌人是俄国的帝国主义者"。作为一名现实主义者,富布赖特在观察国际危机或冲突时更多的是从权力关系出发,而不是意识形态。②

---

① Meyer, *Fulbright of Arkansas*, pp. 61-67.
② U. S. Senate, *Military Situation in the Far East*, Hearings, 82nd Congress, Washington, D. C., 1951, pp. 138-142, p. 298.

富布赖特对于美苏军备竞赛非常担忧,特别是对美国军方对外交政策的影响感到忧虑,并对美国大力扩充军备是否必要持怀疑态度。他认为,苏联并不想挑起一场大规模的热战,最好是把资金投入到进行政治和意识形态的较量方面,而不是花在准备打一场不大可能发生的战争上面。

三、直面麦卡锡

20世纪50年代初期,在美国国内掀起了一股反共歇斯底里狂潮,这就是臭名昭著的"麦卡锡主义",不仅对美国国内政治而且对美国的外交政策都产生了极为恶劣和深远的影响。而富布赖特则是美国少数敢于站出来抵制这一逆流肆虐的政治家之一。

1950年2月,来自威斯康星州名不见经传的共和党参议员约瑟夫·麦卡锡在西弗吉尼亚州的惠林市发表讲话称,他手中有一份205人的名单,这些人都是在美国国务院位居要职的共产党员。自此以后,麦卡锡以反共为名,开始了长达数年之久的诬陷、诽谤活动,并猖獗一时。大多数国会议员特别是民主党议员都噤若寒蝉,不敢与之正面交锋,唯恐引火烧身,招致"亲共"的罪名。不少共和党议员出于党派利益的考虑,对其采取了恣意纵容的态度,甚至推波助澜。资深共和党参议员塔夫脱称,"不管麦卡锡的指控是否有法律证据,也不论他是言过其实还是没有把问题充分地讲清楚,这都无关紧要;问题是共产党对国务院是否仍有影响"。①

作为一名正直的自由派分子,富布赖特对于麦卡锡蛊惑人心、迫害无辜的卑劣行径感到憎恶。在他看来,麦卡锡的狂热反共对美国民主和公民自由构成了最大威胁,除非这种不齿行为受到约

---

① Johnson and Gwertzman, *Fulbright*, p. 131.

束或控制,否则势必会严重危害美国的国内体制和国际地位。因而,他对麦卡锡恣意诬陷、中伤的行为给予了坚决回击。1950年年底,杜鲁门提名纽约富商安娜·罗森伯格为助理国防部长,遭到麦卡锡的反对,其下属指证此人是共产党。富布赖特对此驳斥说,让美国国会和行政部门浪费大量时间对本国公民毫无根据的指控展开疯狂的调查,从而使整个美国陷于瘫痪,即使是克里姆林宫的"邪恶天才"也想不出比这更为聪明的计划了。① 罗森伯格的提名最终得到了参议院的支持,但麦卡锡并未死心,继续寻找机会。

1951年9月,杜鲁门提名曾任哥伦比亚大学教授的菲利普·杰瑟普作为美国代表团的成员参加联合国大会,麦卡锡同样表示坚决反对,并提出了长达28页的指控材料。10月1日起,由参议院外交委员会5名成员组成的小组委员会就杰瑟普的提名举行听证会。作为第一位证人,麦卡锡极尽诬陷、诋毁之能事,指控杰瑟普"与共产党有染"。实际上,麦卡锡反对的主要原因是杰瑟普曾作为艾奇逊的助手协助编撰《中国白皮书》,而且是强烈反对国民党政权的"太平洋协会"的会员。富布赖特对麦卡锡无中生有的指控极为愤慨,强调"即使你把许多零放在一起也不等于一"。尽管如此,小组委员会在10月18日还是以3比2通过决议,反对杜鲁门对杰瑟普的提名。麦卡锡对自己的胜利兴高采烈,称"对美国来说这是伟大的一天,而对共产党人来说则是懊恼的一天"。②

到1952年美国大选时,民主党执政已近二十年。此时,党内出现了严重的分裂,力量大为削弱,民主党最后决定由伊利诺伊州

---

① U. S. Senate, *Congressional Record*, December 18, 1950, p. 16692.
② Powell, *J. William Fulbright and America's Lost Crusade*, p. 42; William White, "Senate Unit Votes to Reject Jessup as Delegate to U. N.," *New York Times*, October 19, 1951, p. 1, p. 6.

州长史阿德莱·史蒂文森作为总统候选人,共和党则搬出二战时期的英雄艾森豪威尔为总统候选人。富布赖特与史蒂文森早在罗斯福当政时期就认识,尽管他很清楚,民主党难以与共和党相对抗,但仍决心倾力相助。他确信,如果史蒂文森赢得竞选,自己将是国务卿的不二人选。

1952年10月初,富布赖特抵达斯普林菲尔德,搬进州长府邸,开始接管竞选活动。富布赖特敦促史蒂文森采取强硬态度,不要一味地对艾森豪威尔表示恭敬,同时敦促民主党对麦卡锡展开反攻。尽管富布赖特不遗余力地帮助史蒂文森竞选,但他无力改变民主党所处的劣势。艾森豪威尔利用朝鲜战争、所谓共产主义的"扩张"以及政府的腐败等问题大做文章,从而获得了不少选票。虽然史蒂文森在选举中败北,但对富布赖特来说,此次助选活动却大大巩固了他在民主党内的政治地位,为其日后政治生涯的成功奠定了基础。

1953年共和党控制了美国国会和白宫后,麦卡锡成为"政府行动委员会"和"常设调查小组委员会"的主席,从此更是有恃无恐,开始将黑手伸向美国国内各个领域,包括联邦政府、学界、媒体乃至好莱坞。艾森豪威尔政府对麦卡锡主义的肆虐袖手旁观,采取了姑息纵容的态度,以致英国前首相艾德礼怀疑,究竟是艾森豪威尔还是麦卡锡对美国外交政策的影响更大。本来,民主党参议员威廉·本顿曾敦促富布赖特带头反对麦卡锡,但在富布赖特看来,此举并不明智,有可能倒使共和党团结在麦卡锡周围。虽然如此,富布赖特坚持据理力争,与麦卡锡展开了激烈较量。他表示,"假如我是一个真正的共产党的代理人,我认为再也没有比随意指控那些善良、忠诚的美国人更能有效地伤害这个国家的了"。他警告说,"某种不祥已经降临美国,与我们的传统背道而驰的仇恨、猜忌和残酷无情这一风气已经产生,并且正在蔓延";如果这种局面不加以控制,对美国国务院和各大学的指控继续成为头版新闻,那美国就将成为一个"警察国家"。①

1953年7月,参议院拨款委员会就向国际新闻署(即美国新闻署的前身)拨款事宜举行听证会,富布赖特与麦卡锡由此再一次展开了正面交锋。此时,国际交流项目正是由国际新闻署负责,而一旦该机构的资金被大幅削减,势必会严重影响到国际交流活动的正常进行。麦卡锡声称没有什么人可以阻止他,要求中止国际交流项目,抨击该项目有可能会把奖学金给予共产党,并要求把一些富布赖特学者"谴责美国的生活方式和称赞共产党政体"的言论收入听证会记录。麦卡锡还对负责该项目的董事会的诚信和独立性表示怀疑,认为董事会被富布赖特所操控。对此,富布赖特予以严词回击,并要求将他所准备的数千名富布赖特学者称赞该项目的言论同样记录在案。富布赖特最终成功地抵制住了麦卡锡,使其苦心创建的国际交流项目没有沦为麦卡锡主义的牺牲品。②

尽管富布赖特在与麦卡锡的直接较量中占据了上风,但麦卡锡主义的势头依然强盛,并像瘟疫一样在整个美国迅速蔓延开来。富布赖特认为,麦卡锡所使用的伎俩与当年德国的希特勒如出一辙,二者都建立在一个巨大的谎言上,都声称要反对布尔什维克,挽救他们的国家,用恐怖和仇恨毒化政治。因此,富布赖特非常担心麦卡锡会对美国的内外政策造成破坏性影响。他写信给麦卡勒姆说:"在很多方面与希特勒一样,麦卡锡是一位无耻的妖言惑众者","我们不知道如何评估他所造成的影响;在我看来他完全是颠

---

① Johnson and Gwertzman, *Fulbright*, p.134.
② Walter Johnson and Francis Collagan, *The Fulbright Program: A History*, Chicago: University of Chicago Press, 1965, pp.102-103.

倒是非,但是我不能否认,他似乎有着众多的追随者。"①

1954年年初,麦卡锡的势力和影响达到了顶峰,成为炙手可热的人物。2月2日,美国参议院就是否继续向麦卡锡领导的"常设调查小组委员会"提供资金问题进行投票,结果以85票对1票通过决议,同意向该小组委员会拨款21.4万美元,只有富布赖特一人投了反对票,这在富布赖特的一些同事看来无异于"政治自杀行为"。因而,有学者评论说这是富布赖特政治生涯中"最为勇敢的一次行动"。许多议员尽管对麦卡锡的行为表示愤慨,但害怕被贴上"对共产主义心慈手软"的标签,不敢向他发起挑战。时为国会中民主党领导人的参议员林登·约翰逊曾反复强调,麦卡锡是共和党内部的问题,"我们不想被认为对共产主义心慈手软"。这句话实际上反映了当时大多数国会议员的心态。同时,富布赖特的大胆行动对他的同事起到了某种鼓舞作用。有一位纽约州的参议员向富布赖特表示,非常敬佩他,对没有同他一起投反对票感到内疚,并称这种情况以后将不会再发生。当然,也有不少麦卡锡的狂热追随者则不遗余力地对富布赖特进行人身攻击。②

富布赖特一直怀疑埃德加·胡佛领导的联邦调查局和麦卡锡之间存在某种关系。3月中旬,联邦调查局要求他提供一位被怀疑为"颠覆分子"的国务院官员的相关信息,遭到拒绝,他担心会被麦卡锡所利用。富布赖特发表公开声明,指责联邦调查局向麦卡锡泄露绝密文件,表示今后不再与该机构进行合作。在"红色恐慌"笼罩美国之际,此举无疑是非常危险的。美国媒体称富布赖特是"第一位拒绝向联邦调查局提供信息的参议员"。麦卡锡称富布赖

---

① Woods, *Fulbright*, p. 184.
② Johnson and Gwertzman, *Fulbright*, pp. 136-137; Woods, *Fulbright*, pp. 183-184.

富布赖特

特的声明是"对联邦调查局最恶毒的攻击"。胡佛对富布赖特的指责非常震惊,并且大为恼火,称"富布赖特的声明是非常恶毒的,因为他让美国公众认为联邦调查局的文件是公开的,以致他们不再愿意为该机构提供情报。这是共产党经常让其成员做的事情",批评富布赖特将"党派政治置于美国国家安全利益之上"。①

此时,目空一切的麦卡锡又将矛头对准美国军方,开始肆无忌惮地调查陆军部,指责陆军部长罗伯特·史蒂文森及其属下保护共产党,并对陆军提出了46项指控。作为回击,史蒂文斯也对麦卡锡及其下属提出了29项指控。4月22日至6月16日,美国参议院就麦卡锡的指控与陆军部的反驳进行公开辩论,整个过程通过电视直播,吸引了大约2000万美国民众关注,使其目睹了麦卡锡的拙劣表演,并由此改变了不少人对他的看法。听证会上,陆军部特别法律顾问约瑟夫·韦尔奇对麦卡锡的信口雌黄、无端指责的卑劣行径充分揭露和严加痛斥。自此,麦卡锡开始一蹶不振。

为了彻底击败麦卡锡,富布赖特认为,最好是由共和党提出一项谴责麦卡锡的议案,并取得民主党的支持。为此,他开始了积极的游说工作,旨在使该项议案获得尽可能多的支持。在他的敦促和帮助下,共和党参议员拉尔夫·弗兰德斯决定对麦卡锡采取行动。6月中旬,弗兰德斯以蔑视事实和藐视参议院为由,提出了一项指控麦卡锡的决议案,主要内容是,"参议院决定,威斯康星州的参议员麦卡锡先生,违反了参议院的传统,损害了参议院的声誉,因此这种行为应当受到谴责"。7月18日,富布赖特在接受电视采访时明确表示,将毫不犹豫地支持弗兰德斯提出的议案。他强调,"我反对麦卡锡所采用的手段",因为"他在讲话时完全无视事实"。

---

① Woods, *Fulbright*, p.186.

在参议院的辩论中,富布赖特对麦卡锡提出了数项指控,包括诬陷、诽谤、鼓动政府工作人员践踏法律、干涉外交事务等。① 参议院成立了一个指控麦卡锡的委员会,判定麦卡锡的行为是对立法程序的"蔑视、违背和妨碍",理应受到正式谴责。富布赖特指责麦卡锡具有"挑起和制造混乱"的特殊本领,已经对美国与其他国家的关系造成了巨大危害。麦卡锡的追随者则继续不断地致信富布赖特,对其极尽攻击之能事,指责他是"心理肮脏、卑鄙、邪恶的卖国贼",甚至要求他为了美国而结束自己的生命。富布赖特表示,他收到了数千封谩骂、攻击他的信件,这反映出在美国民众中间存在着一种普遍的"病态"心理,而且这种"病态"由于过去几年麦卡锡主义的肆虐而变得愈发严重,希望通过谴责麦卡锡来帮助消除美国民众由于不了解情况和缺乏沟通而产生的"憎恨"与"恐惧"。② 12月1日,美国参议院以67票对22票通过了谴责麦卡锡行为的提案,标志着麦卡锡在政治上的破产和麦卡锡主义的衰落。弗兰德斯日后表示,如果没有富布赖特的帮助及其所做的大量游说工作,他对麦卡锡的指控不会获得成功。参议员威廉·本顿则认为,富布赖特在反对麦卡锡的行动中发挥了领导作用,"这在很大程度上确立了他作为民主党一位伟大领导人的地位"。③

1957年5月,声名狼藉的麦卡锡因病黯然去世,但他的阴魂在很长的一段时间内仍困扰着美国领导人,给美国的政治生活特别是对外政策造成了极为严重的影响。日后美国政府之所以在越南越陷越深,与麦卡锡主义的余孽密切相关。肯尼迪在1963年夏曾

---

① Anthony Leviero, "Fulbright Offers Specific Charges against McCarthy," *New York Times*, August 1, 1954, p.1.
② Johnson and Gwertzman, *Fulbright*, p.140.
③ Powell, *J. William Fulbright and His Time*, p.66; Seib and Otten, "Fulbright," p.64.

几次表示要从越南脱身,认为美国陷得太深了,但同时强调只能在1965年他成功连任后再实施这一计划;到那时,即使"被到处指责为共产主义的绥靖者,我也不在乎";"如果我现在就完全撤出,那就会在我手上出现另一次乔·麦卡锡那样的恐慌"。① 约翰逊也在离职后追忆说:

> 我知道,如果我们听任共产党的侵略得逞、夺取南越,那么在我们国内就会出现一场无休止的、令人讨厌且具有毁灭性的争吵,这将动摇我的总统职位,断送我的政府,并且损害我们的民主。我知道,哈里·杜鲁门和迪安·艾奇逊自共产党接管中国那天起就已经不能有效地行使权力了。我确信,丧失中国对麦卡锡的崛起起了很大的作用。我知道,与我们假若失去越南可能发生的情况相比,所有这些问题加在一起也不过是小巫见大巫。②

应该说,富布赖特在反对麦卡锡的斗争过程中发挥了重要的领导作用。包括林登·约翰逊、约翰·肯尼迪等在内的不少参议员要么支持麦卡锡,要么慑于他的淫威保持沉默,但富布赖特却始终坚定地与麦卡锡进行较量,因而赢得了自由派人士的尊重。

四、挑战"艾森豪威尔主义"

自50年代中期起,富布赖特被认为是参议院中在外交事务方面最有才华的议员,并成为民主党在国际问题上的重要发言人,同

---

① Marilyn B. Young, *The Vietnam Wars*, New York: HarperCollins, 1991, p. 94; Robert Dallek, *An Unfinished Life*: *John F. Kennedy*, Boston: Little Brown, 2003, p. 668.
② Doris K. Goodwin, *Lyndon Johnson and the American Dream*, New York: St. Martin's Press, 1991, pp. 252-253.

时也是美国政府外交政策的主要批评者之一,特别是对美国中东政策的抨击尤为尖锐。他认为艾森豪威尔政府未能对阿拉伯民族主义出现的新潮流做出积极应对,特别担心美国的武力干涉会正中苏联下怀,并使美国成为中东国家的主要敌人。与其他自由派人士一样,富布赖特认为艾森豪威尔只是一位喜欢打高尔夫球、喝酒、整日无所事事的将军,是靠着在二战中取得的辉煌战绩当选为美国总统,却缺乏领导美国的能力和智慧。尽管如此,他将这一时期美国外交出现的一系列问题归咎于国务卿杜勒斯,认为他是一位伪善的道德主义者和宗教狂热分子,不仅愚蠢,而且自以为是,使得美国外交政策危机频发。有美国政治评论员认为,富布赖特与杜勒斯两人的关系是"势不两立"。①

1956年2月25日,杜勒斯在参议院外交委员会作证时称,苏联的对外政策已遭到彻底失败,不得不从根本上改变策略,在冷战中采取防御态势;而美国的对外政策已经赢得了第三世界国家的普遍支持,其力量正日渐强大。富布赖特对此不以为然。随后,他在参议院的讲话中批评杜勒斯未能看到世界发展的趋势,歪曲事实,"将苏联的胜利看作是失败,而将西方的失败视为胜利",并未将美国目前所面临的危险告诉民众,从而误导了舆论。他认为,东西方之间的竞争已转向拉美、中东、亚洲和非洲这些发展中地区,而这些地区的民族主义正在崛起,并以反对西方和反对殖民主义为主要特点,在这些地区苏联显然要比美国处于更为有利的地位,杜勒斯却对这一事实视而不见。在他看来,面对第三世界的民族主义运动,美国奉行的"大规模报复"战略没有用武之地,必须改弦

---

① Woods, *Fulbright*, p. 222; James Reston, "Dulles and Fulbright," *New York Times*, Feburary 1, 1959, p.10E.

更张,采取灵活的政策,以赢得这一地区的支持。他批评说,对于第三世界,艾森豪威尔政府错误地将重点完全放在了纯军事方面,对于政治和经济问题却很少关注。富布赖特的看法得到了不少参议员的认同。①

1956年秋,中东地区开始发生重大变革。埃及将苏伊士运河收归国有,遭到英国和法国的强烈反对,英法协同以色列出兵入侵埃及的西奈半岛。美国政府一方面迫使其盟国从埃及撤军,同时为了填补这一地区出现的力量真空,加大了对这一地区的渗透。1957年1月初,杜勒斯紧急约见国会领导人,强调中东局势正不断恶化,美国必须采取行动。艾森豪威尔也要求国会领导人支持美国对中东的政策,并明确表示他根本不相信中东会处于真空状态,强调"在中东出现的真空必须在俄国人进来之前由美国来填补"。他向国会提交了一份关于中东政策的决议案,其核心内容被称为"艾森豪威尔主义",要求授权他向中东国家提供2亿美元的军事和经济援助,并规定在这些国家面临"国际共产主义控制的任何国家的公开武装侵略"时,他有权应这些国家的请求派遣美军予以帮助,以确保和维护这些国家的领土完整和政治独立。

美国政府此举遭到了包括富布赖特在内的一些国会议员的强烈反对。1956年12月中旬,富布赖特在接受媒体采访时公开批评艾森豪威尔、杜勒斯的做法"极为愚蠢""极不明智",美国的中东政策是"不现实的",严重削弱了西方在这一地区的地位,要求通过谈判解决中东问题。在致史蒂文森的信中,他甚至称杜勒斯对美国来说"是一个威胁",并对由其掌控的美国外交的发展前景感到"沮

---

① U. S. Senate, *Congressional Record*, February 27, 1956, pp. 3369-3371; William White, "Dulles Assailed in Senate on View Soviet Is Losing," *New York Times*, February 28, 1956, p. 1.

丧"。富布赖特呼吁国会对美国的外交政策特别是中东政策进行全面审查,主张民主党应当在国会中发挥其反对派的作用。实际上,即使在美国政府内部,也对如何实施"艾森豪威尔主义"持怀疑态度。艾森豪威尔的特别助理谢尔曼·亚当斯认为,"美国要想遏止共产主义在国外扩张的任何企图都会遇到一个困难,那就是如何设法证明以民族主义的斗争形式出现的内部动乱确实是由莫斯科指挥的"。①

1957年1月下旬,参议院外交委员会和军事委员会举行联席会议,讨论美国的中东政策,杜勒斯出席作证。富布赖特当面指责称,在杜勒斯的领导下,现在美国与"自由世界"其他国家的关系比这一世纪以来任何时候都"更为紧张","更为令人不满"。他说,杜勒斯奉行的政策"是对我们的利益有害的",削弱了"自由世界"在中东地区的影响,并对美国与盟国的关系以及北约造成了"灾难性的"破坏。艾森豪威尔政府目前所要求的是给它以"广泛的、毫无限制的动用我们的军队和经济资源的权力","一张政府可以随意使用我们的士兵和我们的金钱的空白支票"。他明确表示,反对给予美国政府这样的"空头支票",因为艾森豪威尔、杜勒斯在外交事务方面并未显示出他们的"远见、智慧和实际能力"。据《纽约时报》报道,"富布赖特以平静的语调宣读手稿,杜勒斯则坐在一旁沉默不语,眼睛僵硬地盯着他"。② 艾森豪威尔不得不在1月23日和29日亲自出马对国会施加压力,并为杜勒斯进行辩护。

---

① Allen Drury, "Fulbright Terms Foreign Policy Uniwise and Harmful to West," *New York Times*, December 15, 1956, p.13; Robert Albright, "Mideast Policy Probe Is Asked," *The Washington Post*, December 15, 1956, p.A6; Woods, *Fulbright*, p.218.

② Kenneth Grundy, "The Apprenticeship of J. William Fulbright," *Virginia Quarterly Review*, Vol.43, No.3, Summer 1967, pp.390-391; Whiliam White, "Dulles Faces Fire on Mideast Plan," *New York Times*, January 25, 1957, p.1.

富布赖特

　　1月29日,富布赖特提出一项决议案,试图以此取代"艾森豪威尔主义",呼吁苏伊士运河航行自由;全面解决阿以冲突问题;美国根据《联合国宪章》的有关规定参与中东地区的集体安全体系。2月11日,富布赖特在参议院发表讲话,继续抨击美国政府的中东政策,呼吁议员们行使宪法所赋予他们的权力,抵制这一决议。①富布赖特的努力没有成功。参议院多数派领袖约翰逊认为,国会在这一问题上的分裂只能给世人以美国软弱的印象,并促使共产党国家采取进一步的冒险行动。结果,只有19名参议员投票反对这一决议。3月5日,艾森豪威尔的决议案以72票对19票获得国会参众两院联合会议的通过。

　　富布赖特还针对美国的埃及政策提出批评。1955年年底,美国向埃及方面表示,愿意出资5.6亿美元帮助埃及建设阿斯旺水坝。富布赖特对此表示赞成,认为美国这一举措对于埃及经济的发展、政治稳定乃至中东地区的和平都是大有裨益的。但是到了1956年7月,美国决策者以埃及的纳赛尔政府承认新中国并接受苏联的援助为由,断定纳赛尔是苏联的"附庸",宣布撤销援建阿斯旺水坝的计划。富布赖特认为,美国政府没有认识到援建阿斯旺水坝对整个阿拉伯世界的巨大心理作用,更没有认识到埃及的中立主义、民族主义实际是一支阻止共产主义在中东扩大影响的重要力量,而是将两者与共产主义混为一谈。他确信,美国此举将进一步巩固苏联在中东的地位,并使得阿以冲突更难获得解决。他明确指出,作为国务卿,杜勒斯未注意到埃及的民族主义是一股强大的力量;"若能意识到这一点并且妥善地应对,就会将这一力量

---

① U. S. Senate, *Congressional Record*, February 11, 1957, pp. 1855-1869.

导向自由政治而不是共产主义"。① 参议院成立了一个由军事委员会和外交委员会成员共同组成的特别小组,并由富布赖特担任主席,就美国的中东政策和中东局势展开研究。

但是,美国对中东地区的政策并未朝着富布赖特所希望的方向发展,而是更加强硬。1958年5月,由于黎巴嫩伊斯兰教和基督教派之间的矛盾,局势发生动荡。艾森豪威尔认为,"共产党人要对骚动负主要责任",指示美国驻黎巴嫩大使告知夏蒙总统,美国准备应黎巴嫩政府请求,出兵维护黎巴嫩的独立。随后,美国第六舰队进入东地中海,驻欧空降兵部队处于战备状态,美英两国开始策划联合军事干涉行动。6月6日,黎巴嫩政府要求"联大"制止由埃及和叙利亚组成的阿拉伯联合共和国的"无端侵略"。7月14日,伊拉克突然发生政变,埃及迅速承认以卡塞姆为首的伊拉克政府。美国政府非常担心伊拉克事态的发展会在阿拉伯世界产生连锁反应,削弱美国的影响,决定援引"艾森豪威尔主义",直接出兵干涉。次日,艾森豪威尔应夏蒙的请求,下令8000名美军在黎巴嫩登陆。与此同时,英国军队也进入约旦。美英对阿拉伯国家内部事务的军事干涉不仅遭到世界舆论的强烈谴责,而且美国国会的议员也普遍表示不满,认为美国政府出兵干涉黎巴嫩的行为是美国"仿效了英、法两国早已在阿拉伯世界失败了的一套做法",这种干涉"实际上会摧毁我们在亚洲、非洲和拉丁美洲的地位",美国政府的行动有引起第三次世界大战的危险。

8月6日,富布赖特在参议院发表了题为"灾难的边缘"的演说,尖锐抨击了美国的外交政策缺乏远见,使美国在面对危机时被动应付,要求从根本上改变这一政策。他说,如果分析一下产生目

---

① U.S. Senate, *Congressional Record*, August 14, 1957, pp. 14701-14710; Warren Duffee, "Fulbright Hits Dulles' Policy," *The Washington Post*, August 15, 1957, p. A4.

富布赖特

前中东危机的原因,就会发现,"这一危机仅仅是更严重的疾病的征兆"。他强调,事实是,美国的对外政策是"不适当的","已经过时",并且"方向错误","这一政策一部分是基于对我们现实的和长远的国家利益的错误理解,一部分则基于对我们所生活的世界局势的错误估计",应该立即进行全面评估,并重新确定方向。他指出:"许多年来,我们一直选择容易的道路。如果有什么不好的事情发生,不管发生在中国还是尼日利亚,我们总是有一个现成的回答:是苏联在背后操纵。这是多么方便的回避现实的公式,而我却说,这是多么无益的公式。如果说,有一个比所有因素更能决定我们现在所处的不幸境遇的因素的话,那么这就是我们总想利用苏联的共产主义阴影来掩盖我们领导的失败。"

富布赖特呼吁议员们放弃所谓"苏联是美国麻烦之源"这种聊以自慰的论调,清醒地认识二战后美国在世界上所处的地位和所扮演的角色。他指出,当整个世界都处于根本改革中的时候,美国却成为改革道路上的障碍,成为现状的维护者。在谈到美国在中国的失败时富布赖特表示,同美国国内一些人的看法相反,他认为美国对华政策中"最不幸的地方"并不是美国没有在必要时给予国民党政权足够的军事援助和其他各种援助,而是恰恰相反,"我们由于企图保持中国的现状,对那个不能反映本国人民渴望变革的政权给予了太多的援助,有了太多的联系"。

富布赖特表示,美国政府如果不彻底坚决地改变对外政策,将会遇到"比现在要严重得多的麻烦",他主张在中东实行"中立化"政策,由有关各方加以保证,并且停止向这一地区供应武器。他要求美国必须重新考虑"艾森豪威尔主义"的价值。他同时认识到,美国国会倾向于从军事角度而不是经济和文化角度来看待全球问题,并且由于缺乏一位强有力的和有效的总统引导公众舆论,很难克服摆脱日益恶化的美国外交政策的危机。在他看来,美国外交出现危机的根源就在于美国决策者未能认识到第三世界正在蓬勃兴起的民族主义这一新的力量,过分强调战略威慑和军事遏制,以致未能抓住宝贵的机会去赢得朋友,并对其他国家产生影响。他确信,鉴于一个更为复杂的全球政治环境已经开始出现,美国的外交政策要想奏效,必须高度关注第三世界的政治和经济发展,帮助其消除贫困,解决其发展过程中出现的问题,而不仅仅是向其提供用于战争的武器装备。①

8月底,富布赖特再次在参议院发表讲话,重申必须从根本上改变美国政府的现行外交政策,并且将矛头指向整个美国社会。他认为,美国的问题不仅在于"我们的外交政策很糟糕",而且更重要的是,美国的社会也"很糟糕"。在这个社会中,人们追求的是享乐主义,教育被荒废,知识分子的美德成为猜疑的原因,社会活动家、作家或者教师如果胆敢发表独特的思想,就要冒被指责为进行颠覆活动的危险。他对美国这种精神上的贫乏感到焦虑不安,担心会遭遇与同罗马帝国相似的命运。②

富布赖特对美国外交政策的批评得到了一些国会议员的认同。曼斯菲尔德认为,美国的中东政策是"不明智的",已经使美国在该地区处于最难堪的境地。他同样抨击了那种试图把中东局势恶化的原因归咎于苏联的观点,指出中东国家和民众看到的是美国和英国军队,而并不是苏联军队;"事实在于我们在黎巴嫩没有反对俄国人。我们甚至没有同他们碰过面",把美国在黎巴嫩所采取的行动与反对共产主义联系起来的观点是荒谬可笑的,美国必须承认并接受中东民族主义日益高涨的现实。与富布赖特一样,

---

① U.S. Senate, *Congressional Record*, August 6, 1958, pp. 16317-16319; Allen Drury, "Fulbright Lashes at Foreign Policy," *New York Times*, August 7, 1958, p. 1, p. 6.

② U.S. Senate, *Congressional Record*, August 21, 1958, pp. 18903-18905.

曼斯菲尔德同样认为美国对中东以及世界其他地区的政策已经"过时了",美国必须趁着"现在还不太迟",制定一项建设性的对外政策。民主党参议员莫尔斯指出,美国对黎巴嫩的政策是"错误的",不可能得到支持。他强调,美国的干涉行动不仅严重影响了美国在该地区的声誉和地位,使阿拉伯国家更加仇视美国,而且还包含着与苏联发生战争的危险。他要求美国政府立即从黎巴嫩撤军,并解除杜勒斯的职务。

五、对苏联看法的改变

1953年3月,斯大林去世。不久,赫鲁晓夫上台,推行有别于斯大林的外交政策,主张东西方缓和。接着,中苏之间开始发生分歧,并逐渐公开化,社会主义阵营不再是铁板一块。社会主义阵营内部事态的变化,促使富布赖特开始重新评估苏联和中国的外交意图,认为中苏两国不再具有强烈的扩张性,共产主义的威胁已经减弱,因而主张美苏缓和、美中和解。他认为,苏联新的领导层试图缓和与西方的关系,并做出一些和解的姿态,但美国政府却对此置若罔闻,没有予以积极回应。

艾森豪威尔政府对国家安全政策方面做出重大调整,开始奉行以核武器和核威慑为核心内容的"大规模报复战略",核武器成为美国决策者实现外交和政治目的的重要工具和手段。对此,富布赖特持怀疑和反对态度。1954年3月,在参议院外交委员会举行的听证会上,富布赖特质疑杜勒斯,"一旦缅甸、中东或其他地区出现地区性的侵略行动",美国是否打算向莫斯科投掷原子弹?他认为"大规模报复"战略是一个荒谬的想法,"要么将导致大规模的核战争,要么听任共产党控制发展中国家"。他批评说,"世界在变,而我们的政策却是停止的",美国对核威慑的过分依赖导致其不可能对多变的事态做出灵活的反应,反而使得军备竞赛愈演愈烈。他认为,美国在海外有大约1400处军事基地,很多都处于苏联短程导弹的射程之内,美国可以通过减少海外基地的办法来换取苏联同意就军备控制达成协议。

1959年对于富布赖特而言是一个具有重大转折意义的时间点。经过数年的磨练,他在对外事务方面更为成熟,也更加自信,已经成为国会中民主党议员在外交政策和国际问题上的主要代言人。此时,担任参议院外交委员会主席这一重要职务的西奥多·格林已经91岁高龄,在举行会议时不仅听不清楚别人的发言,而且经常昏昏欲睡。显而易见,他难以继续承担这一职务所赋予的重任,国会民主党领袖约翰逊早就酝酿要把他换掉。1月30日,在约翰逊的敦促下,格林终于让位于富布赖特。而富布赖特则在这一显赫位置上待了15年之久,是迄今美国历史上担任这一职务时间最长的参议员。

富布赖特成为参议院外交委员会主席,在参议员约翰·F.肯尼迪和参议员林登·贝恩斯·约翰逊注视下,他从参议员格林手中接过主席用的小木槌(1959年)

图片来源:《交流》2004年冬季号

富布赖特成为美国国会中颇有权力的成员之一,这使其在外交政策的制定和实施方面可以发挥更大的影响,"他的决定可以影响历史的进程",但他的行为方式和风格并没有改变,依然是"具有某种个人主义的特质,特立独行,不苟言笑,与参议院那种俱乐部般的朋友情谊氛围显得很不协调。他比他的大多数同事都更为努力,更爱思考,却不善交际。他将大部分时间用在了阅读上面,而其他人则热衷于在同僚之间进行政治活动"。他的一位参议员朋友认为他属于"18世纪启蒙时代","崇尚理性和温和的争论,并且具有一种贵族气质",这使得他显得有些"孤傲",与众不同。《纽约时报》的一篇文章也认为,"富布赖特的敬业精神、牛津大学毕业的背景和不善交际表明了他是一位知识分子",他或许并没有意识到,他的作风是与国会中通过喝酒、抽烟、讲笑话来决定重要事情的方式格格不入。①

虽然如此,富布赖特决意要使参议院外交委员会成为讨论美国对外政策和对公众进行外交政策教育的平台,而且要超越党派的纷争,对美国的外交政策做出理性的、现实的分析,尽自己所能来争取得到保守派议员的支持。他的老朋友、知名政治评论员李普曼对他充满信心。他称富布赖特的就任是一个"转折点",今后美国外交政策的实施将会变得更好,这也是第二次世界大战结束以来美国政府第一次有了一个"负责的、清晰的和忠诚的反对声音","参议院的门窗将为一个新时代的新鲜气息而开放"。一位颇有名望的民主党人致函富布赖特表示,在他的领导下,参议院外交委员会终于有机会成为"有关美国外交政策批评性和建设性意见

---

① Beverly Smith, "Egghead from the Ozaks," *Saturday Evening Post*, May 2, 1959, p. 116; "New Age in the Senate," *New York Times*, January 31, 1959, p. 4.

的汇聚点",确信富布赖特会最大限度地利用这一机会。①

上任伊始,富布赖特就面临着一场严峻考验,那就是柏林局势的再度恶化。1958年11月,苏联领导人赫鲁晓夫照会美国政府,要求将西方国家控制的西柏林变为自由和非军事化的城市,限令美、英、法三国在六个月内撤走驻西柏林的军队。这在西方国家看来无异于最后通牒。他们对此反应强硬,重申三国驻留西柏林的权利,并表示拒绝在威胁和最后通牒的条件下与苏联进行谈判。艾森豪威尔强调,如果苏联封锁西柏林,西方将诉诸武力。柏林局势一触即发。

1959年3月中旬,正当柏林危机处于高潮时期,富布赖特警告人们不要认为不会为了柏林问题而发生战争,要求美国领导人在举行美苏首脑会晤问题上奉行灵活的态度,可以每六个月举行一次最高级会议,以此来缓和冷战所造成的紧张局势。他认为柏林僵局是苏联采取的一种认真的试探性行动,"局势非常严重","很多人都认为不会再发生战争了,我认为这种估计未免过早"。他提议,建立一条不受任何视察的出入柏林的通道,同时对柏林实施某种形式的国际监督。他警告说,这次危机很难应对,"如果情况不能好转,结果就会使用武力"。因而,最好的解决办法就是举行最高级会谈,双方都做出一定的让步。另一方面,他又重申,美国应在柏林危机中站稳立场,恪守承诺,决不能单方面做出妥协。②

富布赖特的建议对赫鲁晓夫产生了影响。3月20日,赫鲁晓

---

① Johnson and Gwertzman, *Fulbright*, p. 6; Robert David Johnson, *Congress and the Cold War*, New York: Cambridge University Press, 2006, p. 86.
② U. S. Senate, *Congressional Record*, March 16, 1959, pp. 4231-4232; Russell Baker, "Fulbright Speaks," *New York Times*, March 17, 1959, p. 1, pp. 18-19;《富布赖特主张定期举行最高级会议》,《参考资料》1959年3月15日下午版,第22页。

富布赖特

夫发表声明说,尽管苏联不同意富布赖特所提出的很多论点,但是不能不指出,"我们认为在他的讲话中也包含有一些建设性的看法,这些看法距离促进有关国家就对德问题和就结束西柏林占领制度达成协议方面并不太远"。他表示,苏联提出了关于对德和约和使柏林局势正常化的建议,现在要看西方国家了,如果他们认真准备谈判,"那么我们是不成问题的",苏联将尽一切努力使谈判成功。①

1959年8月初,美苏两国就举行最高级会晤达成协议,此举得到了美国社会各界的普遍欢迎,被认为是缓和国际紧张局势的一个积极步骤,有助于增进双方的相互了解。富布赖特对此表示:"这种互相访问有助于苏联领导人更好地了解美国,也有助于美国领导人更好地了解苏联。这次访问无疑符合我们同俄国人签订的关于各种交流的协定,我欢迎赫鲁晓夫先生的访问。"他认为,美国的很多基地设立在苏联附近,毫无疑问对苏联构成了挑衅,威胁着苏联的安全,建议应拆除这些基地。

9月15日,赫鲁晓夫抵美,开始了为期两周的访问。他在白宫发表讲话时强调,两国能够友好相处,现在是改善苏美关系的时候了。艾森豪威尔与赫鲁晓夫在戴维营就柏林局势和双边关系举行了会谈,双方都做出一定的妥协。赫鲁晓夫撤回了解决柏林问题的最后期限,艾森豪威尔则同意就柏林地位和德国统一问题举行美、苏、英、法四国首脑会谈。16日,应富布赖特的邀请,赫鲁晓夫访问了美国国会,并且同美国国会领袖和参议院外交委员会的委员们举行座谈。赫鲁晓夫表示,苏联人一向非常重视美国人民的成就;苏联首先要在经济方面赶上美国,并努力超过美国。他希望

---

① "Khrushchev's Statement on Germany," *New York Times*, March 20, 1959, p.2.

美苏两国能将用于扩军备战的费用和努力转用于发展经济文化和提高两国人民物质福利的竞赛，并称"我们准备这样做"。他重申，苏联希望同美国人民和世界各国人民和平友好。富布赖特认为赫鲁晓夫的这一讲话"相当温和"，此次赫鲁晓夫的美国之行为缓和两国关系、结束军备竞赛提供了一个非常好的机会，但是美国决策者未能对赫鲁晓夫的呼吁做出积极回应，从而错失了良机。

就在美苏关系趋于缓和、国际舆论盛赞"戴维营精神"之际，1960年5月1日，美国一架U–2高空侦察机在苏联领土进行间谍活动时被苏军导弹击落。美国国务院称，这架飞机是误入苏联领空的气象侦察机，美国没有任何侵犯苏联领空的企图。赫鲁晓夫在最高苏维埃会议上宣布击落的是一架间谍飞机，而且被俘的驾驶员弗朗西斯·鲍尔斯对此也供认不讳。美国政府陷入十分尴尬的境地。11日，艾森豪威尔公开表示对这一事件承担全部责任，并称为了使美国和西方国家避免再次遭受"珍珠港式"的袭击，有必要进行间谍活动，搞清他国的兵力部署和装备。16日，四国首脑会议如期在巴黎开幕。赫鲁晓夫强烈谴责了美国在苏联进行的间谍活动，要求艾森豪威尔就U–2飞机事件公开道歉，并惩处相关人员，遭到拒绝后他愤然退出会议。

U–2事件发生后，富布赖特要求参议院授权他所领导的外交委员会就此展开全面的调查。艾森豪威尔承诺，美国政府将全力配合调查活动。5月底至6月初，该委员会举行了4天的闭门听证会，国务卿克里斯蒂安·赫脱、国防部长托马斯·盖茨、中央情报局局长艾伦·杜勒斯等先后出席作证。6月底，参议院外交委员会

富布赖特

就此发表了一份报告,对美国政府的一系列做法提出了全面批评。① 富布赖特在参议院发表讲话强调,这一事件以及美国政府对该事件的处置不当是导致首脑会议流产的"直接原因"。在他看来,美国所犯的第一个错误是在4月中旬没有停止对苏联的空中侦察;第二个错误是代表国家主权和尊严的艾森豪威尔公开地承担了责任;第三个错误就是美国政府"伪善地"对侦察活动进行辩解。他最后表示,对于艾森豪威尔政府来说,应当从该事件中汲取的教训很多。②

在呼吁并欢迎美苏缓和关系的同时,富布赖特也多次强调,美国应当在国际事务中承担起领导责任,建立起有利于美国的世界秩序,而要做到这一点,必须摒弃对核武器和核威慑的过分依赖。他认为,美国政府继续削减常规军事力量,并给人造成几乎是完全依赖核武器、没有其他选择的印象,这反而会使人确信美国人"不是认真的",从而使威慑失去作用。这一时期富布赖特的外交思想和活动,有两点应特别注意。一是他积极促使美国政府逐渐调整对社会主义国家的政策,并谋求与苏联、中国直接进行接触,以此来缓和双方之间的紧张关系;二是努力敦促美国决策者改变对第三世界地区的传统看法,承认并接受第三世界出现的民族主义运动,并据此制定相应的政策,以适应这一现实。

---

① Russell Baker, "Senator's Report Scores Handling of U-2 Incident," *New York Times*, June 26, 1960, p. 1, p. 30.

② U. S. Senate, *Congressional Record*, June 28, 1960, pp. 14734-14737; Meyer, *Fulbright of Arkansas*, pp. 141-148.

第三章　建言献策

如果说在艾森豪威尔时期，富布赖特对美国的外交政策更多的是批评的话，那么在肯尼迪执政后，已经出任参议院外交委员会主席的他则是积极出谋划策，并就美国外交频频发表讲话，提出自己的政策主张，成为影响美国外交政策的举足轻重的人物。① 但是，他依然被排除在决策层外，他的许多真知灼见也并未对决策者产生影响，美国的对外关系依然是危机重重。

一、富布赖特与肯尼迪

1960年总统大选期间，年仅43岁的约翰·肯尼迪脱颖而出，成为民主党的总统候选人。富布赖特与其在参议院一起共事，认为他是个无足轻重的年轻人，对他知之甚少。除了一起参加过两三次会议外，两人没有任何交往，甚至从未交谈过，"完全生活在不同的世界"。而且，肯尼迪一家曾与麦卡锡交往过密，这也使得富布赖特对他敬而远之。富布赖特虽然认同肯尼迪的主张，即美国需要一位新的领导人，但他认为肯尼迪太年轻，缺乏经验，难以担

---

① E. W. Kenworthy, "Fulbright Becomes a National Issue," *The New York Times Magazine*, October 1, 1961.

当总统的大任,甚至称如果没有一个合适的人替代他的话,"那将是一个悲剧"。富布赖特一直对艾森豪威尔表示不满,批评他在一些重要的问题上瞻前顾后、犹豫不决,缺乏作为最高领导者的素质和能力,使整个国家陷入了一种自我满足的沉闷状态,缺乏活力。因而,他支持约翰逊参加竞选。在他看来,不管是从经验还是气质来说,约翰逊或许是"成为一位强势总统的最佳人选"。他非常了解约翰逊这个人,欣赏他在立法方面的才能。富布赖特也知道,自己之所以能坐上参议院外交委员会主席的位置,很大程度上是靠了约翰逊的帮助。正因为如此,民主党在洛杉矶举行会议推举总统候选人期间,富布赖特向阿肯色州代表团力荐约翰逊,强调只有他才"有能力、经验和成熟的判断"赢得大选,并且能在与苏联进行的全球较量中取胜。①

尽管如此,肯尼迪竞选获胜后,在约翰逊等人的大力推荐下,富布赖特却成为肯尼迪内阁中国务卿的重要候选人之一。罗伯特·肯尼迪曾回忆说,他哥哥曾与富布赖特在参议院共事,非常了解他,很欣赏他对参议院外交委员会的管理,喜欢富布赖特思想开明、谈吐锋利以及在外交事务上辨明方向的能力。再者,作为参议院外交委员会主席,富布赖特对国会有着重要影响。这一点对肯尼迪来说非常重要,

富布赖特与罗伯特·肯尼迪
（1962年3月）
图片来源:鲍威尔著的
《富布赖特及其时代》

---

① Woods, *Fulbright*, p.253, p.255.

因为在仅以微弱多数获胜的情况下,他最需要的就是一个能同国会融洽相处的国务卿。富布赖特一面称自己并不适合这一工作,习惯于行动自由而不是惟命是从,并请当时最有影响的民主党参议员理查德·拉塞尔向肯尼迪转达自己的这一态度,一面也表示,如果肯尼迪发出邀请的话,他会接受这一任命。①

但是,由于富布赖特一直公开支持美国南部各州采取种族隔离主义政策,并曾激烈地批评艾森豪威尔政府的中东政策,因而遭到民主党内那些支持民权运动以及亲以色列人士的强烈反对。美国"全国有色人种协进会"执行秘书罗伊·威尔金斯公开要求当选总统不要考虑提名富布赖特。该组织还发表声明称,提名富布赖特担任国务卿是"任何一届政府所犯的最为严重的错误",呼吁该组织的40万成员举行全国性的示威活动,反对富布赖特等人进入内阁。一些民权组织和宗教团体也表示将发表同样的声明。美国汽车工人联合会准备在华盛顿展开大规模的示威活动,反对对富布赖特的提名。不仅如此,前国务卿和民主党的权势人物艾奇逊、传媒巨头亨利·卢斯等也都坚决反对这一任命。在艾奇逊看来,富布赖特过于喜欢批评,不具备担任国务卿的素质。卢斯则认为,鉴于富布赖特不赞成美国奉行长期敌视中国的政策,不能接受对他的任命,建议由时任洛克菲勒基金会主席的迪安·腊斯克担任这一职务,因为在反共方面腊斯克无可挑剔。肯尼迪非常担心,尽管富布赖特或许是担任国务卿这一职务的"最佳人选",但非洲国家还有美国国内的黑人势必会对这一任命发出"可怕的怒吼"。罗伯特·肯尼迪曾提醒说,民主党之所以在大选中以微弱优势获胜,

---

① Arthur M. Schlesinger, *A Thousand Days: John F. Kennedy in the White House*, New York: Houghton Mifflin, 2002, p.139; Fulbright, *The Price of Empire*, pp.68-69.

在一定程度上是因为黑人的支持。① 根据肯尼迪的顾问、著名历史学家小阿瑟·施莱辛格的说法:"肯尼迪几乎已经决定任命富布赖特,但是经过一场相当激烈的争论之后,最终放弃了自己的意见,把富布赖特的名字从候选人名单中勾掉了。"②

1961年年初,肯尼迪邀请富布赖特前往棕榈滩见面。肯尼迪及其父亲约瑟夫·肯尼迪都向其解释了选择国务卿的经过,并对未能任命他表示遗憾和歉意。临走前,老肯尼迪还特地送给他一箱苏格兰威士忌。肯尼迪的真诚让富布赖特深为感动,他盛赞肯尼迪是他所见过的"最宽容大度、最具同情心的人",没有一个政治家能比他考虑事情更周全、更能体谅他人。③ 曾在肯尼迪政府时期任驻印度大使的著名经济学家加尔布雷斯日后称,肯尼迪没有按照自己的直觉让富布赖特出任国务卿,这是他所犯的"最为严重的错误"。④ 虽然富布赖特并没有成为肯尼迪的国务卿,但在他的大力举荐下,乔治·鲍尔出任副国务卿;著名东亚问题专家赖晓尔出任美国驻日大使。富布赖特告诉肯尼迪,驻日大使或许是"最困难、最敏感的"一个职位,如果用人不当,将会对美国的声誉和影响造成"最严重的伤害"。⑤

与艾森豪威尔相比,肯尼迪的确为美国民众带来了新的希望和活力。他将很多优秀的人才延揽到他的内阁中。在肯尼迪的主

---

① John Wicklein, "Rights Units Oppose Fulbright in Cabinet," *New York Times*, December 10, 1960, p.1, p.14; Woods, *Fulbright*, pp.257-258; Powell, *J. William Fulbright and His Time*, p.189.

② Schlesinger, *A Thousand Days*, pp.139-140.

③ Johnson and Gwertzman, *Fulbright*, pp.171-172; David Halberstam, *The Best and the Brightest*, New York: Ballantine Books, 1992, p.30.

④ Randall B. Woods, *J. William Fulbright, Vietnam, and the Search for a Cold War Foreign Policy*, New York: Cambridge University Press, 1998, p.79.

⑤ Johnson and Gwertzman, *Fulbright*, p.172.

要顾问中,包括15位罗兹奖学金获得者,还有不少人是知名大学的教授、大公司的高层领导,这批人被誉为"出类拔萃之辈"和"天才"。肯尼迪在就职演说中向世人自豪地宣布:"让我们现在从这里,向我们的朋友和敌人同时宣告:火炬已经传给新的一代美国人,他们在本世纪出生,经受过战争的洗礼,也受过艰苦的和平时期的训练,他们对我们的悠久传统感到自豪,他们不愿眼见或听任人权逐渐遭到剥夺,维护这些人权历来是我国义不容辞的责任,也是目前我们在国内外应当承担的责任。"他宣称:"我们将不惜任何代价,挑起任何重担,应对任何困难,支持任何朋友,反对任何敌人,以确保自由能继续存在下去,并取得成功。"这些话曾激励了无数美国民众。在不少人看来,肯尼迪"是我们的总统,是本世纪诞生的第一个总统,是历来当选总统中最年轻的一个,而且我们可以肯定地说,也一定会是最好的"。①

富布赖特对肯尼迪执政后所面临的局势并不盲目乐观。他写信给麦卡勒姆说,民主党不论是在国内还是国外都面临着一些极端困难的问题,美国的经济开始出现了严重衰退的迹象,同时面临着巨大的财政赤字,在非洲、南亚和拉美都出现了不少麻烦。他甚至认为,1933年罗斯福就职时所面临的问题都没有现在肯尼迪所面临的这样可怕和难以解决。尽管如此,他仍然对以肯尼迪为首的"新边疆派"充满信心,认为既然新政府从哈佛大学以及其他一些名牌大学招募了那么多有才干的人,他们应该会比那些控制着艾森豪威尔政府的商人们做得更好一些,"尽管会有多好还有待观

---

① William Machester, *The Glory and the Dream*, Boston: Little, Brown Company, 1974, p.890.

察"。① 肯尼迪对富布赖特的印象极佳。对肯尼迪来说,虽然不能让其担任国务卿,但他无疑是掌管参议院外委会的最佳人选。

肯尼迪执政后对其前任艾森豪威尔的外交政策做出了重大调整。他强调,新的外交政策应具有灵活性,以适应国际形势,特别是要能有效地应对第三世界国家出现的新情况。在这一点上,富布赖特与肯尼迪的看法是相吻合的。在他们看来,美国外交政策面临的最大挑战和美苏争夺的重点是第三世界,美国应通过向第三世界国家和地区提供援助,缩小这些国家的贫富差距。他们都认识到,鉴于美苏在核力量方面达成了所谓的"恐怖平衡",双方之间的较量势必会转向经济、社会、教育和文化等方面。因而,富布赖特对肯尼迪政府提出的"和平队"和"争取进步联盟"等计划大为赞赏。

1961年6月底,富布赖特在参议院发表演说时表示,冷战已经转向不发达地区和新兴国家,美国要想有效地阻止共产主义在这些地区扩大影响,除了使用军事力量之外,更重要的是愿意帮助这些国家实现其所追求的"最高目标"。美国向这些国家提供的应该是价值观念,"包括个人自由、国际和平、法律和秩序以及富有建设性的社会发展目标"。他强调,美国必须与社会变革的力量站在一起;那种认为对目前世界现状的任何改变都是共产党的阴谋,并且应以武力做出回应的观点是"极为危险的"。他告诫说,倘若能在边缘地区把美国拖进一场代价高昂的冲突,而苏联却置身事外,那

---

① Powell, *J. William Fulbright and His Time*, p. 192; William C. Berman, *William Fulbright and the Vietnam War*, Kent: The Kent State University Press, 1988, p.9.

么"没有什么比这种情况更能令共产党领导人感到高兴了"。①

  肯尼迪上台后,古巴成为他面临的首要问题。1959 年卡斯特罗领导的古巴革命胜利后,在政治、经济和社会领域采取了一系列变革措施,美国与古巴的关系急剧恶化。艾森豪威尔政府确信,古巴完全倒向了苏联,成为苏联在拉美地区进行扩张的基地。因而,美国对其采取了外交上孤立、经济上封锁、军事上威胁的政策,并秘密培训古巴流亡分子,试图以武力推翻卡斯特罗政府。

  1960 年美国总统大选期间,古巴问题成为两党竞选的焦点之一。为争取选民的支持,赢得选举,肯尼迪在古巴问题上大做文章,所到之处都大谈共和党允许卡斯特罗上台、允许一个"共产主义卫星国"出现在"我们的大门口",这是"当今美国外交政策最明显的失败",美国已经在拉美地区输掉了冷战,共和党政府使古巴成为"共产主义在加勒比海的第一个基地"。肯尼迪宣称,卡斯特罗已成为美国和西半球"最大危险的来源","威胁着整个西半球的安全",新政府必须采取措施以扭转这一局面,"遏制卡斯特罗,阻止他把古巴革命的影响扩展到整个拉美地区"。入主白宫后,古巴问题成为时时困扰他的一块"心病"。在他看来,这一问题已经不单是古巴与美国关系的问题,而是美苏冷战的一个重点,古巴成为美国后院的一个冷战战场。在 1961 年 2 月 8 日的记者招待会上,他公开宣布,新政府"将古巴及其向拉美地区输出革命的问题列为首要问题"。肯尼迪特别担心,卡斯特罗政权的存在会在拉美地区引起"多米诺骨牌"效应,出现"另一个古巴",因而决意要推翻卡斯

---

 ① U. S. Senate, *Congressional Record*, June 29, 1961, pp. 11702-11705; Russell Baker, "Fulbright Calls for Calmness in Race to Match Gains by Reds," *New York Times*, June 30, 1961, p. 1, p. 6.

特罗新政府。① 上台伊始,美国政府便一直秘密策划对古巴实施入侵,以推翻卡斯特罗领导的古巴革命政府。

尽管在反对古巴革命问题上,富布赖特与美国政府并无二致,但是他并不赞成武力干涉的粗暴做法。1959年7月,他在给一位选民的信中就曾表示,古巴应当立即向被没收财产的美国公民提供适当的补偿,但反对进行直接的武力干涉,认为此举有违美国在古巴乃至西半球的利益,是"自取失败"。② 对于美国政府的入侵计划,富布赖特开始并不知情。1961年年初,参议院外交委员会的拉美事务专家帕特·霍尔特将有关中央情报局正在危地马拉训练古巴流亡分子的消息告诉了他,并说肯尼迪政府准备支持这些流亡分子实施入侵。霍尔特和富布赖特都表示,入侵行动不会成功,即使能够成功,美国也不应这样做。③ 3月下旬,富布赖特要求霍尔特和参议院外交委员会办公室主任卡尔·马西起草一份备忘录,详述这一行动的弊端,敦促肯尼迪放弃冒险。恰在此时,肯尼迪邀请包括富布赖特在内的三十多名国会议员聚会。尽管肯尼迪时常与富布赖特通话,但这是新政府执政以来富布赖特第一次与肯尼迪见面。不仅如此,肯尼迪还邀请富布赖特夫妇一同乘"空军一号"前往佛罗里达。富布赖特对此非常高兴,这使他有机会当面向肯尼迪阐述自己的看法。随后,富布赖特要求霍尔特抓紧时间完成备忘录,并多次就此与之交换意见。

30日,在飞往佛罗里达途中,富布赖特将备忘录交给了肯尼迪,并强调入侵古巴将是一个"巨大的错误"。备忘录认为,对于卡

---

① Mark White, *The Cuban Missile Crisis*, London: Macmillan Press, 1996, pp. 31-32.
② Powell, *J. William Fulbright and His Time*, p. 74; Woods, *Fulbright*, p. 264.
③ Woods, *J. William Fulbright, Vietnam, and the Search for a Cold War Foreign Policy*, p. 27.

斯特罗政权,美国面临两种选择:一是推翻它;二是容忍其存在,但同时采取孤立的政策,以阻止古巴革命在西半球的蔓延。富布赖特赞成采取后一种办法。他提出,美国推翻卡斯特罗政权势必违背《美洲国家组织宪章》精神,也违背本半球签订的各项条约以及美国的联邦法律,这一行动将被整个美洲斥为"帝国主义行径",从而受到广泛的谴责。如果美国使用自己的武装力量进行干预,"即使在薄薄的合法外衣掩盖之下,我们三十年来企图把早年干涉别人的污名洗刷掉的努力也将付诸东流"。他警告说,入侵将遭到古巴人的强烈抵抗,即使是推翻了卡斯特罗,建立的任何新政权都将被整个拉美视为美国的傀儡,缺乏合法性,并且还要使美国担负起重建古巴社会、经济和政治的重任,这将是一项长期的、费用高昂且极其艰巨的工作。他指出,行动的"整个思想是荒唐的,与卡斯特罗现在所构成的威胁不相适应"。他批评肯尼迪的高层顾问过分夸大了古巴对美国的威胁,强调"卡斯特罗政权虽是一根肉中刺,但还不是插在心脏上的一把匕首"。① 虽然肯尼迪对这份备忘录未置可否,但富布赖特并没有说服他。

4月4日,肯尼迪又邀富布赖特夫妇一起乘"空军一号"返回华盛顿。在飞机即将降落时,肯尼迪邀请富布赖特参加当日下午五点在国务院举行的会议,讨论他在备忘录中所提的问题。富布赖特本以为这将是一次小型的非正式会议,没有想到这是一次决定对古巴实施入侵的国家安全委员会会议,与会者包括腊斯克、麦克纳马拉、参谋长联席会议主席莱姆尼茨、中央情报局局长艾伦·杜勒斯等。会上,艾伦·杜勒斯强烈要求尽快实施入侵行动,称一旦这些流亡分子登陆,古巴民众就会群起响应。即便不能促成"起

---

① *FRUS*, 1961-1963, Vol.10, p.185.

义",入侵部队仍可以进入山区,组建一支游击队,在美国的帮助下与古巴政府军进行周旋,并实施破坏和骚扰行动,削弱卡斯特罗的统治。杜勒斯表示,倘若美国此时放弃行动,就会被这批古巴流亡分子指责为"背信弃义",并给人以对共产主义"心慈手软"的印象,拉美地区的反共运动由此也会走向失败。

富布赖特再次展现了他"非凡的政治勇气",重申了自己的反对意见,认为如果入侵行动成功了,古巴不可避免地成为美国的"附庸",世人将会把美国决策者视为残暴的帝国主义者;如果失败了,美国则会给人以软弱、无能的印象。他强调,这次行动计划所带来的好处同美国可能蒙受的威胁是完全不相称的,此举将有损美国在世界上的道义地位。他还对中央情报局对入侵行动前景的乐观估计表示怀疑。小阿瑟·施莱辛格称,富布赖特在会上所做的"大胆的、老式的发言讲信义,有见识,有分量";但是,"参加会议的人中,除了我,也许还有肯尼迪以外,没有一个为他的发言所动"。①

实际上,不论是肯尼迪还是施莱辛格都没有被说动。富布赖特是唯一明确反对实施入侵的与会者,但他的看法并未对决策者产生任何影响。4月17日,入侵行动按照原定计划进行,由美国组织、训练、武装和指挥的1450名古巴流亡分子分乘4艘美国舰艇,由美军驱逐舰和飞机掩护,在古巴南部的猪湾登陆,结果酿成了一场惨败。在不到两天的时间里,绝大部分入侵者被早已准备好的古巴军民俘虏或击毙。入侵行动的失败给肯尼迪造成了非常沉重的打击。他承认,这是他一生中"最令人痛苦的时刻"。或许令他稍感欣慰的是,富布赖特不仅没有因此而批评他,反而竭力为其进

---

① Schlesinger, *A Thousand Days*, p.252.

行辩护,强调美国政府的政策是"正确的、无无可指责的",应该给肯尼迪更多的时间,并确信他终将成为一位对国际问题应对自如的"杰出总统"。多年后,富布赖特认为,猪湾入侵行动的失败对肯尼迪产生了深刻影响,促使其在柏林、越南采取进一步的行动,以证明自己的强硬。①

在很大程度上,猪湾入侵促使古巴进一步加强了与苏联的关系,并且最终同意苏联部署中程导弹,由此导致了古巴导弹危机的发生。1962年10月16日,肯尼迪获悉苏联在古巴的导弹的有关情况后,立即召集国务卿腊斯克、国防部长麦克纳马拉、参谋长联席会议主席泰勒、中央情报局局长麦科恩、司法部长罗伯特·肯尼迪、总统国家安全事务助理麦乔治·邦迪等十多名主要顾问组成了国家安全委员会执行委员会(简称执委会),负责商讨对策。在随后几天里执委会讨论了从政治解决直至武力推翻卡斯特罗政府的各种对策,最终确定实施海上封锁方案。

此时,为了谋求在参议院的第四任期,富布赖特开始忙于在阿肯色州的竞选活动,但参议院外交委员会的拉美问题专家霍尔特仍不时将有关古巴的情况向他汇报,认为苏联向古巴所提供的武器装备都是防御性的,并不会对美国的安全构成威胁。不仅如此,在霍尔特看来,随着苏联在古巴军事部署行动的进一步加强,拉美国家会愈发厌烦卡斯特罗。富布赖特对此表示同意。他多次表示反对军事干涉古巴,认为即使苏联在古巴构筑了导弹基地,美国所受到的威胁并不比目前大多少,也不会严重地改变美苏之间的力

---

① Powell, *J. William Fulbright and His Time*, p. 78; Johnson and Gwertzman, *Fulbright*, p. 178.

富布赖特

量对比。①

不仅富布赖特被排除在外,而且也没有任何其他国会议员参与讨论。肯尼迪担心,一旦告知国会,不仅会使保密工作变得更为艰难,而且还会引起不必要的争议。当一切准备就绪后,肯尼迪决定将政府的最后决定向富布赖特、参议院军事委员会主席拉塞尔等国会领导人通报。10月21日,正在阿肯色州巡视的富布赖特接到白宫紧急电话后不得不立即返回小石城,乘坐早已等候在那里的一架空军直升机赶赴华盛顿。

22日下午五点,肯尼迪、腊斯克、麦克纳马拉等在白宫向国会领导人通报了相关情况。大多数议员赞成封锁方案,拉塞尔和富布赖特则提出异议。拉塞尔首先表示,对美国来说,危险在于导弹已经准备就绪,一旦发射,将摧毁美国40座城市,造成数百万人的伤亡,而"隔离"却并不能消除这一危险,相反,更有可能导致一场核战争。他认为,苏联此举是其在世界上削弱美国周密计划的一个组成部分,唯一的解决办法是对古巴发动军事进攻,而且在一得到相关情报后就应立即行动。他批评肯尼迪已经耽搁了一周的时间,声称美国现在正处于一个"十字路口","我们要么是世界第一强国,要么什么都不是"。他表示,虽然他不相信赫鲁晓夫会为了古巴而发动核战争,但是如果美国对苏联迁就越多,就会越发使赫鲁晓夫相信美国不敢采取进一步的行动,并真的打仗。他敦促肯尼迪立即集结充足的部队,入侵古巴,而用不着发出进一步的警告,因为美国已经多次警告过了。这样不仅可以消除导弹威胁,同时还可以将卡斯特罗赶下台,在古巴建立一个新的政府。他提醒

---

① Woods, *J. William Fulbright, Vietnam, and the Search for a Cold War Foreign Policy*, p. 31, p. 34.

说,如果推迟入侵,将使苏联有机会采取先发制人的行动,攻击美国的舰队,在迈阿密或其他地区投掷炸弹,届时美国损失的人员将比现在就行动多得多。①

富布赖特曾强烈反对入侵古巴,并在参议院公开宣称,即使苏联在古巴部署了导弹,虽然令人感到不舒服,但"我也不能确定我们国家的生存是否处于严重危险之中"。令肯尼迪感到惊异的是,他现在却附和拉塞尔的说法,表示支持采取军事行动,担心肯尼迪确定的封锁方案不仅不能奏效、迫使苏联从古巴撤走导弹,而且"由于封锁可能导致与苏联船只的武装对抗,封锁比只派美国军队去入侵古巴更有可能挑起一场核战争",一旦苏联船只被击毁或击沉,美国势必会与苏联发生直接冲突。在他看来,这是一种最糟糕的选择。富布赖特认为,古巴不是华约成员国,空袭或入侵古巴不会直接冒犯苏联,"进攻古巴不是针对苏联的一种战争行为";即便是杀死了一些苏联人,苏联也不会做出任何反应。他建议对古巴尽快进行全面入侵。他向肯尼迪强调:"你说过,如果苏联在古巴的行动改变了局势并且是进攻性的武器,我们将采取一切必要的行动以保卫自身安全。如果我的理解正确的话,这只能是入侵而不是别的行动。"②

富布赖特的这一建议令肯尼迪大感不解。对此,肯尼迪的助理奥唐奈评论说,富布赖特在1961年是华盛顿政坛中唯一响亮地说出反对猪湾入侵的人,现在他却支持军事入侵,似乎完全与他的性格不相符;"他好像是受到拉塞尔不同意总统计划而迸发出来的

---

① *FRUS*, 1961-1963, Vol. 11, p. 159; Sheldon Stern, *The Week the World Stood Still*, Stanford: Stanford University Press, 2005, p. 87.

② *FRUS*, 1961-1963, Vol. 11, pp. 160-161; David Detzer, *The Brink: Cuban Missile Crisis*, New York: Crowell, 1979, p. 53.

富布赖特

怒火的影响,这才一阵冲动而讲了这样的话"。对于富布赖特在古巴问题上态度的转变,人们的看法不一。一种观点认为,这主要是出于竞选的需要。在一个传统的保守派占主导地位的州,为取得选民支持,富布赖特必须在古巴问题上显得立场强硬。还有学者指出,富布赖特是受到了他的演说撰稿人塞思·蒂尔曼的影响。在从小石城登机之前,富布赖特要求蒂尔曼为他准备一份与肯尼迪谈话的备忘录。实际上,蒂尔曼对于所发生的危机一无所知。他试图与白宫联系,电话却无人接听。无奈,蒂尔曼只好根据报纸和《国会记录》的相关材料,为富布赖特起草了谈话备忘录。在蒂尔曼看来,以武力拆除导弹基地要比在海上与苏联直接对抗更为安全,也更为明智。富布赖特接受了这一看法。日后,富布赖特表示,如果行政部门当时向他通报了所有的相关信息,并使其有时间权衡各项方案,他会提出不同的建议。但是,肯尼迪从召集国会领导人到向全国发表电视讲话,中间只有短短两个小时。①

虽然在外交政策的制定方面富布赖特被排除在决策圈之外,并且他也认识到,由于在猪湾事件中受到了羞辱,肯尼迪变得更为好战,但富布赖特似乎并未对此抱怨和批评,反而多次发表讲话为肯尼迪政府的政策进行辩护。他盛赞肯尼迪通过自己的行动向苏联领导人证明,"侵略和冒险政策包含着难以承受的危险"。

除了古巴之外,越南是肯尼迪关注的另一重点。自 1955 年 10 月美国扶植的吴庭艳政权宣布南越"独立"后,越南南方的革命斗争日趋高涨。1960 年 12 月底,南越民族解放阵线成立,标志着越南南方争取民族解放和国家统一的斗争进入了一个新阶段。1961

---

① J. William Fulbright, *The Arrogance of Power*, New York: Random House, 1966, p. 48; Woods, *Fulbright*, p. 274.

年2月,南越民族解放阵线提出了10点纲领,主要包括推翻吴庭艳政权的独裁统治,建立民族民主联合政府;实现广泛和进步的民主制度;驱逐美国军事顾问,取消外国军事基地;越南南北关系正常化,进而实现国家的和平统一。在民族解放阵线的领导下,南越的革命力量不断发展壮大,并频频出击,活动范围迅速扩大至南越中部地区,严重威胁着吴庭艳政权的统治。而南越政府军则士气低落,军心涣散,显然难以与解放力量相抗衡。面对此种局势,肯尼迪政府决心采取一切可行的办法,维持吴庭艳政权的统治,把平息南越"叛乱"确定为美国对外政策最优先事务之一。

肯尼迪是一位"多米诺骨牌理论"的坚定信奉者,一直把南越视为"自由世界在东南亚的柱石、拱顶石和堤防",宣称如果南越被共产党所控制,东南亚其他国家乃至印度、日本的安全就会受到威胁。同时,肯尼迪认为,南越是美国在亚洲实验和示范"民主"的场所,是用来对抗中国日益增长的影响的样板,它的失败将在整个亚洲造成严重的心理影响。不仅如此,南越还代表着对美国"责任心"和"决心"的考验,如果美国无视南越的要求,将其置于致命的危险而不顾,美国在亚洲的声誉将会受到严重损害。因而,肯尼迪政府决心继续承担起保护南越的"义务",他要通过南越向"拭目以待的世界"表明,代表东南亚发展未来的不是共产主义,而是美国。

美国在越南实行的是所谓"特种战争"战略,即由美国提供武器和金钱,派遣顾问和教官,装备、训练和指挥南越军队。执政伊始,肯尼迪授权拨款2840万美元用于扩充南越军队,并拨款1270万美元用于装备和训练南越的武装警察部队。1961年4月,他指示国防部副部长吉尔帕特里克出任关于越南问题的总统特别工作组组长,负责全面审察南越形势。该小组很快就提出了一项"阻止共产党统治南越行动纲领",建议向南越增派100名美军顾问,派遣400名特种部队人员,以加强南越军队的反游击战训练。这一建议得到了肯尼迪的批准。5月,美国副总统约翰逊访问南越,极力主张加强对南越政权的政治和军事支持。10月,肯尼迪的特别军事顾问泰勒和国家安全事务助理罗斯托又前往南越,考察美国出动地面部队的可行性。这次实地调查使泰勒、罗斯托进一步认识到南越政治和军事形势的严峻,要求美国政府立即采取措施。此时,湄公河三角洲发生了水灾,泰勒电告肯尼迪,可以救灾为名向南越派遣8000人的地面战斗部队,以确立美国在南越的军事存在,并在必要时可作为进行大规模干涉的先遣队。11月初,泰勒和罗斯托正式提出报告,除了建议派遣地面部队外,还主张增加军事顾问,扩大军事援助顾问团的职能,使之成为一个"准战区司令部",并增派美国特种部队等。报告强调,美国出兵是拯救南越的唯一途径。国防部长麦克纳马拉对此表示同意,认为如果南越"落入共产主义之手",将会在东南亚地区造成连锁反应,使美国在世界上的声誉受到严重打击,并引起美国国内的激烈争吵。为了避免出现此种局面,美国应该出动地面部队。为了使北越方面认识到美国是说话算数的,美国必须明确表示,在必要时还将投入更多的兵力,并对北越采取惩罚性的行动。在此情形下,肯尼迪决定将美国驻越军事顾问由1961年底的3200多人增至1962年的11000多人,帮助训练南越政府军,并在必要时参与作战行动。1962年2月,美国还在西贡建立了"军事援助司令部"。为切断南越民众与解放武装力量之间的联系,在美国的大力支持和帮助下,南越政权强行将农民集中到政府建立的"战略村"。到1963年,南越政权建立的战略村达8000多个。

对于肯尼迪政府的越南政策,美国国会内不断有议员提出批评意见。1961年年底,参议员艾伦·埃伦德在访问西贡期间就表示,美国的援助造就了吴庭艳政权的腐败,而"越共的叛乱"实际上无非是民众对这个腐败政权不满的表现。曼斯菲尔德在致肯尼迪的备忘录中明确提出,美国派遣军事顾问无助于南越问题的解决,反而有可能导致与中国发生一场"朝鲜式"的战争。1962 年 12 月,他从南越考察归来后向肯尼迪提交报告称,美国干涉的结果将是美军大规模地卷入和在南越建立"新殖民主义统治";尽管美国在南越花费了数十亿美元,但南越的情况与他七年前所见几乎毫无进步。他认为,美国应避免对南越做出过多的承诺,通过政治途径谋求印度支那的"中立化"。参议员韦恩·莫尔斯、乔治·麦戈文和欧内斯特·格伦宁也都对美国在南越的"义务"提出质疑,要求美国从南越完全脱身。①

但富布赖特却极力捍卫肯尼迪的越南政策。他在接受媒体采访时称,如有必要,并且南越政权也希望美国进行直接军事干预,以抵御共产党的"威胁",美国政府就应该考虑采取这一行动。他认为,对于美国的安全来说,南越在战略上是非常重要的。② 另一方面,他认为美国政府对南越的政策过分偏重于军事方面,大约 90% 的援助都是为了增强南越军队的战斗力,而忽视了南越的社会和经济发展这一关系到南越"独立"能否成功的关键问题;美国既没有对南越经济发展所面临的问题做出评估,也没有为实现一项明确的经济发展目标而制订出切实的援助计划。他强调,南越政权必须开始经济和社会变革,以便拥有牢固的民众基础,唯有如

---

① Randall Woods, *Vietnam and the American Political Tradition*, New York: Cambridge University Press, 2003, p.184; Gregory A. Olson, *Mansfield and Vietnam*, East Lansing: Michigan State University Press, 1995, pp.113-114.

② "Fulbright Hints U. S. Weighs Use of Troops in Asia," *New York Times*, May 5, 1961, p.1.

富布赖特

此才能阻止共产主义的"渗透",而不是一味地对其国内的政治派别进行镇压。他主张,为了推动南越经济发展和社会稳定,美国应该提供更多的经济援助,而不是军事援助。在他看来,尽管法国人曾在印度支那耗费了70亿美元,牺牲了数万人,但对印度支那的政治和社会改革漠不关心,因而失败在所难免。美国如不从中汲取教训,也终将难逃厄运。①

富布赖特对南越政权的立场与他在20世纪50年代中后期的态度相一致。早在1954年6月,富布赖特第一次就美国的越南政策向国务卿杜勒斯提出质询。在参议院外交委员会举行的听证会上,富布赖特表示反对美国在印度支那为了法国的殖民主义而采取干涉行动,并对美国对越南政策的僵化表示担心。他认为,越南领导人胡志明虽然是一位共产主义者,但同时也是民族主义者,不会甘心沦为苏联的"傀儡",要求美国政府奉行较为灵活的政策。杜勒斯则认为,胡志明早年曾在莫斯科接受训练,这一经历相较于越南的独立运动更为重要。在他看来,所谓的"独立运动"不过是共产党夺取越南的一个"阴谋"。富布赖特承认自己对越南所知非常有限,所以在阐述东南亚问题时总是缺乏自信。② 1955年,他投票赞成建立东南亚条约组织。50年代后期,与艾森豪威尔政府一样,富布赖特也认为,通过援助吴庭艳政权来构筑一座抵御共产党可能向南"扩张"的堡垒,这是美国的最佳选择,同时确信南越是美国在东南亚地区一笔重要的地缘政治资产。

富布赖特之所以支持肯尼迪政府的越南政策,主要原因有二:其一,他对越南战争的实际情况了解非常有限,并且所有信息都来

---

① U. S. Senate, *Congressional Record*, June 29, 1961, pp. 11702-11704.
② Powell, *J. William Fulbright and America's Lost Crusade*, pp. 47-48.

自官方。他日后回顾说:"在60年代初期之前,我极少想到印度支那","我对越南的情况当然是全然无知","我所知道的一点点也就是法属印度支那";直至60年代早期,"我们参议院中主要感兴趣的还是欧洲的德国和柏林问题,以及古巴和拉美问题。"在肯尼迪上台时,"我不认为当时国会中有人会注意印度支那",参议院外交委员会中也没有任何人曾去过那里。① 实际上,美国新闻记者也是到了1961年才去越南进行了实地采访。

其二,1961年年底至1962年秋富布赖特一直忙于谋求连任,无暇顾及越南问题。此间,约翰·托尔、戈德华特、斯特罗姆·瑟蒙德等一些保守派议员接连到阿肯色州进行游说,反对富布赖特的连任。一时间,富布赖特很有可能在1962年预选中被阿肯色州州长奥瓦尔·福伯斯击败的消息被传得沸沸扬扬。为了保住自己在参议院的席位,富布赖特只得频频返回阿肯色,并于1962年9月在小石城建立了竞选总部,同时四处发表演说,以争取选民的支持。他一方面回击保守派议员的反共歇斯底里,另一方面将重点放在选民们更为关心的地方问题上,强调自己一直在努力减少对阿肯色州家禽以及棉花、大豆等农产品的出口壁垒,并致力于解决该州的防洪、灌溉、发电等问题。同样重要的是,富布赖特还得到了肯尼迪总统和一些颇有势力的参议员的支持。罗伯特·肯尼迪明确警告福伯斯,"我们知道你能够击败富布赖特,但是如果你这样做就不可能得到我们的支持",希望他继续留在阿肯色而不是进军参议院。一位极有势力的俄克拉荷马州参议员也向福伯斯强调:"如果你到了华盛顿,我保证你不会从参议院为阿肯色州争取到任何东西。"因而,在1962年的选举中,富布赖特获得了70%的

---

① Fulbright, *The Price of Empire*, pp. 103-104.

选票。①

及至1963年,尽管美国在南越的军事顾问已经达到1.67万人,但南越的局势依然岌岌可危,80%的农村地区完全为共产党所控制。更为重要的是,南越民众对吴庭艳的独裁统治愈发不满。1963年5月,南越佛教徒在顺化举行示威活动,抗议信奉天主教的吴庭艳及其家族对佛教徒的迫害,后遭到残暴镇压,几位佛教徒先后自焚以示反抗,世界舆论为之震惊。8月下旬,南越政权又出动军队袭击西贡的寺庙,开枪打死打伤僧侣30多名,逮捕佛教徒1400多人。

吴庭艳政权对佛教徒的血腥镇压不仅遭到南越民众的坚决反对和世界舆论的普遍谴责,而且也使美国决策层最终失去了信心。当时美国国内主要有三种意见:一派主张尽快除掉吴庭艳,用一个愿意进行改革的政权来取代;另一派则主张通过施加压力促使吴庭艳进行变革;还有人主张美国应从南越撤出。肯尼迪赞成第二种意见。1963年9月,肯尼迪在接受美国哥伦比亚广播公司记者采访时表示:"我们正试图利用我们的影响,说服吴庭艳政府采取必要的步骤,以争取民众的支持。"一方面他认为,吴庭艳想要重新取得南越民众的支持并打赢战争,唯一的办法只有改变政策。他强调,除非南越民众支持作战努力,否则战争不可能打赢;"在我看来,过去两个月里,南越政府和人民已经脱离"。另一方面,他又强调:"归根到底,这场战争是他们的战争;是他们打赢或打败,我们可以帮助他们,可以给他们武器装备,并把我们的人员派到那里去当顾问,但是,他们越南人必须打赢这场战争。"同时,他还断然否

---

① Johnson and Gwertzman, *Fulbright*, p. 182; Powell, *J. William Fulbright and His Time*, p. 199.

决了要求美国撤出的主张,认为"那将是个巨大的错误",强调"这是一场非常重要的斗争,尽管它远在天涯海角"。因而,"我们应当留在那里"。①

富布赖特对肯尼迪的观点表示赞成。他在接受哥伦比亚广播公司采访时明确表示,目前越南正处于"最为严峻的危急关头",美国在那里的所作所为非常重要。他同时强调,除非西贡政权愿意进行内部改革,否则,不论它从美国获得多少援助,终将难逃垮台的命运。实际上,自1962年起富布赖特便一直在考虑是否能找到替代吴庭艳的办法。② 9月12日,参议院通过了一项议案,确定除非南越吴庭艳政权进行变革,并停止对民众的镇压,否则美国将停止向其提供经济和军事援助。但美国的压力并没有奏效。1963年11月1日,在美国的授意和支持下,以杨文明为首的一批军官发动政变,逮捕并处死了吴庭艳兄弟。随之而来的却是南越陷入了更加动荡的局面,政权更迭频繁。

在肯尼迪时期,尽管在一些重大外交决策上肯尼迪并没有向富布赖特征询意见,富布赖特似乎也没有受到应有的重视,但大体说来,参议院外交委员会与行政部门的关系还是较为融洽的,富布赖特本人也很少公开批评政府的外交政策。不仅如此,富布赖特主张应赋予美国总统更大、更多的权力去行使自己的责任。1961年4月21日,富布赖特在弗吉尼亚大学发表演说,呼吁民众为了美国的国家利益,反对苏联咄咄逼人的攻势,应该团结一致,支持肯尼迪政府的对外政策,承担起领导世界的"责任"。5月,他又在康奈尔大学发表演说,进一步指出,"我在想,在外交事务中赋予总统

---

① Theodore Sorensen, *Kennedy*, New York: Harper & Row, 1965, pp. 658-659, p. 661.
② Berman, *William Fullbright and the Vietnam War*, p. 13.

富布赖特

更大权力的时候是尚未到来,还是已经过去。到目前为止,我们一直不愿赋予这种权力"。富布赖特在演说中强调:

> 我的论点是,总统独自一人能够运用我们的权力与资源应对具有明确目标的现实情况,并且使美国人民及他们的代表从那种狭隘的地方观念和自我放纵中解放出来。总统权力的膨胀,预示了并不令人愉快的和危险的前景。虽然如此,与那种导致我们更不愉快的和更加危险的无所作为相比较而言,这看上去又势在必行。
>
> 在我们的制度下,有效的对外政策的力量在于总统的权力。这种主张在我们这个时代是合理的,未来几十年里更是如此而不是相反。总统的领导高于一切,凌驾于种种最合理、最巧妙的行政与组织计划之上。
>
> 总统的工作是否有效,主要在于他自己的知识、智慧、眼光和威信所起的作用。我们无法赋予总统以智慧或洞察力,但我们有权授予他权力。我认为,对于美国对外政策目前的需要来说,我们在授权给总统方面过于吝啬,以致束缚了他的手脚。①

1963年4—5月,富布赖特在塔夫茨大学发表演说时重申,在美国现行制度下,由于国会缺乏提出或制定政策的资源和宪政地位,一项有效的外交政策只能由总统而不是国会来制定。因而,"我们必须考虑是否应进一步增强总统在外交事务问题上的权

---

① Meyer, *Fulbright of Arkansas*, pp. 263-273; Fulbright, J. William, "American Foreign Policy in the 20th Century under an 18th Century Constitution," *Cornell Law Quarterly*, Vol. 47, Fall 1961, p. 2.

威"。①

二、谋求缓和

对于富布赖特来说,相对于美苏关系而言,古巴和南越不过是"次要问题",他更关注的是美苏缓和。作为一位现实主义者,虽然他支持遏制政策,但对于对苏关系,他采取了一种较为务实的立场。

在20世纪50年代末、60年代初的美国,尽管麦卡锡主义早已为人所唾弃,但以共和党参议员巴里·戈德华特为代表的一批保守派势力强烈要求要在对苏冷战中取得"全面胜利",并将攻击的矛头对准了包括富布赖特在内的自由派人士。更令富布赖特担忧的是,美国军方也参与其中,与保守派势力一唱一和,宣称对美国安全和自由的主要危险是国内共产党对美国政府机构的渗透。军方于1961年4月在富布赖特的家乡阿肯色州举行了三次"生存战略研讨会",极力渲染共产主义对美国所造成的"威胁",批评美国政府的内外政策,参加者有数千人之多。为此,富布赖特向麦克纳马拉提交了一份备忘录,提请他对此予以关注,要求国防部颁布一项指令以制止此类行动。② 尽管这只是富布赖特以个人名义提交的备忘录,但此举却招致了戈德华特、瑟蒙德等保守议员和极端右翼分子的猛烈攻击。戈德华特称,富布赖特的备忘录是他进入参议院以来所看到的"最令人震惊的文件",指责富布赖特旨在要求美国在冷战中奉行一种无所作为、不干涉的"胆怯政策"。在保守

---

① J. William Fulbright, *Prospects for the West*, Cambridge: Harvard University Press, 1963, p.114.

② U.S. Senate, *Congressional Record*, August 2, 1961, pp.14433-14436.

富布赖特

派看来,富布赖特已经变成了不折不扣地背叛美国利益的异己分子,因而他们将阻止其在1962年国会选举中胜出列为首要任务。①

正如前述,1961年6月底,富布赖特曾在国会发表的演说中就美国的外交政策提出了一些新的想法。戈德华特表示对此感到"震惊",称富布赖特的讲话旨在将美国外交"继续引向错误的方向",奉行"不干涉"的政策。他认为,那种认为通过消除贫穷来消灭共产主义的想法是幼稚的;唯一正确的做法则是由美国领导人公开宣布,美国对外政策的根本目标就是要在反对国际共产主义的斗争中取得"全面胜利"。富布赖特立即做出回应,抨击戈德华特的极端主张。他认为,戈德华特所称的"全面胜利"意味着美国要对苏联发动先发制人的打击,这将给双方造成至少数千万人的伤亡,毁灭绝大部分乃至是所有的大城市,彻底摧毁经过几千年来人类所建立的文明。他强调,美国应该利用一切可行的外交手段,对第三世界的政治和社会发展进行长期、深入的干预。他同时指出,美国并不是无所不能的,"我们不能期望按照我们的想象来塑造世界"。② 富布赖特与以戈德华特为代表的右翼势力之间的争论成为当时美国媒体关注的一大焦点。

要使人们接受自己的这一套思想并非易事。富布赖特曾抱怨说:"我一直试图说服我的委员会和政府重新评估我们在各方面的政策,但每一次都遇到了最顽固的抵制。"他认为,这一抵制的根源就在于麦卡锡主义所造成的恶劣影响,这使得任何讨论和辩论都不可能,而国会议员和公众舆论对冷战所表现出的无知和意识形态的刻板使得这一问题更加难以解决。在他看来,国会和公众舆

---

① U. S. Senate, *Congressional Record*, August 17, 1961, pp. 16104-16105; Woods, *Fulbright*, pp. 285-286.

② Meyer, *Fulbright of Arkansas*, pp. 214-215.

论对外交政策的制定造成了有害的影响。实际上,自50年代后期以来,富布赖特一直对国会在理解外交政策制定方面的敏感性和复杂性方面所具有的能力持怀疑态度。同时,他也担心国会议员是否能超越各种地方利益集团的压力而制定出一项符合国家利益需要的政策。富布赖特认为总统制是克服国会狭隘的地方主义的最好办法,有必要进一步提高总统在处理外交事务上的权威。①

但是,令富布赖特颇为沮丧和失望的是,尽管美国在战略武器方面处于领先地位,但肯尼迪政府依然花费巨资发展洲际导弹和潜艇导弹,追求所谓的全面核优势,使得美苏核军备竞赛愈演愈烈,两国关系也日趋紧张。1961年6月初,肯尼迪与赫鲁晓夫在维也纳会晤。在禁止核试验问题上,双方各不相让,没有取得任何进展。苏联主张把禁止核试验与全面彻底裁军联系起来,美国则主张先禁试后裁军;苏联主张建立由共产党国家、中立国和西方国家组成核试验监督机构,美国则认为这种机构由于任何一方都具有否决权而形同虚设。在柏林问题上,双方态度更为强硬。赫鲁晓夫表示,如果西方国家不能就对德合约问题与苏联达成协议,苏联将在12月与东德单独签订合约;美国要是坚持对西柏林的占领权,那就要受到武力还击。肯尼迪表示,美国决不会接受这种最后通牒。一时间,双方在柏林剑拔弩张,局势再度紧张起来。

为了缓和美苏在柏林紧张对峙的局面,1961年6月下旬,富布赖特向腊斯克建议,美国应该谋求柏林的"中立化",承诺不在柏林部署核武器,并由北约和联合国组成的一支象征性部队驻守在那里,以确保柏林的自由通行。他还呼吁通过举行部长级会议来谈判解决柏林危机,以避免双方在此"摊牌",从而引发一场核战争。富布赖特的这些主张引起了西德方面的极大关注。肯尼迪在柏林

---

① Berman, *William Fulbright and the Vietnam War*, p.11.

富布赖特

问题上态度强硬,唯恐被指责为"绥靖"苏联。腊斯克公开宣布,柏林的地位是不可谈判的,美国绝不会签署一项承认东德政权存在的条约。白宫发言人也明确表示,面对威胁和最后通牒,美国不会与苏联进行谈判。为了显示美国的决心和意志,肯尼迪还亲自飞赴处于苏军包围的柏林。8月13日,苏联和东德方面构筑了一道28英里长、布满铁丝网的水泥墙,将东、西柏林之间的通道切断。肯尼迪认为,尽管苏联此举并不是解决问题的好办法,但构筑一道墙终究比发动一场战争要好。事实上,柏林墙的修建使得美苏在柏林的对抗开始趋于平缓。

古巴导弹危机的发生使富布赖特进一步认识到美苏军备竞赛的危险。他认为,当代最为重要和迫切的问题就是要避免核战争的爆发。如果要想避免核灾难的发生,美国就应改变对苏联的态度。在他看来,赫鲁晓夫之所以在古巴冒险,主要是为了缩小与美国在导弹方面的差距,扭转苏联的战略劣势。1963年4—5月,富布赖特在塔夫茨大学弗莱彻法律和外交学院发表了三次系列演说,后以《西方的前景》出版,其中有一章专门讨论了苏联与西方国家的关系问题。他认为,美国的对苏政策应当是通过和平竞争打败苏联,不要寻求在军事上战胜苏联,取得"全面胜利",而应该加强大西洋共同体内部建设,加快西方世界的发展和完善;在对苏联保持遏制的同时扩大接触,加强某些领域的合作,特别是在文化和教育交流方面,从而在一定程度上影响苏联社会的发展,并使其缓和对西方的政策。他建议应向苏联表明,西方反对的并不是共产主义,如果苏联能够停止其"扩张和颠覆行为",西方世界可以保证苏联的国内安全和生活方式不会受到西方的威胁。①

在另一方面,富布赖特仍将苏联视为对美国安全和利益最主

---

① Fulbright, *Prospects for the West*, p. 14, pp. 19-20.

要的威胁,认为正是因为苏联的政策使得西方国家不得不通过建立北约来维护西方的集体安全。在他看来,苏联的目标是没有限制的,旨在建立一个"巨大的帝国"。因而,他坚持认为,如果要遏制苏联,西方国家必须立场坚定,目标明确,唯有如此,才能促使苏联认清现实,并逐步调整其政策。

令富布赖特感到欣慰的是,古巴导弹危机之后,美苏关系出现了缓和的迹象。1963年6月,肯尼迪在美利坚大学发表讲话,呼吁美苏双方为了共同的利益,停止军备竞赛。6月下旬,两国达成谅解备忘录,决定在华盛顿和莫斯科之间建立"热线",以便遇到紧急情况时两国领导人可以直接进行联系。同时,肯尼迪宣布暂停大气层核试验。7月中旬,美国、苏联和英国代表团就禁止部分核试验条约达成协议,三国承诺不再进行大气层、外层空间和水下核试验。美国谈判代表哈里曼一回到华盛顿就向富布赖特和参议院外交委员会通报了相关情况。富布赖特表示,他完全支持这一条约。8月初,富布赖特作为美国代表团的一员,前往莫斯科参加该条约的签字仪式。

戈德华特、瑟蒙德以及亨利·杰克逊等保守派议员一直对美苏之间的裁军谈判持怀疑态度,以著名核物理学家、氢弹之父爱德华·特勒为首的少数科学家也极力反对条约的通过,认为这一条约是苏联欺骗美国的一个手段,充满了技术漏洞。富布赖特称,特勒是他所见过的"最为疯狂的人"。为使《部分禁止核试验条约》在国会获得通过,富布赖特做了大量的说服工作,一再强调该条约不会影响美国的安全,而且还会大量减少空气中的放射性尘埃。最终,参议院外交委员会以16票对1票通过决议,将条约提交给参议院批准。

9月9日,富布赖特在参议院发表演说,全面阐述了批准该条

富布赖特

约对限制军备竞赛和维护世界持久和平的重要意义,呼吁人们放弃极端民族主义和意识形态的陈词滥调,把力量投入到如何确保人类的生存和世界的长久和平上。① 鉴于拉塞尔对条约提出了一系列的"保留意见",富布赖特表示,任何保留意见都需要重新进行谈判,这将会扼杀这一条约。针对军方私下展开的反对活动,富布赖特公开宣布,参谋长联席会议主席及所有成员都曾在参议院外交委员会作证,每个人都表示赞成批准这一条约。富布赖特的不懈努力为条约的通过奠定了基础。本来,民意测验曾显示,支持该条约的美国民众只占微弱的多数。到9月中旬,赞成该条约的美国民众已从8月中旬的52%上升至81%。② 9月24日,参议院以80票对19票通过了该条约。

1963年11月初,当获悉肯尼迪为了争取连任准备前往得克萨斯展开竞选活动时,富布赖特告诫他要避开达拉斯,因为这是一个"危险的地方","我不会去那里,你也不要去"。③ 孰料,富布赖特的这番话竟得到了应验。22日,肯尼迪在达拉斯遇刺身亡,这令富布赖特深感悲伤。肯尼迪上台伊始,富布赖特对这位年轻总统的执政能力曾表示怀疑。但是,这种怀疑在古巴导弹危机之后逐步被打消。1963年6月肯尼迪在美利坚大学发表的讲话、美苏首脑"热线"的建立以及部分核禁试条约的签署,都使富布赖特确信,在走向与苏联和解方面,肯尼迪不仅具有政治能力,而且也富有想象力。他甚至认为,如果肯尼迪活着的话,美国可能不会陷入越南战

---

① U. S. Senate, *Congressional Record*, September 9, 1963, pp. 16525-12540.
② Woods, *Fulbright*, pp. 319-320; U. S. Senate, *Congressional Record*, September 16, 1963, p. 17050.
③ Woods, *Fulbright*, pp. 321-322.

争。① 在他看来,肯尼迪"是最通情达理、平易近人的总统,我向他说出自己的想法时从未有过一丝犹豫,我从未想过我的任何看法如果与他相左会冒犯他"。不仅如此,他还称赞肯尼迪具有一种非凡的外交才能,"每一次去白宫参加宴会或任何仪式,我都对由他来代表我和我的国家而感到非常骄傲"。② 富布赖特曾于1958年提出一项议案,建议在华盛顿建立一个"国际文化中心"。为了纪念肯尼迪,1963年12月他提议将这一中心重新命名为"肯尼迪表演艺术中心",并由国会拨款1500万美元,另外贷款1500万美元。1971年9月,肯尼迪表演艺术中心正式建成。

富布赖特陪同肯尼迪总统视察阿肯色州(1963年秋)
图片来源:鲍威尔著的《富布赖特及其时代》

到了20世纪60年代初,富布赖特已经成为美国政治生活中举足轻重的人物。他的老友、知名政治评论家李普曼称他在华盛顿

---

① Berman, *William Fulbright and the Vietnam War*, pp.13-14.
② Johnson and Gwertzman, *Fulbright*, p.184.

富
布
赖
特

"具有不可替代的作用",没有人像他这样拥有如此大的权力,并且如此明智;倘若因为某种原因使他远离了公共事务,那将是美国的"不幸"。① 很显然,富布赖特绝不会轻易离开公共事务。约翰逊继任总统后,更使富布赖特对未来充满信心。他有理由相信,可以与约翰逊相处得更好。

11月22日下午,从达拉斯一回到华盛顿,约翰逊即刻与国会领导人会面,他征询意见的第一个人就是富布赖特。富布赖特与约翰逊长期在参议院共事,非常钦佩约翰逊的管理能力,称他对政治有一种"天生的才能"。更重要的是,尽管两人的性格、行为方式相差很大,但两人及两个家庭相处得非常融洽。1963年12月,约翰逊将两人在"空军一号"上一起吃早餐的合影送给富布赖特,并留言"致威廉·富布赖特,没有人比你更好了"。圣诞节来临之际,富布赖特夫人还帮助约翰逊夫人一起购置圣诞礼物。② 令富布赖特感到兴奋的是,在继任总统不久,约翰逊就经常向他征询意见,邀请他到白宫一起商讨问题,并表示他将继续肯尼迪的政策。在富布赖特看来,约翰逊同样是一位灵活的、现实的冷战斗士,将继续寻求与苏联的和解,通过和平的手段解决国际冲突,并集中精力解决国内的

富布赖特与约翰逊在"空军一号"上
(1963年12月)

图片来源:伍兹著的《富布赖特传》

---

① Meyer, *Fulbright of Arkansas*, p. ix.
② Powell, *J. William Fulbright and His Time*, p. 204; Woods, *Fulbright*, p. 339.

民权、贫困等问题,有可能成为美国历史上一位"伟大的总统"。富布赖特甚至幻想约翰逊能专注于国内事务,而在对外政策方面多听取他自己、曼斯菲尔德、鲍尔等人的意见。总之,富布赖特认为,美国"正处于步入一个黄金时代的边缘"。①

三、"旧神话与新现实"

早在1944年,当富布赖特在参议院首次发表演说时就曾强调,"神话是制定美国国家政策的最大障碍"。时隔二十年,1964年3月25日,经过长时间的精心准备,富布赖特在参议院再一次就美国对外政策中的"神话"这一主题发表了他一生中或许是最为重要的演说,时间达一小时之久,并由此引发了美国国内一场有关对外政策的大讨论。富布赖特曾致信麦卡勒姆,表示他发表这篇演说旨在"开启解开美国人对苏联人、中国人和古巴人心结的过程"。他承认,此举包含着很高的风险,因为"有太多的美国人甚至根本不愿意考虑对苏联采取一种更为和解态度的可能性"。②

富布赖特首先表示,由于人的思想存在着缺陷,现实的世界与人们所理解的世界之间不可避免地存在着背离。当对问题的理解比较接近客观现实时,人们就有可能以一种"合理和适当的方式"处理问题,否则事实和理解之间的背离就会成为一道裂缝,行动就会变得不合理。他明确指出,"对外政策的现实和我们关于这种政策的想法之间一直存在着一些背离",并且在某些方面一直在不断扩大,"使得我们由于那些建立在旧神话基础上而不是建立在目前

---

① U. S. Senate, *Congressional Record*, January 22, 1964, p. 893; Johnson and Gwertzman, *Fulbright*, p. 186.

② Gunn, "The Continuing Friendship of James William Fulbright and Ronald Buchanan McCallum," p. 429.

富布赖特

现实基础上的政策受到了妨碍";"在我看来,这种距离是危险的和不必要的"。

富布赖特认为,由于古巴导弹危机后苏联不再坚持其"极具侵略性"的政策,美苏双方都反对那种"全面胜利"的论调,而且苏联也开始承认美国的战略优势,使得冷战的性质已经发生了深刻的变化,共产主义和"自由世界"之间的斗争逐渐变成一种比较安全和可以容忍的抗衡,尽管这种抗衡今后可能持续数十年之久,但并非是非常可怕和代价巨大的。在他看来,面对复杂和动荡的世界局势,美国决策者却未能使自己适应这种局势,在新的现实面前仍固守旧的"神话",并力图回避矛盾。他要求美国政府改变这一做法,摆脱流传的"神话",就冷战和东西方关系、美国对中国和拉美国家的政策、越南战争等问题开始考虑一些"不可想象"的想法,这不仅"是我们力所能及的",而且"无疑是符合我们的利益的"。

富布赖特认为,冷战中一个最大的"神话"就是认为"共产党集团"是由许多国家的政府构成的铁板一块,尽管在某些策略问题上可能意见不一致,但是摧毁"自由世界"的决心却同样坚决和毫不容情。就苏联而言,虽然仍是一个可怕的对手,但不再对西方采取完全的、刻骨的敌视态度了,已经表现出一种愿意同西方做出互利的安排。这就使得美国可以把一部分精力从进行冷战转到缓和方面,并把苏联当作一个有着正常和传统礼仪的国家来打交道。他指出,美国必须把作为一种意识形态的共产主义同苏联的政策区别开来。威胁美国的不是作为一种理论的共产主义,也不是在苏联或其他任何国家之内实行的共产主义。只要一个大国把它的力量和资源用于侵略目的,不论其意识形态如何,都会使自己成为美国的敌人;"只要一个国家满足于在它自己的疆域之内实行它的主义,那么不管那个国家的意识形态对美国人来说是多么的讨厌,美国都没有必要与之发生争吵"。

富布赖特强调,神话称每一个共产党国家都是"极其邪恶的",是"自由世界"无情的敌人。实际情况是,有的共产党国家对"自由世界"构成了威胁,有的几乎不是威胁,或者完全不是威胁;共产主义国家绝非铁板一块,而是有多个中心,这给西方国家提供了重要的机会。他称,如果西方国家坚持认为所有共产党国家都同样敌视西方,对西方具有同样大的威胁性,那么西方对这些国家就不能有任何政策。

富布赖特提出,适当地增加东西方贸易可以成为一种使东西方关系和缓的有限的工具,因为美国制定的贸易封锁政策显然已经失败了,"我们的盟国正在同共产党集团进行贸易",并且速度和规模一直在不断增加,美国无法阻止盟国同共产党国家广泛地进行贸易,因而应当放宽贸易限制。他认为,在非战略物资方面进行适量的贸易,对于缓和世界紧张局势与加强和平的基础有着重要的价值。

对于美国的东亚政策,富布赖特表示,美国的政策由于旧的神话和新的现实之间的差异而受到妨碍。他认为,美国同中国的关系发生改变并不是不可能的,即使不是改变为友好,也许是改变为"竞争共处"。因而,如果美国能在同中国的关系中注入一种"灵活因素"或"一种灵活行动的能力的因素",那将是极其有益的事情。如果美国对将来同中国改善关系的可能性保持"门户开放",那将是一个有益的做法。他主张,作为开始,美国人必须打开思想来接受有关中国的某些现实,其中首先是现在并不真正有"两个中国",而是只有一个中国,即共产党领导下的中国。只有接受这一事实,才有可能考虑在何种条件下与中国建立比较正常的关系。富布赖特对法国承认中国的举动表示赞赏,认为法国此举有助于美国重新审视其在远东的基本政策。

富布赖特主张,美国应以开放的心态来面对包括拉美地区在内的第三世界国家所出现的社会和经济变革以及由此造成的动荡,认为在这些地区出现的民众"武装暴乱"并非是受到共产主义的鼓动或者由共产党人来领导,而是打破长久的寡头统治、走向民主化和社会经济变革的唯一办法。他认为,美国早就应该重新估计其对古巴的政策。他说,美国过去和现在都有三种可供选择的做法:第一种做法是进攻和占领那个岛屿,除掉卡斯特罗政权;第二个做法是采取政治抵制和经济抵制政策,努力削弱和最后摧垮那个政权;第三种做法是,把这个共产党政权看成是一种令人不愉快的现实和讨厌的东西,但是,由于没有可以接受的除掉它的手段,它不大可能在不久的将来被除掉。美国曾经尝试过第一种做法,结果没有成功。要是进攻和占领古巴的话,除了违反美国作为联合国和美洲国家组织的成员所负有的义务之外,还会在拉丁美洲和其他地方造成爆炸性的后果,而且可能引起一场全球战争。除非受到某种严重的挑衅,否则,可以把这个办法看作不是美国切实可行的政策而排除在外。

美国对古巴所采取的做法一直是第二种做法,就是通过政治孤立和经济封锁政策来削弱并最终摧垮古巴革命政权。富布赖特认为,现在看来,这种政策显然是失败的,而且没有理由认为它在以后会取得成功。美国为了说服盟国停止同古巴贸易而作的努力一直普遍遭到抗拒,对古巴的经济制裁是"不切实际的"。他指出,美国必须抛弃那种认为古巴共产主义是一种将在不久的将来垮台或消失的暂时威胁的神话,正视关于古巴的两种基本的现实情况:第一,卡斯特罗政权并不是处在垮台的边缘,而且也不大可能被美国现在奉行的政策所推翻;第二,卡斯特罗政权的继续存在虽然

"有害于"美国的利益和政策,但对美国来说并非是"难以容忍的危险"。

富布赖特还就越南问题提出了自己的看法,认为越南的局势使得美国重新审查其政策变得更为迫切,并提出美国面临三种选择:

> 除了撤退以外(我认为在目前情况下考虑撤退是不现实的),美国在越南有三个可以选择的办法。其一,继续在南越境内进行反游击战,同时增加美国的援助,以提高南越军队的军事效能和南越政权的政治效能;其二,通过谈判结束战争以实现南越或整个越南的中立化;其三,扩大战争规模,可直接派大量美军直接参加,或是为南越军队提供装备来进攻北越的领土,可能采用的手段是从海上或空中进行突击式的活动。

富布赖特认为,就目前南越的军事情况而言,要想通过谈判来保住南越是极其困难的,而且美国也并没有进行讨价还价的有利地位,在双方之间的优势对比尚未发生有利于美国的巨大变化之前,几乎不可能通过谈判来获得确保一个非共产党的南越独立的解决办法。他同时表示,法国提出的一些主张越南中立化的建议也不可取,不仅不能从根本上改变局势,反而可能会使局势更为混乱。因为法国在远东既不是一支重要的军事力量,也不是一支重要的经济力量,不可能对局势产生决定性的影响。因而,美国应拒绝法国为实现中立而展开的外交斡旋。显然,在富布赖特看来,美国在越南只有两种现实的选择:或者以某种方式扩大冲突,或者努力加强南越在目前规模上成功地进行战争的能力。他强调,无论采取何种手段,美国都要"继续履行对南越所承担的责任和义务"。①

美国国会中大多数民主党议员表示,根据变化的形势,美国应该对其外交政策进行一场大的讨论,并进行反思。但共和党议员则对富布赖特的演说给予了猛烈批评,并指责这是"绥靖"共产主义。戈德华特攻击富布赖特要求美国开辟对外政策的新方向是寻求一个慕尼黑的现实,最终导向绥靖政策和失败主义;富布赖特的建议代表了约翰逊政府对外交问题的看法,"除了一些细节之外,富布赖特讲话的基本想法就是政府对外政策的基本想法"。戈德华特称,富布赖特的建议"是完全错误的,是在危险地削弱美国在世界上的地位,而世界现在仍然处在不管有多少暖空气都无法使之解冻的冷战中",这些建议反映了约翰逊政府的对外政策方向。②众议院拉丁美洲问题小组委员会主席塞尔登称,富布赖特的态度表现出来的"对现实的漠视程度"是自从"30年代已出现企图使希特勒对英国人的威胁合理化的事情"以来无人比得上的。共和党参议员陶尔指责富布赖特要求对"国际共产主义采取一种甚至比我们现在实施的更为软弱的政策"。他说,"我们在方向上会有所改变,但它不会是朝着那些要我们承认古巴仅仅是一种讨厌的东西而不是一种威胁的人们所主张的那种方向"。斯马瑟斯认为富布赖特的演说"极为天真",其建议是"不现实的"。共和党全国委员会主席威廉·米勒甚至称,这一演说不过是约翰逊政府为使美国民众接受其"只会把美国和其他自由国家引向灾难"的外交政策而放出的"试探气球",富布赖特所赞成的就是30年代英国首相张

---

① U. S. Senate, *Congressional Record*, March 25, 1964, pp. 6227-6232.
② 《戈德华特攻击富布赖特演说》,《参考资料》1964年4月2日下午版,第52—53页; David Halberstam, "Fulbright 'Myths' Hit by Goldwater," *New York Times*, April 1, 1964, p. 3。

伯伦所走过的道路。① 瑟蒙德将一位劳工组织领导人所写的题为"回归绥靖"的批评文章收入《国会记录》。② 更令这些右翼保守分子兴奋的是,苏联的《真理报》和《消息报》都刊文盛赞富布赖特的演说,认为这表明在美国的政治思想中出现了一丝"走向新的、现实主义趋势的亮光"。③

富布赖特的演说立即引起了媒体和学界的高度关注,包括《纽约时报》《华盛顿邮报》在内的几乎所有的报纸都刊登了相关报道,并发表评论。《纽约时报》的社论称,历史将证明,富布赖特发表了一篇"伟大的""历史性"的演说;这一演说的意义必将引发世界各国政府官员、外交家以及政治学者的讨论。《华盛顿邮报》刊文称,美国应当感谢富布赖特,在局势异常动荡的时代里,"继续不断地重新检查我们的外交政策,这是极为重要的"。另一篇文章则盛赞这是"近10年间所有参议员就美国外交政策所发表的最为重要的演说之一",富布赖特再次显示了他在外交事务方面的出色才能。④ 国际关系专家摩根索称赞说,富布赖特是美国"最有能力、最负责任"的参议员中的一位。他同时表示对其有关苏联对外政策和美苏关系的观点不敢苟同,称美苏关系正经历"根本变革"的看法只是一种"神话"而非现实。也有一些人撰文对富布赖特的某些看法提出异议。⑤

美国白宫和国务院方面对富布赖特的讲话并没有做出正式回

---

① "Great Debate," *New York Times*, March 29, 1964, p. E1; Brown, *J. William Fulbright*, p.58.

② U. S. Senate, *Congressional Record*, May 8, 1964, pp. 10438-10439.

③ "Fulbright Speech Praised in Pravda," *New York Times*, March 29, 1964, p.38.

④ "Senator Fulbright's Challenge," *New York Times*, March 29, 1964, p. E8; Drew Pearson, "Fulbright Shows His Skill Again," *The Washington Post*, April 1, 1964, p. D13.

⑤ Brown, *J. William Fulbright*, p.59.

富布赖特

应,只是称这一讲话"非常有意思"。在 3 月 27 日的新闻发布会上,记者们曾数次就此向腊斯克提问。腊斯克表示,富布赖特的演说"富有思想,发人深省",他认同富布赖特的不少观点,但不同意富布赖特对古巴的看法,称卡斯特罗并非只是个"令人讨厌的人"而是"本半球的威胁",美国将继续对其实施经济封锁。他特别强调,这一演说与美国政府无关,只代表富布赖特本人的观点,并非像共和党人宣扬的那样是美国政府所释放的"试探气球"。在随后举行的两次记者会上,约翰逊也强调,他与富布赖特在这一演说中所表达的观点没有任何关系。不仅如此,约翰逊还非常担心这篇演说有可能会引发一场有关美国外交政策的全国性争论。①

富布赖特的演说在英国、法国等欧洲国家和拉美国家也产生了一定的反响。《泰晤士报》称赞这是"美国外交政策发展的一个分水岭";《新政治家》载文认为,这一演说为约翰逊政府创造了更大的外交活动空间。拉美国家的不少外交家普遍表示赞成富布赖特对古巴情况的分析,认为美国现行的政策不可能推翻古巴政府。时任联合国秘书长吴丹也呼吁世界各国关注富布赖特的演说,并表示赞成富布赖特的基本观点。②

富布赖特谈话的全文曾经事先分发到相关的参议员,但是当他在参议院发表这一演说时,只有另外四名参议员在场,其中一位为主持人。富布赖特表示,尽管如此,他的这篇演说还是引起了"令人惊讶和令人鼓舞的"反应。在发表演说后短短的一星期内,

---

① "Rusk Commends Fulbright Views on Policy Myths," *New York Times*, March 28, 1964, p.1, p.3; Johnson and Gwerzman, *Fulbright*, p.187.

② "Fulbright Talks Called Landmark," *The Baltimore Sun*, April 8, 1964, p.2; Thomas Hamilton, "Thant Urges World to Heed Fulbright's Speech," *New York Times*, April 22, 1964, p.20.

富布赖特就收到了15000多封来自美国全国各地的信件和电报,其中绝大部分对其要求对美国外交政策进行反思的建议表示支持,赞成与反对其演说的比例为4比1。富布赖特称,美国民众对这篇演说的反应超过了他进入参议院以来的任何一个行动和任何一篇演说。①

就在发表"旧神话与新现实"演说不久,4月5日,富布赖特来到北卡罗来纳大学,发表了一篇题为"美国生活中的冷战"的演说,同样引起了人们的关注。他指出,冷战在相当大的程度上改变了美国人的生活,其中最为重要的就是,美国把本应用于建立一个"文明社会"所必需的资源大量用于代价高昂的、无休止的霸权争夺。在他看来,美国军方应该为此负主要责任。他认为,美国人民现在并不能有效地控制军方,国会也不能有效地控制军方。这是对安全过分担心的结果。由于专心注意所畏惧的东西而忽略了国内问题,而从长远说来解决国内贫困等问题与扩充军备至少一样重要,他呼吁美国政府和民众不要再病态地纠缠于共产党的国家的威胁,必须把一些思想和想象力从冷战转移到美国本身的问题上来。在他看来,约翰逊政府"向贫困开战"的计划,以及在福利和教育方面采取的措施,从长远看,对美国的安全来说至少同军事装备一样重要,同月球航行比起来更重要得多。他认为,冷战已经使美国紧张到了限制自己国内的各种努力的地步。

5月16日,富布赖特在给《星期六晚邮报》写的一篇文章中继续阐述自己的上述观点。他指出,古巴问题是困难的,但是除非这一问题成为大国间利益冲突的焦点,否则它本身并不是可能引起第三次世界大战或决定未来数十年的世界政治面貌的因素,美国

---

① "Mail on Speeches Pleases Fulbright," *New York Times*, May 6, 1964, p.2.

富布赖特

对古巴给予了不适当的过分关注。他称对古巴采取经济和政治抵制是相宜的,但美国既不能迫使也不能说服盟国这样做。他强调:"本半球的真正问题将不以抵制古巴,而是以使争取进步联盟取得成功求得解决。"①

---

① J. William Fulbright, "Let's Talk Sense about Cuba," *Saturday Evening Post*, May 16, 1964, pp. 8-10.

第四章　打开绿灯

在60年代初期,富布赖特对约翰逊的越南政策给予了全力支持。在美国走向扩大越南战争的过程中,他曾起了非常重要的作用。正是在他的大力敦促下,美国国会通过了《东京湾决议》,从而为战争的升级铺平了道路,这也成为其一生的遗憾。

一、东京湾事件

约翰逊执政初期,曾多次表示要将解决国内问题列为重要议事日程。1964年5月22日,他在芝加哥大学发表演说时称,"美国不仅有机会走向一个富裕的社会和强大的社会,而且有机会走向一个伟大的社会"。1965年1月的国情咨文正式提出"伟大社会"的施政纲领,并在随后的一个多月内向国会提交了八十多项特别咨文,要求国会在教育、医疗、环境保护、住房、消灭贫困和民权等领域采取广泛的立法行动。约翰逊的这些举措令包括富布赖特在内的许多美国人相信,美国领导人终于将关注的重点从国外转移到国内。但结果证明,不断扩大的越南战争不仅断送了约翰逊的"伟大社会"构想,而且也结束了其近半个世纪的政治生涯。

约翰逊表示,在越南问题上他将继续坚持肯尼迪的政策。作

富布赖特

为"多米诺骨牌理论"的坚定信徒,早在1961年5月,时为副总统的他在出访越南时就强调,如果美国不坚决有力地在东南亚同共产主义战斗,并且取得胜利,那么美国在西太平洋地区的沿海岛屿基地就没有安全可言,太平洋就将成为"红色海洋",美国就不得不退守西海岸,并向整个世界表明,美国不会履行其做出的承诺。上任伊始,1963年11月24日,约翰逊指示美国驻南越"大使"亨利·洛奇转告南越领导人,美国政府支持南越的立场不会改变。27日,约翰逊在给国会的第一份咨文中明确表示,美国将坚持其"从南越到西柏林"所承担的义务。1964年3月初,约翰逊向富布赖特强调,美国在南越的目标是帮助其维持独立,避免被北越颠覆或推翻。他宣称,一旦美国撤出,南越政权就会垮台,并造成连锁反应,泰国和马来西亚将处于严重危险之中,印度、印尼和菲律宾也会受到威胁。因而,美国决不能放弃南越。他同时也表示反对向南越派遣地面部队,而是继续帮助南越训练军队,并向其提供后勤援助,为此准备派麦克纳马拉前往南越实地考察,以便决定美国是否需要采取以及采取何种新的政策,要求富布赖特对此仔细思考,并提出意见。富布赖特认为,根据目前的局势,至少在可预见的将来,美国对越南的政策"是正确的",并表示完全支持约翰逊政府的这一政策。①

上任伊始,约翰逊就召开国家安全委员会会议,商讨美国对越南的政策。他表示,决不允许中国人和苏联人利用美国人忧伤的时机夺取越南,他要让南越新政权知道,美国将遵守诺言,绝不会丢弃越南和东南亚。1963年11月26日,美国国家安全委员会制

---

① William C. Gibbons, *The U. S. Government and the Vietnam War*, Part 2, Washington D. C. : U.S. Government Printing Office, 1985, pp. 222-223; Goodwin, *Lyndon Johnson and the American Dream*, pp. 196-197.

定了一份行动备忘录,明确规定美国在南越的中心目标是"为了帮助该国的人民和政府在反对由外部指挥并得到外来支持的共产党阴谋的斗争中取得胜利"。国防部长麦克纳马拉从南越考察后向约翰逊汇报说,南越的局势"非常

富布赖特与约翰逊
图片来源:鲍威尔著的《富布赖特及其时代》

令人不安",除非最近两三个月能扭转局面,否则南越就会落入共产党之手。在他看来,南越政权的存在对于所有东南亚地区和西方国家的安全来说是如此重要,美国需要竭尽全力以帮助其取得战争的胜利。

实际上,约翰逊继任总统时,美国在越南已处于进退两难的境地。南越武装力量于1963年年底发动了强大的政治和军事攻势,使美国政府奉行的"特种战争"政策濒于破产。1963年12月,越南劳动党在河内召开会议,决定把迅速扩大解放武装并准备进行更艰苦的长期革命战争作为党在南方的头等任务,同时强调要大幅度加强对南方革命的支援,为此甚至要"适当地修改北方的建设计划"。① 随后,越南南方的革命形势进入了一个新的高潮。1964年1月,在美国的支持和秘密参与下,南越政府军原第二军区司令阮庆率领一批年轻军官发动政变,推翻了具有一定民族主义倾向的杨文明政权,成立了新的政府。

美国决策者决定进一步扩大行动,采取的措施主要是两个方

---

① 时殷弘:《美国在越南的干涉和战争》,世界知识出版社1991年版,第164页。

面:一是强化秘密战,二是加强对北越的电子侦察。1964年1月中旬,约翰逊正式批准了由美国驻越军事援助司令部和中央情报西贡分站共同制定的代号为"34A行动"的秘密战方案。该计划的主要内容包括:派遣U-2高空侦察机和地面特务搜集越南北部的情报;用空投和海上进入的突袭小队对北越的重要经济目标实施破坏行动;派遣南越鱼雷快艇袭击越南人民军海防设施。所有这些行动的最终目标是通过"越来越严重地惩罚北越和施加压力,促使北越领导人确信应为自己的利益而停止侵略"。与此同时,美国还从1964年2月开始派遣驱逐舰在东京湾(北部湾)进行代号为"德索托"的巡航活动,其目的是通过炫耀武力向北越施加压力,同时对北越的预警雷达和海岸防卫进行电子侦察,为实施"34A行动"以及将来可能的空中打击行动提供情报支持。即使如此,美国军方仍不满足。参谋长联席会议向麦克纳马拉报告说,仅靠秘密行动是不够的,美国必须准备采取"越来越大胆的行动",包括轰炸北越的主要目标;如有必要,则使用美军直接进攻北越。在2月22日的白宫会议上,约翰逊要求有关部门加紧制订向北越施加压力的应急计划。①

1964年3月初,腊斯克、负责东亚事务的助理国务卿威廉·邦迪在参议院外交委员会举行的听证会上承认南越的局势是"困难的、令人失望的",在南越最近两次政变期间,南越人民革命武装力量越来越活跃,并且取得了巨大的进展。美国中央情报局的一份评估报告也表示,总体说来,南越的局势仍然极为脆弱;如果到年底这种局面还不能得到扭转,南越的反共立场将极有可能变得无

---

① Edwin Moise, *Tonkin Gulf and the Escalation of the Vietnam War*, Chapel Hill: The University of North Carolina Press, 1996, pp. 22-23.

立足之地。在随后几个月中,美国向南越增派了7000名军事顾问,使美国军事顾问的规模达到2.3万人,并任命威斯特摩兰为侵越美军总司令,同时向南越提供了5亿美元的经济援助。与此同时,美国还通过加拿大方面警告北越,如果继续支持南越的"叛乱",将遭受美国的严重打击。尽管美国多管齐下,但南越的局势依然动荡不安。在湄公河三角洲,民族解放力量控制了南部的几乎全部农村。

在越南问题上,约翰逊与富布赖特保持着密切磋商。1964年3月中旬,麦克纳马拉从南越实地考察归来,约翰逊邀请富布赖特到白宫,一起听取有关情况的汇报。麦克纳马拉坦率地承认,南越的局势正不断恶化,由北越支持的暴动和起义与日俱增,南越的领导人缺乏广泛的政治基础,对军队的控制也值得怀疑。他认为,除非美国要保住一个独立的、非共产党的南越,否则整个东南亚都会落入共产党手中,建议尽快拟订直接攻击北越的行动计划。

富布赖特对约翰逊的南越政策给予了积极支持。他曾经表示,在60年代初期,他对南越局势并不在意,而是完全专注于欧洲事务,认为美国对南越的军事和经济援助只是"很小的行动"。不仅如此,由于所有与南越相关的信息都来自于美国政府,而他自身又缺乏对东南亚问题的了解,这就使其不可避免地在南越问题的分析和判断方面出现错误。就在发表著名的"旧神话与新现实"演说的前三天,富布赖特也曾应邀前往白宫,与约翰逊、麦克纳马拉等一起商讨越南问题。在这篇演说中,富布赖特重申了美国政府对越南问题的主要看法。他同时表示,"真诚地"希望约翰逊政府能阻止南越局势的崩溃,因为如果共产党夺去了印度支那,那将会

富布赖特

"在美国国内和亚洲产生严重的影响"。①

有学者推测,富布赖特演说中关于越南部分的内容很可能是约翰逊授意的,体现了美国政府的官方立场。不仅如此,这篇演说的核心内容与 3 月 26 日麦克纳马拉关于越南问题演讲的主旨内容极为相近。或许,富布赖特在发表演说时已经看到了麦克纳马拉的演讲稿。因而,当富布赖特发表完演说后,受到了一直对美国的南越政策持强烈批评态度的莫尔斯的指责。莫尔斯建议将南越问题提交给联合国处理。富布赖特对此回应说,他看不到采取这一措施的任何切实可行的办法,并称"不管对还是错,我们已经深深地卷入了","我们承担的义务已经到了这一地步,如果撤出,那对我们国家来说将是灾难性的"。②

为扭转南越局势,约翰逊政府不断增加对南越的经济和军事援助。但这并不能奏效。到 1964 年 5 月,南越民族解放阵线已经控制了 40% 的领土和 50% 的人口。同时,数以千计的北越正规军也通过"胡志明小道"进入南方展开斗争。南越政权的腐败、混乱则进一步加剧,军心涣散,统治能力大为削弱。5 月中旬,美国中央情报局惊呼,在过去几个月内,南越北部各省和湄公河三角洲的地方安全状况已急剧恶化。

面对这种情形,欧内斯特·格伦宁、韦恩·莫尔斯等参议员明确要求美国尽早从南越撤出。格伦宁认为,越南战争是一场内战,从来就不是美国的战争;美国支持的是一个腐败的军事独裁政权。他承认,美国撤出后共产党会接管南越,但这是"最终不可避免的",美国试图阻止这一局面的出现是枉费心机,建议约翰逊最好

---

① Woods, *J. William Fulbright, Vietnam and the Search for a Cold War Foreign Policy*, p. 68.

② U. S. Senate, *Congressional Record*, March 25, 1964, pp. 6238-6244.

尽快撤出。莫尔斯批评说,南越政权就是美国的傀儡,完全听命于美国,美国是在重蹈英国、法国和荷兰在亚洲殖民失败的覆辙,最终也难逃失败的厄运,解决问题的"唯一途径"就是美国从南越撤军。① 尽管在公开场合,民主党在国会中的权势人物理查德·拉塞尔、曼斯菲尔德都坚称约翰逊的越南政策是"唯一可行的选择",但私下里曾多次向约翰逊进言,要求战争降级,认为美国没有获胜的希望,应该想法撤出。美国国家安全委员会的一位官员坦承,有越来越多的参议员私下里对格伦宁、莫尔斯的看法表示支持。但是,大多数民主党参议员出于政治前途等因素的考虑,并不敢像他们那样直言不讳地批评约翰逊政府,唯恐被视为"极端主义分子"。②

美国政府将直接军事干涉作为首要选择,采取了"攻击北越以拯救南越"的做法。1964年3月初,以国务院政策规划委员会官员为首的一个部际小组提出研究报告,建议封锁海防港和轰炸北越交通线、油库以及重要的工业企业。麦克纳马拉同样把攻击北越作为拯救南越的根本出路。他建议拟订两个阶段的计划,一是小规模的、短暂的报复性轰炸;二是大规模的、持续的战略轰炸,旨在迫使北越从根本上改变政策。该建议迅速得到了约翰逊的批准。麦乔治·邦迪也多次建议,只有对北越实施"有选择性的并且是审慎地逐步升级的军事打击"才能促其改变干涉南越的决定,确保南越政权的统治。到1964年6月,美国政府已经从政治上和军事上完成了扩大战争的各项准备工作。军事方面,由太平洋美军司令

---

① Gibbons, *The U. S. Government and the Vietnam War*, Part 2, pp. 224-225, p. 250; U. S. Senate, *Congressional Record*, March 10, 1964, pp. 4831-4835.

② Fredrik Logevall, *Choosing War: The Last Chance for Peace and the Escalation of War in Vietnam*, Berkeley: University of California Press, 1999, pp. 138-139; Johnson, *Congress and the Cold War*, p. 108.

富布赖特

部负责,参谋长联席会议审定批准,确定了 94 个轰炸目标,包括油库、机场、兵营、桥梁、铁路、港口、通信设施等,同时还要求对北越港口进行布雷,并实施海上封锁。军方领导人称,对美国的安全利益而言,阻止南越的丧失具有压倒一切的重要性。政治方面,美国国务院制定了轰炸所需要的一系列政治行动方案,包括由南越领导人发表威胁北越的演说;由美国发表关于越南北方"侵略"南越的白皮书,以便为轰炸行动提供理由;由约翰逊提出一项议案,要求国会批准和授权对北越采取一切必要的行动;轰炸时美国将发表一项声明,强调美国的行动目标有限,旨在阻止越南北部的军事进攻和支持南方的共产党。美国国家安全委员会通过的一份文件警告说,除非美国能保住一个独立的、非共产党的南越,否则就会造成"多米诺骨牌效应",不仅整个印度支那会落入共产党的统治,东南亚其他国家的安全都会受到严重威胁,并影响到印度、澳大利亚、新西兰、日本及韩国。文件强调,越南战争是对美国是否有能力帮助一个国家应对共产党"解放战争"的试金石。①

1964 年 5 月 18 日,约翰逊向美国国会提出了一份特别咨文,要求在美国的援外计划之外增拨 1.25 亿美元用于南越,认为目前在南越出现了必须"立即要求国会迅速采取行动提供额外费用"的"新的重大需要"。在约翰逊要求的额外拨款中,7000 万美元用于经济方面,5500 万美元用于军事方面。麦克纳马拉在会后向记者发表谈话时表示,美国在南越进行的战争将是一场"长期的、艰苦的和十分困难的"战争,但必须在南越取得胜利。

为了争取国会的支持,美国政府开始做国会领导人的工作。

---

① Sheehan, et al., *The Pentagon Papers as Published by the New York Times*, pp. 283-285.

1964年5月15日,约翰逊邀请富布赖特到白宫,与麦克纳马拉、腊斯克等商讨越南问题,意在争取富布赖特对政府政策的支持。约翰逊很清楚,作为参议院外交委员会主席和民主党的重要人物,富布赖特的影响力非常关键。27日,富布赖特与前副总统尼克松一起接受电视采访。尼克松认为,获得胜利的最直接的办法就是攻击在北越和柬埔寨的所谓"庇护所"。富布赖特对此表示,越南问题至关重要,约翰逊总统也在考虑这一问题,"我对总统处理这一问题的能力抱有极大的信心,他正与参议院、众议院和行政部门的领导层就此进行磋商"。他同时表示赞成尼克松的说法,即美国的目标是取得战争的胜利。他认为,他与尼克松争论的核心问题是,何种途径才是实现这一"共同目标"的最为明智之举。①

富布赖特可能没有想到的是,约翰逊政府正在加紧制定的却是如何扩大战争的各种方案。5月25日,负责远东事务的助理国务卿威廉·邦迪草拟了一份决议,这就是日后的《东京湾决议》的雏形。决议称,北越方面违背了1954年和1962年的国际协定,悍然"干涉"南越和老挝;美国认为维护南越和老挝的独立和完整,对美国利益与世界和平至关重要;如果美国总统认为事属必要,一旦南越或老挝提出要求,美国准备采取一切措施,包括派遣武装部队,以帮助其捍卫独立和领土完整,使之免受由任何共产党国家支持、操纵和指挥的"侵略"或"颠覆"。这一备忘录得到美国高层的支持。

6月初,麦克纳马拉、腊斯克、参谋长联席会议主席泰勒、美国驻南越"大使"洛奇、中央情报局局长麦科恩、副国务卿鲍尔等人在檀香山举行会议,主要议题是要向国会提交一份议案,要求支持美

---

① Berman, *William Fulbright and the Vietnam War*, pp.18-19.

富布赖特

国政府抵制共产主义在东南亚的"侵略"活动。麦克纳马拉提出，对北越的军事行动有可能引起中国和北越的强烈反应，美国必须有所准备。对此，约翰逊在6月28日的一次讲话中强调，美国"必须准备好冒战争的风险"。腊斯克也表示，"包括南越在内的这个地区对美国的安全是必不可少的"，美国"准备冒同中国进行全面战争的危险"；为了"制止共产党接管南越"，美国将继续向南越提供其所需要的一切支持。他强调，南越将是"对自由世界的考验"。

6—7月，约翰逊、腊斯克以及副国务卿鲍尔等人分别会见了参议院民主党的几位领导人，包括曼斯菲尔德、富布赖特、汉弗莱、拉塞尔、斯坦尼斯以及共和党少数派领袖德克森。他们向国会领导人表示，通过联合国以及其他外交渠道，美国已经为解决越南问题尽了一切努力；美国政府没有考虑也不愿意扩大战争，只是想把国会的决议作为一种显示美国团结一致的手段；美国在东南亚的政策目标也很有限，即阻止北越控制南越和老挝。如果美国的使命发生了改变，约翰逊将与国会磋商，取得新的授权。约翰逊还表示，为了更好地对付政府内那些主张战争升级的强硬派分子，他需要国会领导人的帮助。鲍尔在做富布赖特的工作时特别强调，美国军方一些人要求对北越以及共产党在老挝和柬埔寨的基地进行全面空袭和地面进攻，约翰逊应该能抵挡住"鹰派"的压力，而参议院对约翰逊提出的议案进行辩论并予通过则可以暂缓乃至阻止战争的升级。①

7月26日晚，约翰逊在白宫与富布赖特就餐时表示，联合国秘书长吴丹将在8月初访问白宫，他希望由吴丹与北越方面进行谈判，通过政治途径解决问题，并再次重申他无意扩大战争，只是想

---

① Woods, *Fulbright*, p.348.

把国会通过的决议作为向北越方面施加压力的一种手段,同时也是为了堵住戈德华特等人的嘴。约翰逊的努力显然取得了成功,美国政府的立场赢得了大多数国会领导人的支持。富布赖特虽然意识到南越局势的险峻,但他相信约翰逊有能力处理好。他在给阿肯色州一位选民的信中这样说:在华盛顿,除了麦克纳马拉外,还有很多人都在研究如何最好地解决越南问题,而同时又不引发一场全面战争;约翰逊总统本人也在密切地关注此事,"我确信他不会鲁莽行事,从而造成数千人的死亡"。他日后回顾说:"我没有怀疑约翰逊正误导我们","这是约翰逊与戈德华特较量的开始,我完全被说服了,我感到应该支持总统,他是对的,他不会将战争升级。"①

美国驻南越"大使"洛奇、国务院政策规划委员会主任罗斯托以及邦迪兄弟等不断敦促约翰逊尽快开始轰炸北越,强调美国的这一行动不仅有助于阻止南越局势的持续恶化,而且还可以提高南越的士气,但约翰逊有着自己的考虑。1964年春季的盖洛普民意测验表明,多达63%的美国民众并不关心越南问题或很少关注,25%的人甚至不知道在东南亚有一场战争。约翰逊希望这一状况能继续下去,以免战争急剧升级可能会引起公众对美国陷入另一场亚洲大陆地面战争的担忧,从而对他产生不利的影响。因而,他要求腊斯克和麦克纳马拉推迟就实施轰炸做出决定,并且应避免在公开场合做出任何打算将战争升级的暗示。对于约翰逊来说,他还需要有一个发动攻击的合理借口和恰当时机。②

但此时,南越阮庆政权的地位可谓岌岌可危、摇摇欲坠,内部

---

① Berman, *William Fulbright and the Vietnam War*, p.19; Woods, *Fulbright*, p.348.
② Robert Dallek, *Flawed Giant: Lyndon Johnson and His Times*, New York: Oxford University Press, 1998, p.106; Goodwin, *Lyndon Johnson and the American Dream*, p.198.

争斗激烈,社会动荡不安。阮庆公开宣称,为了保住南越,最好的办法就是发动进攻。在美国人看来,南越政权的意图很清楚,那就是要使美国更深地卷入越南事务。极具讽刺意味的是,尽管已经很清楚地认识到这一点,但美国决策者还是身不由己地一步步陷入越南泥潭。

7月30日,富布赖特在接受全国广播公司采访讨论他的新书《旧神话与新现实》时重申,除非南越政权面临立即垮台的局面,他不希望战火蔓延到北越,主张通过外交途径解决问题,并表示完全赞成采取一切措施来改善美苏关系。约翰逊也承诺要改善与苏联的关系,这是富布赖特对他产生信任的又一重要原因。因而,他期待着约翰逊在1964年的总统大选中获得提名,并取得胜利。很显然,富布赖特对美国政府的"34A行动"和"德索托"行动并不知情,也不知道约翰逊政府正在酝酿重大升级活动。就在同一天,美军对东京湾北部的沿海岛屿发动了两次两栖作战袭击。

8月3日,麦克纳马拉、腊斯克以及参谋长联席会议主席惠勒出席参议院外交委员会和军事委员会举行的联合听证会,称前一天在东京湾游弋的美国军舰"马多克斯"号遭到北越鱼雷的攻击。当日,约翰逊下令美国驱逐舰"特纳·乔伊"号增援"马多克斯"号,并指示舰长可以对来自任何力量的攻击做出回击。与此同时,参谋长联席会议指示驻南越和泰国美军进入战备状态,并把北越的港口、油库等锁定为打击目标。其实,美国决策者很清楚,北越方面并不希望与美国开战,他们对美国驱逐舰的攻击只是对美国进攻其沿海岛屿做出的"防御性反应"。

8月3日晚上,在南越空军袭击了北越海岸外两处军事设施后不久,"马多克斯"号突然报告称与"特纳·乔伊"号一起遭到北越鱼雷快艇的攻击。尽管舰长随后报告说由于天气恶劣和声呐系统有误,不能确定是否真的遭受袭击,建议在采取任何进一步的行动之前应进行"全面调查",但急于为战争升级制造口实的美国军方领导人却不愿进行核实。日后的资料证明,所谓北越对美国军舰发起的第二次攻击纯属子虚乌有,不过是美国发动战争而制造的借口。

约翰逊决定采取强硬行动。美国东部时间4日上午,他召集富布赖特、曼斯菲尔德等人到白宫举行紧急会议,称北越方面违反了航海自由的原则,蓄意攻击在东京湾的美国军舰,并表示自己没有其他选择,只能采取报复行动,希望得到国会的支持。富布赖特确信,两次攻击行动表明北越正在考验美国的"决心",除非美国做出反应,否则这种攻击仍会继续。一位白宫助理评论说,约翰逊之所以态度强硬,在很大程度上是出于"自卫"。他针对的并不是北越方面,而是戈德华特与共和党右翼势力,他决不允许这些人再指责他是一位"摇摆不定""优柔寡断"的领导人。①

下午6时45分,富布赖特、曼斯菲尔德、拉塞尔等16位国会领导人在白宫听取情况汇报,腊斯克、麦克纳马拉、参谋长联席会议主席惠勒等介绍了"东京湾事件"的经过以及美国的反击计划。腊斯克表示,北越已经向公海上的美国船只发起攻击,美国不应将此视为偶发事件,必须向北越显示美国的决心。约翰逊向国会领导人称他打算向国会提交一项决议,要求国会支持美国政府在必要时对越南采取军事行动,"以捍卫东南亚的自由与和平"。他表示,国会有必要做出一项关于美国对东南亚立场的决议,因为"这将大大加强我们的力量";美国可能被批准采取进一步行动,"如果不是

---

① Woods, *J. William Fulbright, Vietnam and the Search for a Cold War Foreign Policy*, p.74; Stanley Karnow, *Vietnam: A History*, New York: Penguin Books, 1991, p.371.

富布赖特

国会和我一起采取行动的话,我是不会采取行动的"。包括富布赖特在内的多名国会领导人对此表示支持,其理由主要是:"在我们认为国家遭到攻击时,局势需要我们紧急、迅速地表示出全国的团结一致。显然,总统的态度是,如果胡志明看到我们方面的决心和团结一致,他就会寻求和平,走向会议桌并通过谈判解决整个问题。"①随后,约翰逊发表电视讲话说,美军出动了60余架次的战机,对北越的4个巡逻艇基地和1个重要油库进行轰炸。这是美国对北越展开的第一次公开的武装进攻。

北越方面随即发表声明,指出美国的轰炸行动是一次有预谋的战争行为,是美国政府加紧对越南民主共和国进行挑衅和破坏活动的计划的一部分。声明强烈谴责美国对越南的轰炸是"极其严重的战争行动",极其粗暴地违反了《日内瓦协议》,加剧了在印度支那和东南亚扩大战争的危险。声明同时要求美国政府立即停止对越南民主共和国的一切挑衅和破坏行动,结束它在越南南方的侵略战争,并切实履行1954年关于越南问题的《日内瓦协议》。

8月5日,约翰逊将《东京湾决议》提交给国会,主要内容是:"国会批准并支持总统作为总司令决定采取一切必要的措施,以击退对美国军队的任何武装进攻,并阻止进一步的侵略。美国认为,维护东南亚的国际和平与安全对其国家利益与世界和平是至关重要的。因此,与美国宪法和联合国宪章相符,并依照在《东南亚集体防务条约》中承担的义务,美国准备按照总统的决定采取一切必要步骤,包括使用武装力量,援助要求给予支持的东南亚集体防务条约任何成员国或协定签字国以捍卫其自由。"同时,约翰逊还附有一份书面咨文,内称:"我要求国会支持的不仅是对我们武装部

---

① Fulbright, *The Price of Empire*, p.104.

队受到攻击时应做出什么样的反应,也不是简单地履行我们在越南的义务,而是使我处于一种有权能做一切应该做的事情的地位,以履行我们在整个东南亚的责任"。① 同日,富布赖特来到白宫,以便了解更多的情况,用来应对诸如莫尔斯、格里宁等人可能提出的质询。麦乔治·邦迪向他保证,"34A 行动计划"与美国驱逐舰出现在东京湾两者没有联系。由于担心富布赖特成为"泄密者",邦迪并未将"东京湾事件"的重要资料交给富布赖特。

6日,富布赖特主持了美国参议院外交委员会和军事委员会举行的联合会议,讨论《东京湾决议》。腊斯克声称,此次攻击绝非孤立的事件,而是北越竭力要征服南越并最终征服和控制整个东南亚的一个既定步骤。麦克纳马拉则详细介绍了两次攻击的时间、攻击发生时美国军舰所在的地点以及美国的反应等情况。参议员韦恩·莫尔斯认为美国海军舰艇是在支持南越的行动计划,在距离北越海岸如此之近的地方进行巡航是一种挑衅行为,因而坚决反对《东京湾决议》。麦克纳马拉对此坚决予以否认,声称美国海军绝对没有参与南越的军事行动,他们只是在东京湾进行例行巡航,与南越方面的行动没有任何关系。②

作为会议主席,富布赖特并没有向腊斯克、麦克纳马拉以及惠勒进行提问,而是对美国政府做出的迅速反应以及所表现出的克制给予了赞扬,并对北越的"蓄意的侵略行径"和对国际法的"蔑视"进行了谴责。他认为,美国有权对北越的"富有侵略性的""无缘无故的"攻击做出反应,以保卫自身的安全,美国的行动符合其

---

① Gibbons, *The U. S. Government and the Vietnam War*, Part 2, pp. 302-303; E. W. Kenworthy, "President Requests Support of Congress," *New York Times*, August 6, 1964, p. 1, p. 8.

② Moise, *Tonkin Gulf and the Escalation of the Vietnam War*, pp. 86-87.

富布赖特

"重要利益"以及对东南亚盟友与伙伴所承担的"义务"。在听证会结束时,富布赖特私下向腊斯克表示,这份决议是自己看到的送到参议院的最好的一份。①

在参议院辩论期间,富布赖特与肯塔基州参议员约翰·库珀的对话很清楚地表明了其立场:

> 库珀:我们是预先赋予总统权力,让他在必要时就南越及共同防御问题或东南亚条约组织其他缔约国的防御问题采取任何行动吗?
>
> 富布赖特:我想是的。
>
> 库珀:那么,预料一下,如果总统决定动用军队,其数量足以导致战争,本决议也赋予他这种权力吗?
>
> 富布赖特:这正是我要做的解释。②

富布赖特同时相信,如果目前美国政府的政策需要做重大变动,约翰逊会同国会协商。他宣称,由于受到了直接挑衅,美国所采取的报复性措施完全是必要的和正当的,他要设法使该决议在参议院顺利通过。他在发言中还表示,该决议进一步表明,国会将批准和支持美国总统现在或将来采取必要的措施,以制止或击退共产党对东南亚"侵略"的决心。他称:"如果因为我们对美国与苏联、东欧关系的发展持乐观态度,从而对北越和中国共产党的侵略计划产生任何幻想,那将是一个极大的错误。"他很清楚一旦国会通过这一决议,将赋予约翰逊很大的行动自由权。他表示,"我意识到大家都对发生在越南和其他地方的事情有自己的疑虑,但从

---

① U. S. Senate, *Congressional Record*, August 6, 1964, pp. 18399-18400; Dean Rusk, *As I Saw It*, New York: Norton, 1990, p. 445.

② U. S. Senate, *Congressional Record*, August 6, 1964, p. 18409.

根本上说，在我们的这种体制下，总统作为我们的代表在这些活动中必须发挥主导作用，尽管留意提防是我们的特权，在许多场合我们应该如此，但若是在涉及国家安全或受到战争威胁的时候，我们必须在很大程度上依靠行政部门的决策"。他确信，该决议案旨在避免战争，而不是扩大战争，呼吁参议院能够支持这一决议。①

大多数参议员都对《东京湾决议》表示支持，但依然有少数人对此表示反对或怀疑，包括乔治·麦戈文、盖洛德·纳尔逊、欧内斯特·格伦宁等，他们坚持认为参议院不能向约翰逊开出一张使其可以在东南亚发动地面战争的"空头支票"，并对美国可能会在南越越陷越深以致难以自拔而感到不安。面对这些质询，富布赖特一再表示，决议案的目的就是让国会公开支持约翰逊总统对河内做出有限而又适度的回击，显示美国国内的团结和决心，从而迫使共产党方面停止"侵略"活动。

麦戈文、丹尼尔·布鲁斯特等人担心《东京湾决议》的通过可能意味着授权约翰逊可以在越南大量使用美国地面部队。富布赖特对此表示，"在我看来，决议中没有任何地方考虑过使用地面部队的问题"，动用地面部队是"我们最不愿做的事情"；"我个人认为，在任何情况下在亚洲大陆投入大量兵力都是非常不明智的"。他同时也承认，从决议的措辞来看，它并不能阻止这样的行动，它将授权作为美军最高统帅的总统采取任何他认为必要的措施。② 尽管如此，富布赖特重申，"有些批评者宣称该决议是在扩大战争，但我认为恰恰相反，它是为了阻止战争扩大"。他强调行政当局不会考虑任何对过去政策的重大改变，而且也不打算利用该决议来

---

① U. S. Senate, *Congressional Record*, August 7, 1964, p. 18462; Gibbons, *The U. S. Government and the Vietnam War*, Part 2, pp. 328-329.

② US Senate, *Congressional Record*, August 6, 1964, pp. 18402-18403.

富布赖特

采取除了阻止类似东京湾袭击事件之外的任何行动。

富布赖特并未说服盖洛德·纳尔逊。这位来自威斯康星州的参议员坚持认为决议赋予约翰逊的权力实在太大了,意味着十多年来美国对南越政策目标的重大改变。他非常担心约翰逊会利用《东京湾决议》向越南大规模增兵,从而导致冲突的步步升级,与北越甚至中国发生一场战争。他要求增加一项修正案,说明美国的政策是避免在军事上直接卷入东南亚地区的冲突,美国在南越的作用主要是在继续提供顾问,帮助训练军队,并提供后勤支援等方面,同时要求将东南亚的和平修正案提交给联合国安理会审议。但是约翰逊并不希望国会对他的要求提出任何修正案,称一个修正案就会引起没完没了的修正案,整个事情就会变得无法收拾,不仅会削弱决议案中经过再三斟酌的措辞,更重要的是会给人一种错误的印象,即国会并不支持他。约翰逊还向富布赖特表示,没有人希望美国卷入亚洲的地面战争,这一决议是有限制的,与其说是针对北越,不如说是针对戈德华特的。在此情形下,富布赖特安抚纳尔逊说,他提出的修正案准确地反映了约翰逊所声明的政策,但如果附加这一条款,那就必须同众议院协商一致,而当务之急是毫不含糊地确认"我们的团结一致"。富布赖特明确表示,"在这种情况下,我没有办法接受修正案",将其提交给国会参众联席会议,并因此承担延误通过决议的责任。他同时保证说,决议本身只适应于美国海上军事行动,不包括地面军事行动,约翰逊总统无意发动一场地面战争;如果美国的政策发生了变化,约翰逊会事先征求国会的意见。① 到了1966年初,富布赖特公开表示,自己没有接受也

---

① US Senate, *Congressional Record*, August 7, 1964, p.18459, p.18471; Ezra Siff, *Why the Senate Slept: The Gulf of Tonkin Resolution and the Beginning of America's Vietnam War*, Westport: Praeger, 1999, p.36.

没有敦促参议院考虑纳尔逊提出的修正案是他担任参议院外交委员会主席期间所犯的"最为严重的错误"。①

只有莫尔斯和格伦宁明确表示反对该议案,认为美国的行为违反了1954年的《日内瓦协议》和《联合国宪章》;美国在东南亚所追求的既不是法律,也不是和平,美国在南越所做的不过是延续法国的殖民战争;美国多年来一直在东南亚进行秘密战争,维持着对南越人民的军事独裁统治,试图用军事手段来解决政治和经济问题。在莫尔斯看来,所谓"东京湾事件"不过是美国政府为发动战争而蓄意制造的借口。他表示,美国宪法规定发动战争的权力在国会,而决议案却将这一权力赋予总统,"我相信,历史将证明,由于这一决议,我们犯下了破坏和无视美国宪法的严重错误","我们事实上是要授权总统在未经宣战的情况下发动战争,我确信这是一个历史性的错误"。他要求富布赖特就此举行听证会,遭到富布赖特的拒绝。② 参议院对《东京湾决议》进行讨论时,只有不到1/3的议员在场。在富布赖特的大力推动下,尽管不少参议员心存疑虑,但还是对《东京湾决议》投了赞成票,使得该决议以88票对2票获得通过。随后,美国众议院在经过了短短40分钟的讨论后以416票对0票通过该决议。

富布赖特之所以支持这一提案,在很大程度上是出于国内政治的考虑。当时正处于1964年美国总统大选的关键时刻,而越南问题成为共和党攻击约翰逊的主要议题。共和党人戈德华特一直主张扩大战争,要求约翰逊应该考虑把战争"引入"北越乃至"引

---

① US Senate, *Congressional Record*, March 1, 1966, p. 4378.
② U. S. Senate, *Congressional Record*, August 5, 1964, pp. 18133-18139; Gibbons, *The U. S. Government and the Vietnam War*, Part 2, pp. 303-304, p. 329; Gary Stone, "The Senate and the Vietnam War," Ph. D. dissertation, Columbia University, 2000, pp. 136-144.

富布赖特

入"中国南部的"可能性",甚至公然主张对北越投掷小型原子弹,以切断其补给线。自60年代民主党执政以来,在美国对外政策的目标、手段以及如何看待共产党国家的"威胁"等问题上,富布赖特与戈德华特之间的争论就从未停止。在戈德华特看来,共产主义与西方的矛盾和对抗是不可调和的,两者不可能和平共处;在与共产主义的较量中取得"全面胜利"必须是美国对外政策压倒一切的目标,为此美国可以采取一切必要的政治、军事、经济和心理手段。①

1964年7月中旬,戈德华特被提名为共和党总统候选人。在接受提名时,戈德华特发表讲话谴责约翰逊对越南的"软弱"政策,要求采取行动以击退共产党的"进攻"。他宣称,"是我们的无所作为筑起了柏林的耻辱之墙;无所作为污染了猪湾的羞辱的海滩;无所作为使得老挝的自由在逐渐死亡;无所作为在危害着越南的丛林"。他要求美国应在冷战中取得"全面胜利",为此要求撤销对苏联的外交承认,不与任何共产党国家进行谈判,废除与苏联达成的文化交流协议,停止与所有共产党国家的贸易往来,并且不再裁军。②

戈德华特的好战言论令富布赖特非常担心。在他看来,戈德华特实际上等于是要求对苏联和共产党国家发动一场核战争,他认为,约翰逊已经明确表示不会向越南增兵,国会的决议实际上旨在威慑北越方面。而如果戈德华特当选,势必会采取更为强硬的政策,对北越乃至中国发动进攻,并有可能使用原子弹,从而引发

---

① Lloyd E. Ambrosius, "The Goldwater-Fulbright Controversy," *The Arkansas Historical Quarterly*, Vol. 29, No. 3, Autumn 1970, pp. 252-270.

② Manchester, *Glory and Dream*, p. 1018; Powell, *J. William Fulbright and His Time*, p. 219.

一场美苏全面战争。因而,在总统大选来临之际,为了避免约翰逊被人指责为对共产主义"心慈手软",国会必须对他予以全力支持,对《东京湾决议》表现出任何犹豫和疑虑都会对约翰逊造成不利的影响,并使其感到难堪。富布赖特坦承,对戈德华特的担心使得他对约翰逊提出决议案的真实意图从未产生怀疑。① 正因为如此,有评论家甚至认为,戈德华特的崛起是促使那些对"东京湾决议案"犹豫不决的参议员投赞成票的"最为重要的因素"。②

同时,富布赖特确信,鉴于约翰逊一直希望通过谈判解决问题,决议案的通过无疑会有助于加强他的这一立场。他认为,约翰逊不仅不会在越南扩大战争,而且还将尽一切努力避免美苏发生冲突。因而,他和约翰逊所做的一切都是为了在不损害美国及其盟国安全与自由的情况下避免核战争。

从个人关系层面上讲,富布赖特与约翰逊关系较为密切。两人都是来自南方的参议员,私人关系甚好。约翰逊对富布赖特在1959年担任参议院对外关系委员会主席发挥了重要作用。尽管约翰逊未能让富布赖特成为肯尼迪和自己任内的国务卿,但是,两人深厚的私交让富布赖特在外交政策制定过程中扮演着重要角色,经常受邀参加白宫外交决策会议。同时,富布赖特也积极帮助约翰逊的一些外交决策在参议院获得支持,并且是约翰逊在阿肯色州竞选活动的主要组织者。富布赖特对于约翰逊一直非常信任,从未想过美国政府会欺骗参议院的一个委员会,"我认为可以相信他们说的是实话,即使不是把什么都告诉你","但是我太天真了"。他认为,"这只是我们上当受骗的问题的一部分"。莫尔斯曾指责

---

① Powell, *J. William Fulbright and America's Lost Crusade*, p.95; Fulbright, *The Arrogance of Power*, pp.51-52.

② Johnson, *Congress and the Cold War*, p.112.

富布赖特

富布赖特了解真相,却故意误导国会议员,现在看来这一指责是缺乏根据的。实际上,约翰逊、麦克纳马拉等人并没有将所得到的全部信息告知富布赖特。

还有一种说法认为,富布赖特之所以全力支持约翰逊,是因为他一直在寻找机会取代腊斯克,成为约翰逊的国务卿。实际上,即使他有此愿望也难以实现,约翰逊不可能真的选择他担当此任。对约翰逊来说,他所需要的是一位绝对服从、忠诚的国务卿,一旦他做出决定,不会提出异议,更不会诉诸公众讨论。因而,在约翰逊、麦乔治·邦迪等人看来,富布赖特并不可靠。①

对于《东京湾决议》,富布赖特和约翰逊有不同的解释。前者认为,提出决议案的目的不是为了战争,恰恰是为了阻止和避免战争,促使北越走向谈判,使美国尽快从越南撤出。他这样解释,"我们当时都认为,提出该决议案只不过是起个心理作用,任何不一致或犹豫的表现都会破坏给北越人留下尽可能强烈的心理影响这一目标"。在他看来,约翰逊提出的这一决议没有实质性意义,只是为了显示约翰逊反对共产党的"决心"和"意志"。约翰逊如果要做出政策调整必须经过国会同意,至少应该与国会充分协商,他无权擅自扩大战争。② 但对约翰逊来说,这一决议赋予了白宫很大的进行战争的自由,成为日后扩大战争的通行证,为战争的"美国化"提供了依据。对此,富布赖特批评约翰逊"常常不恰当地把《东京湾决议》说成是一条国会授权的法令",如果他认为恰当就可以在越南进行全面战争,但实际上完全没有这种授权。

《东京湾决议》意味着美国对南越承担了"不可逆转的义务",

---

① Woods, *J. William Fulbright, Vietnam and the Search for a Cold War Foreign Policy*, p.79.

② Powell, *J. William Fulbright and His Time*, p.212.

为美国政府进一步扩大越南战争奠定了基础。很显然,富布赖特在促使国会特别是参议院顺利通过这一决议过程中起到了关键性的作用。在随后的岁月中,富布赖特一直对此悔恨不已,他表示,"回想起来,我显然犯了个错误,我本该举行听证会对问题进行仔细的研究";"如果我们举行了听证会,结果可能会大不相同"。他的传记作者甚至认为,这是其政治生涯中"最为耻辱的时刻"。①

二、战争边缘

约翰逊在签署《东京湾决议》时宣称,"对于东南亚的任何要求我们帮助保卫自己的自由的人,我们都要给予帮助","我们在回击侵略方面应当是坚决的,在支持我们的朋友方面应当是坚定的"。即使如此,在戈德华特看来,约翰逊的行动是"一种反应,一种临时事件,不是一种新的计划或新的政策;是一种战术性的反应,不是一种新的取胜战略"。参议员瑟蒙德表示,美国应该进入北越,应该做一切必要的事情来使共产党人确信,"我们为了赢得冷战将在一切必要的地方发动冷战"。密歇根州共和党众议员布鲁姆菲尔德称,"我一向认为,政府在使战争胜利方面做得不够"。

《东京湾决议》通过后,约翰逊并未立即扩大战争规模。原因很简单,大选前他要极力维护自己爱好和平的形象。对约翰逊来说,至关重要的首先是顺利赢得总统选举,因而必须最大限度地争取选民的支持。他显然做到了。他对"东京湾事件"的处理不仅赢得了国会议员的支持,而且还得到了美国民众和舆论的赞赏。知名政治评论家李普曼称,这一事件表明约翰逊打算"恰当地、仁慈

---

① Fulbright, *The Price of Empire*, p. 104; Brown, *J. William Fulbright*, p. 67; Johnson and Gwertzman, *Fulbright*, p. 196.

地、克制地"使用美国的力量,美国不会卷入一场地面战争,美国的行动只限于向南越提供海空支援。① 哈里斯民意测验的结果显示,85%以上的受访者赞成对北越的报复性轰炸;"东京湾事件"前后,美国民众对约翰逊越南政策的支持率由42%增至72%。②

戈德华特公开主张使用一切手段来打赢侵越战争,要求立即轰炸北越,必要时甚至使用原子弹。为了争取公众的支持,约翰逊指责戈德华特是危险的战争贩子,多次表示不会扩大越南战争,声称只要他当选总统,就不会把美国年轻人送到越南去打仗,而是要让越南人按照美国的意见并使用美国提供的武器装备自己去打。他说:"我常常深夜醒来,扪心自问,如果我走错一步,就会使大量美国人失去生命。"他还在得克萨斯的埃尔帕索向选民们保证说:"为了促进自由与和平,我愿意在任何时候到世界上任何遥远的角落去同任何人会谈。"他多次表示,大规模轰炸北越将使战争进一步扩大和升级,导致大量美国人去打本应由南越人去打的战争。为了击败戈德华特,约翰逊必须摆出"和平使者"的姿态。③

富布赖特认为,对于约翰逊来说至关重要的是要赢得大选。如果戈德华特当选的话,那对美国来说将是一场灾难。在他看来,戈德华特所主张的对外政策建立在一系列极为危险的"错觉"之上,包括美国民众宁愿他们的城市被摧毁、牺牲100万人的生命也不愿意调整其与共产党国家的关系;美国无所不能,而苏联不敢向美国提出挑战等等,这一政策将会使东西方关系再度紧张,引发新

---

① Walter Lippmann, "In the Gulf of Tonkin," *The Washington Post*, August 6, 1964, p.20.

② Halberstam, *The Best and the Brightest*, p.422; Moise, *Tonkin Gulf and the Escalation of the Vietnam War*, pp.225-226.

③ Brian Van De Mark, *Into the Quagmire: Lyndon Johnson and the Escalation of the Vietnam War*, New York: Oxford University Press, 1995, pp.18-19.

的国际冲突,使美国从一场危机走向另一场危机,最终导致一场核战争灾难的发生。①

因而,为了彻底击败戈德华特,在促使参议院通过《东京湾决议》后,富布赖特便全力以赴地投入约翰逊的竞选活动。他先后奔赴佛罗里达、德克萨斯、亚利桑那等地,每到一处都极力呼吁民众支持约翰逊,并抨击戈德华特的好战言论。他认为,在这次选举中,民主党与共和党在对外政策问题上的差异是前所未有的;戈德华特及共和党提出了一项旨在在意识形态领域展开一场殊死斗争的"激进的""进攻性"政策,以"彻底消灭共产主义",并把戈德华特所阐释的美国价值观强加于整个世界;而以约翰逊为首的民主党则提出了一项"保守的"政策,在反对并阻止共产主义"扩张"的同时,通过与之达成一些限制性的协议,降低爆发核战争的危险。他强调,美国应通过增加贸易往来和扩大文化交流来缓和美苏的紧张局势,并使美国与苏联和其他共产党国家建立一种正常的关系。②

8月26日,美国民主党大会在新泽西州大西洋城举行,提名约翰逊为总统候选人。富布赖特在会上高度评价约翰逊具有一种"调解不可调和的矛盾""解决根深蒂固分歧"的非凡才能,"这使他能够在我们国家处于困难时期有效地领导参议院,并找到解决国家间分歧的途径"。在他看来,约翰逊能够明智地使用美国所拥有的巨大力量以维护世界的和平。他还称赞约翰逊在"东京湾事

---

① U. S. Senate, *Congressional Record*, September 8, 1964, pp. 21675-21677; J. William Fulbright, "Dangerous Delusions: A Note on Senator Goldwater," *Saturday Review*, October 24, 1964, p. 24.

② U. S. Senate, *Congressional Record*, August 15, 1964, pp. 19785-19788, p. 21677; Fulbright, "Dangerous Delusions," p. 25.

富布赖特

件"中做出了"积极的、明确的决定",从而减少了在印度支那地区发生一场大战的可能性。①

在美国总统大选期间,美国政府并未放松对北越的压力,同时加紧策划战争的升级。8月中旬,麦乔治·邦迪向约翰逊建议,扩大对北越的隐蔽行动;对北越及其在南越的运输线实施全面空袭,并赞成把1965年1月1日定为扩大军事行动的日期。参谋长联席会议对此表示赞成,认为空袭可以摧毁北越的战斗意志及其继续向南方越共提供补给的能力。9月9日,约翰逊下令进一步加强"34A行动"和"德索托"监测活动。由威廉·邦迪领导的研究小组一直在紧锣密鼓地制订计划,为战争的升级做准备。该小组的研究报告称,如果不采取足以在军事上击败北越甚至是中国的军事行动,美国就不能确保一个非共产党的南越能够继续存在下去;这种军事行动包含着在亚洲进行一场大规模冲突的巨大风险,不可能仅限于空军和海军的行动,而是几乎不可避免地要采取与朝鲜战争规模相当的地面行动,甚至有可能会使用核武器。②

11月初,约翰逊以绝对优势战胜戈德华特。不仅如此,在国会选举中,民主党也取得了胜利,在众议院增加了38个席位,在参议院增加了2个席位,从而继续在国会中保持优势地位。但是,民主党的胜利并没有使约翰逊摆脱在南越所面临的困境,他发现除了更深地卷入南越外别无选择。他的高级顾问中,除了副国务卿乔治·鲍尔外几乎全都主张立即对北越实施轰炸。麦克纳马拉和麦乔治·邦迪警告说,北越的正规军已开始进入南部,南越政权难以抵挡住北越军队和南越民族解放武装力量的进攻,已处于崩溃的

---

① Johnson and Gwertzman, *Fulbright*, p.191.
② Robert S. McNamara, *In Retrospect: The Tragedy and Lessons of Vietnam*, New York: Times Books, 1995, p.160.

边缘,美国的现行政策只会导致灾难性的失败;只有对北越实施大规模的轰炸,才能迫使北越方面停止向南方"渗透",削弱其士气,甚至有可能结束在南方的战争,并增强南越政权的政治凝聚力。

在写给腊斯克、麦乔治·邦迪及麦克纳马拉长达 67 页的备忘录中,鲍尔全面阐述了自己对越南战争的看法。他明确指出,与欧洲完全不同,北越传统上是一个农业国家,依靠自给自足。因而轰炸不会对北越坚持作战的决心产生决定性影响,使其让步。他告诫说,战争的升级有可能进一步激发北越的斗志,北越军队会源源不断地涌入南部,美国有可能因此会陷入一场代价高昂的冲突。不仅如此,战争的升级还有可能招致中国和苏联的介入,届时战争的性质将发生变化,美国将很难再控制住局势的发展,结果难以预料。同时,美国的干涉还会有损其在世界上的声誉和地位。在美国的盟国看来,美国正在进行一场徒劳无益的战争,失败是必然的。鲍尔强调,美国应立即着手研究谋求政治解决问题的可能性。但是,这一颇有见地的备忘录对美国政府的决策并没有产生任何影响,占主导地位的主张是在美国对北越施加更大的军事压力之前,谋求任何谈判的行动都将被视为软弱。① 国务院政策规划委员会主任罗斯托坚称,"我们必须粉碎中国式的解放战争,否则,我们将在泰国、委内瑞拉和其他地方重新遇到这种战争。越南是美国对外政策的一个显明的试验场"。泰勒也向约翰逊表示,如果美国现在不主动采取行动,"在不久的将来就将接受一场失败"。麦克纳马拉和参联会甚至认为,为了应对中国可能的干预,美国应考虑

---

① George Ball, *The Past Has Another Pattern*, New York: Norton, 1982, pp. 380-383; David Kaiser, *American Tragedy: Kennedy, Johnson, and the Origins of the Vietnam War*, Cambridge: Harvard University Press, 2000, pp. 349-351.

富布赖特

使用战术核武器。①

　　与此同时,富布赖特也开始更多地关注越南事务,研读有关越南的书籍和材料,并对美国过多地卷入越南事务感到担忧。12月初,美国驻南越"大使"泰勒在参议院外交委员会作证时称,美国准备在必要时对北越采取军事行动。富布赖特当即回复,他对此不会赞成。与此同时,一位有着丰富的在越南工作经验的美国外交官向富布赖特提交了一份备忘录,强调选择越南来显示美国可以成功地应对"民族解放战争","在我看来,这是最具灾难性不过了",美国不可能获胜,认为美国应通过外交途径从越南撤出。② 此时,有关美国将对北越实施轰炸的报道不断出现在报纸上,这使富布赖特感到,约翰逊的政策正在发生变化。在写给麦克纳马拉的备忘录中,他表示极为担心越南的局势,建议应减少美军的伤亡,并尽快从越南撤出。在致麦卡勒姆的信中,他将自己的忧虑说得更为明确:"我们是如此担心戈德华特,以致几乎没有注意总统会采取什么政策";"正如我以前告诉你的,总统是一位行动者,而不是思想者。他在外交方面有何表现在很大程度上取决于他的信息来源和别人的建议",但在华盛顿,有价值的建议却非常少见。③ 另一方面,约翰逊不断向其私下保证,不会采取戈德华特所要求的向越南派遣海军陆战队的行动,美国在南越所做的不过是帮助其训

---

① Stephen Ambrose and Douglas Brinkley, *Rise to Globalism: American Foreign Policy Since 1938*, New York: Penguin Books, 1993, pp. 201-202; Lyndon B. Johnson, *The Vantage Point*, New York: Holt, Rinehart and Winnston, 1971, p. 122; Kaiser, *American Tragedy*, p. 360.

② Woods, *J. William Fulbright, Vietnam, and the Search for a Cold War Foreign Policy*, p. 82; Logevall, *Choosing War*, pp. 285-286.

③ Powell, *William Fulbright and America's Crusade*, p. 97; Berman, *William Fulbright and the Vietnam War*, p. 30.

练军队,并提供后勤支援。这又使富布赖特感到,约翰逊希望谋求越南战争的政治解决,并将注意力回归到被严重忽视的国内问题上来。①

12月底,富布赖特的助理马西向他提交了一份备忘录,全面分析了美国在南越面临的形势和选择。他强调,战争升级是错误的,轰炸对北越的战斗力或斗志不会有什么影响,只会导致美国陷入一场旷日持久、残酷的冲突,而且美国民众也会强烈反对这样的战争,因为在他们看来,这场战争与他们的自身利益之间没有关系。不仅如此,美国在南越扶植的独裁政权也没有赢得当地民众的支持。马西认为,美国在越南面临着三种选择:继续目前的行动;扩大军事干预;有计划地逐步减少军事援助,最终达成越南的"中立化"和美国的完全撤出。在马西看来,第三种方案对美国最为有利,而且也不会造成"鹰派"担心的所谓"多米诺骨牌效应";美国可以与苏联合作,确保越南的独立、统一和不结盟。② 但是这份备忘录并未打动富布赖特。一方面,他反对战争的升级,担心美国再次在亚洲大陆卷入一场地面战争,但另一方面又强调美国应承担起对南越所做出的承诺,不赞成美国单方面从南越撤出。③

实际上,到1964年年底,富布赖特与约翰逊的关系已经发生了微妙的变化,他不能像以前那样经常与约翰逊见面,并向他说明自己的观点。很显然,鉴于美国政府的基本政策已定,约翰逊不再需要富布赖特的建议了。负责远东事务的助理国务卿威廉·邦迪

---

① Fulbright, *The Price of Empire*, p. 108; Powell, *J. William Fulbright and His Time*, p. 216.
② Woods, *Fulbright*, pp. 361-362.
③ "Fulbright Opposes Any Plan to Step Up War in Vietnam," *New York Times*, December 10, 1964, p. 16.

富布赖特

在一份备忘录中将富布赖特列为一旦美国在越南采取强硬行动时应通知的15名国会领导人之一。富布赖特日后认为约翰逊利用了他,只是为了获得他的支持,而美国政府已经准备对北越发动轰炸,并计划向南越派遣军队。但即使到这个时候,富布赖特在公开反对越战方面依然远远落后于丘奇、麦戈文和莫尔斯等人,还没有做好准备去公开挑战约翰逊的权威,仍然幻想着通过私下劝说的方式来对行政部门的决策施加影响。同时他也很清楚,美国的越南政策完全由行政部门来掌控,除了表达他个人的不同意见外,自己并无力量影响美国在越南的行动。①

此时,曼斯菲尔德、莫尔斯、麦戈文、库珀等一些议员已经开始质疑约翰逊的越南政策,表示反对战争的升级。大选结束后,曼斯菲尔德很快意识到,约翰逊将会对越南采取行动。他警告说,一旦卷入,战争势必会"美国化","我们将卷入亚洲的一场全面冲突",这是一场漫长的、代价高昂的冲突。参议院军事委员会主席拉塞尔公开表示,对美国来说,这场冲突最好的结果是一个"无休止的僵局"。约翰逊则表示,鉴于事关重大,"我们只是在做我们不得不做的事"。美联社曾就越南问题向83名参议员征询意见,结果发现其中只有7人表示赞成派兵或轰炸北越,大部分人表示支持谈判解决问题,还有一些人主张撤出越南。参议员丘奇认为,"我们目前的政策正把我们引向法国人10年前遭到的同样的灾难",越南冲突的根源在于当地的民众反对现政权,美国不可能为南越政权赢得胜利,最好是在联合国的监督下谋求东南亚地区的中立化,

---

① Sheehan, et al., *The Pentagon Papers as Published by the New York Times*, p.363; Johnson, *Congress and the Cold War*, p.120.

他要求参议院外交委员会就越南问题展开一次全面的讨论。①

1964年11月,富布赖特前往南斯拉夫,参加富布赖特国际交流项目的签字仪式。南斯拉夫是参加该项目的第一个社会主义国家,这令富布赖特非常振奋。在他看来,与南斯拉夫签署的交流协定不仅有助于缓和西方与共产党国家之间的紧张关系,而且还可以减轻20世纪40年代以来美国对共产主义所持的意识形态偏见。他还认为,南斯拉夫虽然是共产党国家,但其对外政策并未对美国的利益构成危害。同样,一个由共产党控制并且奉行独立的、民族主义对外政策的越南同样符合美国在东南亚的利益,并且要比一个腐败的、不稳定的且处处依靠美国援助的政权好得多。

12月8日,富布赖特在达拉斯南方卫理公会大学以"在东西方之间搭桥"为题发表演说,强调在东西方之间搭桥以影响共产主义世界必须成为美国对外战略的一个组成部分。他认为,共产党国家"正在以极为不同的速度"发生一系列的变化,一些国家在内外政策方面开始变得更为灵活,这种局面使西方得到了重要的机会来影响共产党世界的局势,使它朝着有利于西方的安全和利益的方向发展。富布赖特建议,应对社会主义国家采取区别对待的政策,以鼓励这些国家发生有利于美国的变化。因而,必须小心地把一个共产党国家同另一个共产党国家区分开来,奖赏那些比较倾向于把自己的意识形态上的一套做法限制在自己的疆界之内并同西方发展友好关系的国家,而对那些继续奉行"扩张主义"政策的国家则在必要时予以制裁。他提出,对于南斯拉夫,美国应采取措施进一步鼓励其奉行独立的对外政策,包括加强双方的政治联系、

---

① Berman, *William Fulbright and the Vietnam War*, p. 33; Francis R. Valeo, *Mike Mansfield, Majority Leader*, New York: M. E. Sharge, 1999, p. 194.

富布赖特

给予其贸易最惠国待遇、签署教育交流协议等。对于苏联,富布赖特认为,勃列日涅夫执政后,苏联的内外政策都出现了一些重要变革,美国应谋求与之达成有限的和解,以减少东西方之间的敌视和爆发全面战争的风险。在富布赖特看来,中国是共产党国家中"最狂热、最极端、最富侵略性和最喜欢扩张的国家",美国要从各方面采取措施来遏制中国。他提出,"我们将必须以在外交、军事和经济方面采取措施对付中国共产党人的扩张作为我们政策的基础,同时也不提出和解建议。具体说,我认为,目前在外交上承认共产党中国或默许其参加联合国,美国都将一无所得"。① 参议员丘奇表示,他以前从未读过如此打动他的演说,富布赖特的讲话清晰地勾勒出在与共产党国家打交道时美国政府的目标、方法和政策。②

在越南问题上,富布赖特的立场开始发生变化。1965年1月初,腊斯克在参议院外交委员会作证,继续为约翰逊政府的政策进行辩护。富布赖特表示,美国的军事行动并不能帮助南越建立一个稳定的政权,并强调他不再认为南越在战略上对美国有什么重要性,要求美国政府在采取重大军事行动前应与参议院外交委员会磋商。中旬,富布赖特将丘奇的一篇访谈列入《国会记录》,并称赞丘奇就美国应在东南亚奉行何种政策做了极好的说明。丘奇在接受一家杂志社采访时表示强烈反对战争的升级,赞成东南亚的"中立化"。他认为,越南战争其实是一场内战,美国不会赢得这场战争;如果南越局势持续恶化,美国应接受共产党统治越南这一事实,并从越南彻底撤出。③ 富布赖特几度在致朋友的信中对美国政府的越南政策表示困惑,并对南越局势的持续恶化忧心忡忡,但同

---

① U.S. Senate, *Congressional Record*, January 6, 1965, pp.317-318.
② Ibid., p.315.
③ U.S. Senate, *Congressional Record*, January 12, 1965, pp.538-539.

时表示,除了反对战争升级为一场全面冲突外,他并无其他摆脱困境的良策。月底,在接受《时代》周刊采访时他公开表示反对战争的升级,强调一旦开始轰炸,就不可能预料美国卷入的程度将会有多大。① 颇具讽刺意味的是,正当约翰逊准备战争升级之时,富布赖特却呼吁美国政府不要充当世界的"反共警察",应把资源和精力用在解决国内问题上。1月16日,富布赖特在一次讲话中极力称赞约翰逊所提出的增加联邦政府对教育的投入这一动议,认为这是一项"极具政治创造力的工作",并表示对"美国人民及其领导人准备在解决国内问题方面实施新的、创造性的计划"充满信心。②

  在经过了三个多月的等待之后,富布赖特终于有机会在1月22日再次来到白宫,当面向约翰逊陈述自己的意见,希望美国政府能更有效地处理好这场战争。对于美国向南越的援助问题,富布赖特表示,应将军事援助和经济援助明确区分开来,而且军事援助应该纳入在军事预算中,经济援助应该通过诸如世界银行或者联合国发展署这样的贷款机构来进行。他之所以持这样的立场,是因为他已经意识到之前那种传统的双边援助方式是1954年后美国开始一步步卷入越南的重要原因。富布赖特的这些建议只能说明他对约翰逊仍抱有不切实际的幻想。有学者提出,此时,美国国会中很多人都对战争的升级忧心忡忡,而约翰逊在战争升级方面尚未明确表示立场,这为改变美国政府的政策提供了很好的机会。倘若富布赖特能就美国的政策举行公开听证会,势必会得到众多议员的响应,从而对美国政府构成强大的压力,进而有可能改变战

---

① Johnson and Gwertzman, *Fulbright*, pp. 201-202; Powell, *J. William Fulbright and America's Crusade*, pp. 106-107.

② "Fulbright Urges U. S. to Drop Cold War Stress," *The Washington Post*, January 17, 1965, p. 4.

富布赖特

争的进程。这一看法显然高估了富布赖特在国会中的影响力。①

尽管在公开场合,美国政府仍坚持称对越南的政策没有任何重大改变,但实际上美国政府已经做好了对北越展开轰炸的一切准备,只是在等待一个实施行动的合适机会而已。1月27日,麦克纳马拉、麦乔治·邦迪在致约翰逊的备忘录中强调,南越局势正急剧恶化,美国必须尽快就越南问题做出最后的决定,不能再拖延行动了,建议由邦迪前往南越进行实地考察。在他们看来,即使轰炸不能对北越产生决定性作用,但至少为改善南越的局势带来了一丝希望,而现行政策只能导致一场"灾难性的失败",美国对北越采取最强硬行动的时刻已经到来。②

1965年2月7日,南越民族解放阵线袭击了位于南越中部的波来古的美军基地,打死美军9名,打伤100多人,炸毁飞机10架。当时正在西贡访问的麦乔治·邦迪马上建议约翰逊立即对北越进行报复性轰炸,认为轰炸行动既可以减少北越对南越民族解放阵线的支援,同时还可以增强南越的信心。回到华盛顿后,他又向约翰逊递交了长篇备忘录,称南越的局势每况愈下,除非美国采取新的行动,否则失败不可避免;美国仍有时间扭转局势,但并不多。他强调,美国在越南的赌注极高,投资巨大。在他看来,即使持续轰炸的政策失败,"它仍然是值得实行的,至少,它将抑制我们没有尽力而为的指责,这种指责在许多国家,包括在我们国家将非同小可,同时还可以借此增强美国应对游击战的能力"。他确信,轰炸给北越带来的损失将会使其对在南越的行动有所克制,而任何通

---

① Logevall, *Choosing War*, p. 307.
② *FRUS*, 1964-1968, Vol. 2, pp. 95-97; McNamara, *In Retrospect*, pp. 167-168.

过谈判撤退的做法都意味着美国的投降。① 这一报告得到了约翰逊的赞同。

在2月8日的美国国家安全委员会会议上,绝大多数与会者都要求对南越民族解放阵线的突袭进行报复,阻止北越对南越的攻击,削弱或摧毁北越的军事力量,从而确保南越的安全。值得注意的是,曼斯菲尔德而不是富布赖特被邀请参会。曼斯菲尔德对战争升级的前景愈来愈担心,认为美国正日益走向重蹈法国覆辙的道路。他在会上表示,美国的轰炸行动有可能导致中国的介入,其结果可能比朝鲜战争更糟,建议通过谈判解决问题。会后他向约翰逊提交了一份备忘录。② 约翰逊则称,他不想成为策划另一个"慕尼黑阴谋"的总统;尽管存在着中国和苏联介入的危险,但美国要敢于面对,怯弱只能使美国卷入更多的战争。随后,约翰逊向包括富布赖特在内的国会领导人通报了他的决定,强调扩大空袭是美国唯一合理的行动方案,《东京湾决议》已经赋予其采取行动的权力,并表示将会把军事行动保持在可控的范围和程度。富布赖特再次建议约翰逊谨慎行事,认为轰炸的升级意味着美国正式卷入了这场战争,有可能使美国陷入一个人人都想避免的泥潭。在他看来,《东京湾决议》旨在支持约翰逊阻止战争的蔓延,在向北越显示了美国的团结一致之后,美国可以寻求通过和谈解决问题。2月中旬,联合国秘书长吴丹提出有关各方举行谈判的建议后,富布赖特立即表示支持,认为由他提出这一建议是非常适当的,并强调

---

① *FRUS*, 1964-1968, Vol.2, pp.174-185; George Kahin, *Intervention: How America Became Involved in Vietnam*, New York: Anchor Books, 1987, pp.281-282.

② Olson, *Mansfield and Vietnam*, pp.142-143.

谈判总是要比战争好得多。①

富布赖特、曼斯菲尔德的反对意见没有起任何作用,美国政府也没有对吴丹谈判建议做出回应。白宫发表声明称,"从2月7日西贡时间上午两点开始,南越的两个机场、美国的两个兵营区、南越的几个村庄和一个城市,受到故意进行的突然袭击,造成了重大的伤亡",这些袭击表明了"河内已下令对南越和美国的设施采取更富有侵略性的行动方针"。为了对付这些攻击,"南越政府和美国政府同意对北越的目标采取适当的报复行动"。随即,美军轰炸机对北越境内的兵营和通信设施进行了七十余架次攻击。10日,解放武装力量再次袭击了归仁美军基地,打死美军二十余人。中旬,约翰逊决定对北纬19度线以南的北越军事目标展开代号为"雷鸣行动"的持续轰炸。

3月2日,"雷鸣行动"开始实施,美国对北越的持续轰炸开始了,标志着越南战争的重大升级。约翰逊决定,在加紧轰炸的同时派遣一个步兵师到南越;加强对北越沿海的封锁;如果中国进行干预,保留对中国进行大规模报复的权利。4月,美国和南越空军共对北越的目标实施了3600架次的轰炸行动。共和党参众两院领袖发表声明称,美国应"制定一个强有力的政策",并向全世界明确无误地表明,"在目前情况下不可能就越南问题举行谈判"。

此时,尽管富布赖特并没有公开批评约翰逊政府的政策,但他对局势的发展也非常担忧。2月9日和10日,富布赖特与其他几位参议员一起到白宫听取约翰逊等人的汇报,并被告知美国政府准备向南越派遣部队。参议员埃伦德对约翰逊的决定提出异议,

---

① Carroll Kilpatrick, "Thant Proposes Vietnam Talks," *The Washington Post*, February 13, 1965, p. A1.

认为《东京湾决议》并没有赋予他这种权力,但是包括富布赖特在内的其他人并未表示反对。麦乔治·邦迪称,不论在当时还是随后几个月中白宫的各种会议上,富布赖特都从未对导致战争全面美国化的每一步方案表示过反对意见。①

在富布赖特看来,轰炸行动是迫使北越进行谈判解决问题的必要措施。他认为,谈判解决问题需要双方都做出重大让步,为了促成问题的解决,有必要动用一定的军事力量,从而造成战场上的僵局。只有在这种情况下,双方才能共同努力,找出解决问题的适当方案。正因为如此,富布赖特表示将继续支持约翰逊政府的越南政策。他是这样看待当时局势的:

> 我们面临的每一项选择都很糟糕,我们只能从中选择一个结果不是最坏的一项。对北越的轰炸旨在为了促使共产党方面同意进行谈判。现在的局势是没有人想谈判,也没有什么可谈,因而我们必须施加压力,以促谈判。我们显然能够把北越打得更痛些,但是为了显示美国的决心,而不是要使事态过于升级,打击目标经过了审慎的选择,总统已经抵制了来自鹰派要求扩大打击范围的压力。②

本来,约翰逊同意轰炸北越意在充分发挥美国的空中优势,在避免投入地面部队的同时扭转不断恶化的南越局势。他清醒地认识到,如果有一件事是美国民众所不愿接受的,那就是再次在亚洲大陆打一场地面战争。他希望通过轰炸能够迫使北越下令停止南方的"叛乱",并不再向南方输送人员和物资。但事与愿违,他很快

---

① Berman, *William Fulbright and the Vietnam War*, p.35.
② Ibid.

富布赖特

就受到了越来越大的要求出动地面部队的压力。1965年2月底,威斯特摩兰要求华盛顿立即派出海军陆战队,以保护岘港机场的安全。美国驻南越"大使"泰勒对此表示反对,认为地面部队一旦出动,要想控制战争的升级就变得非常困难了。他同时提醒说,就武器装备和所受训练而言,美军也不适宜在亚洲丛林中打一场游击战,不可能比法国人做得好。但是,约翰逊的大部分顾问都主张在轰炸北越的同时,派遣地面部队以保护美军基地。3月8日,3500名全副武装的美国海军陆战队官兵在岘港登陆,走出了美国地面部队大规模卷入越南的第一步。

约翰逊后来在回顾做出使战争升级的决定时说:

> 如果我撒手不管这场战争,听任共产党人接管南越,那么我就会被看成是一个懦夫,我的国家就会被看成是一个绥靖者,我和我的国家都将发现,我们在整个世界上将不可能再为任何人做成任何事情;
>
> 一旦我们表现出有多软弱,莫斯科和北京就将火速前来利用我们的软弱。他们可能单独也可能一起前来利用,或者通过核讹诈,或者通过颠覆,用正规军或其他方式。他们肯定会利用这个机会来填补我们撤离后所留下的权力真空。这样就会发生第三次世界大战。①

约翰逊扩大战争的行动再次引发一些议员和媒体的极大关注。不少人担心南越是一个"致命的陷阱",扩大战争不仅不能扭转局势,而且正在给美国带来越来越大的风险。丘奇、莫尔斯、格伦宁、纳尔逊等参议员公开向约翰逊的政策发起挑战,呼吁与北越进行谈判,通过政治途径解决问题。丘奇强调,对北越的持续轰炸

---

① Goodwin, *Lyndon Johnson and the American Dream*, p.253.

并不能解决问题,只能使美国愈陷愈深,接下来就是出动地面部队,从而使美国再次在亚洲大陆打一场战争。① 在众议院,17名民主党议员要求就越南问题举行听证会。《纽约时报》载文指出,美国在南越正"处于一个进退维谷的局面";"看来很清楚,轰炸是不会使河内无条件投降的",增加袭击的次数或强度没有什么用,反而会增加与中国发生冲突的危险,有可能会导致另一场"朝鲜战争"。一些媒体警告说:"在距离加利福尼亚海岸7000英里的丛林中打一场战争,将会使美国付出生命、鲜血和财富的惨重代价。"② 3月下旬,哈佛大学、密西根大学、加利福尼亚大学伯克利分校、威斯康星大学、纽约大学等120多所高校相继举行了有关越南战争的讨论会以及小规模的抗议集会,并广泛发放停止轰炸的请愿书。4月中旬,两万多名青年学生聚集在华盛顿纪念碑前,谴责美国的越南政策。5月中旬,来自数百所大学的师生代表在华盛顿举行"全国越战讨论会"。这表明反战运动已经开始兴起。不仅如此,美国扩大战争的行动也引起了国际社会的普遍关注和担心。联合国秘书长吴丹呼吁美国政府通过政治和外交手段从南越"体面地"撤出,英国、加拿大以及17个不结盟国家一致要求美国停止轰炸,建议有关各方通过谈判和平解决问题。

富布赖特虽然对战争的升级表示担心,但是在公开场合依然捍卫约翰逊的政策,支持对北越的轰炸。3月中旬,富布赖特在接受美国全国广播公司采访时重申,他支持对北越的轰炸行动,这将使北越方面认识到局势的严峻,促使其走向谈判桌,美国也因而可以避免出动地面部队。在他看来,尽管目前南越的局势非常严峻,

---

① U. S. Senate, *Congressional Record*, February 17, 1965, pp. 2869-2872.
② George Herring, *America's Longest War: The United States and Vietnam*, New York: Alfred A. Knopf, 1986, p. 133.

富布赖特

但还没有到由参议院外交委员会或国会就美国的政策展开公开辩论的地步,况且此时举行听证会将会阻碍约翰逊采取进一步的行动。尽管他对动用地面部队感到不安,但认为在此关键时刻除了支持约翰逊外,他没有别的选择。他还表示,随着卷入程度的不断加深,美国此时已经在南越具有了非常重要的利益。富布赖特担心的是,战争的升级有可能导致美苏之间的对抗。此时,富布赖特及其下属都获悉苏联方面对美国的轰炸行动感到"极为震惊"。苏联驻美大使多勃雷宁明确表示,美国对北越的轰炸令克里姆林宫"非常难堪和担心",这使苏联感到至少有必要加快向北越的军事援助。为了避免出现美苏在越南直接对抗的局面,富布赖特建议继续奉行与苏联合作的政策,并强调这是最终走向缓和的最为切实有效的办法。①

富布赖特担心的是,越南战争的升级势必会对美苏关系的缓和造成破坏。他建议,美国应暂停轰炸,作为交换,苏联则向北越施加压力,使其停止向南越的"渗透";一旦冲突停止,苏联和英国即重开日内瓦会议,并在整个越南举行自由选举。富布赖特确信,苏联肯定会接受这一方案。3月底,当富布赖特获悉约翰逊准备向越南调派更多的军队时,他开始试图对美国政府的决策施加影响。他很清楚,他的好友拉塞尔参议员对约翰逊很有影响力,因而便劝说他与其一道提出一项决议案,要求通过谈判解决问题。他强调,美国对北越的战争升级有可能导致一场与中国或者苏联的战争。拉塞尔表示不赞成富布赖特的提议,认为尽管南越对美国没有什么战略价值,但一旦承担了责任,美国就没有其他选择了。拉塞尔

---

① Woods, *Fulbright*, p. 366; Powell, *J. William Fulbright and His Time*, pp. 232-233; Tweraser, "The Advice and Dissent of Senator Fulbright," pp. 580-581.

的这一态度令富布赖特大失所望。3月31日,他在写给麦卡勒姆的信中表示非常担心越南战争会失控。他说:"我并不完全同意我们的政策,但是目前为止我未能对政府的决策产生影响,我感到非常沮丧,不知道还能够做些什么。"①

富布赖特并没有放弃努力,认为现在美国还没有到"无可挽回地"卷入一场亚洲地面战争的地步,仍希望通过私下交流的方式能够对约翰逊施加影响,劝说他改变政策。1965年3月,富布赖特以南斯拉夫为例向约翰逊阐述美国对共产党国家应采取的政策。他告诉约翰逊,在他访问南斯拉夫期间,南斯拉夫领导人提出要"进一步加强双方的友好关系",希望约翰逊在1965年访问南斯拉夫;一个统一的、共产党统治下的越南将会像南斯拉夫一样,坚持独立的、民族主义的政策,并最终与美国建立友好的关系。他多次向约翰逊强调,向南越派遣地面部队是"一个错误","在东南亚打一场大规模的地面和空中战争对美国来说是一场灾难"。②

4月5日,富布赖特向约翰逊和麦克纳马拉提交了一份备忘录,称在胡志明的领导下统一越南并不违背美国的利益。在他看来,对美国来说,有一个独立、统一的共产党国家总比有一个弱小且无力自己生存下去的"民主"国家要好。他再次强调胡志明像南斯拉夫的铁托一样,是一位民族主义者,对美国威胁最大的不是越南而是中国。美国应该鼓励东南亚地区民族主义运动的发展,这样不仅可以遏制中国,而且还可以与倾向于缓和双方关系的苏联加强联系。富布赖特认为,如果不扩大战争,南越政权就难以生

---

① Woods, *Fulbright*, p. 367; Berman, *William Fulbright and the Vietnam War*, p. 36.
② Powell, *J. William Fulbright and His Time*, p. 231; Ralph Carter and James Scott, *Choosing to Lead: Understanding Congressional Foreign Policy Entrepreneurs*, Durham: Duke University Press, 2009, pp. 108-109.

存,但扩大战争对美国来说得不偿失:其一,在一个统一的越南存在一个独立的共产党政权与美国的利益并不相悖;其二,美国军队在东南亚大规模地介入地面战争将会导致一场漫长的、血腥的冲突,而优势却是在对手一边,美国将为此付出惨重的代价;其三,对北越发动大规模的空中打击并不能打败南越境内的共产党,只会导致北越乃至中国军队的直接介入。富布赖特强调,美国在亚洲打一场大战将对美国的利益造成灾难性的影响。他颇有预见性地写道:"朝鲜战争以及古巴危机的经验告诉我们,战争将会加强一些不负责任的政治团体的力量,促使公众对我们自己的国家产生高度情绪化的态度。在亚洲的一场战争,特别是如果这场战争旷日持久,必然会毒害我们国家的政治生活,抵消1964年选举的有利影响,并使那些不负责任的、极端主义的政治运动的影响死灰复燃。"在备忘录的最后,他仍然强调美国应通过谈判解决问题。同样令富布赖特大失所望的是,这份备忘录犹如石沉大海,约翰逊对此毫无反应。①

对于约翰逊来说,富布赖特的这份备忘录显然不合时宜。此时,根据麦克纳马拉、麦乔治·邦迪等人的建议,约翰逊已经决定向越南增派更多的部队,扩大战争。但在另一方面,他也需要对莫尔斯、麦戈文等人的批评做出回应,并取得富布赖特、曼斯菲尔德等人的支持。同时,他也不可能完全无视国际社会要求通过谈判解决冲突的压力。联合国秘书长吴丹、法国总统戴高乐以及一些盟国和不结盟国家的领导人都不断敦促美国谋求和谈。

为了应对国内外的舆论,约翰逊于3月25日发表声明,表示愿

---

① Berman, *William Fulbright and the Vietnam War*, p. 36; Powell, *J. William Fulbright and His Time*, pp. 239-240.

为解决越南问题在任何时候、任何地方同任何人会晤,但同时强调,这种解决的基础必须是"结束共产党的侵略"。4月7日,他又在约翰·霍普金斯大学发表讲话,宣称美国愿意进行"无条件的讨论",同时强调任何解决方案都必须确保"南越的独立和自由"。他表示,美国军队决不会从南越撤退,"我们决不会被打败,我们决不会感到疲惫。我们决不会撤退,无论是公开撤退,还是在一个没有意义的协议的掩饰下撤退","不管要冒什么样的风险,付出什么样的代价",美国对南越政策的目标都不会改变。他说:"我们在那里是因为我们要履行诺言。自从1954年以来,每一个美国总统都向南越人民提供支持";"许多年来,我们国家作出了要帮助南越保卫独立的保证。我打算履行我们的诺言。"约翰逊强调要继续轰炸越南北方,用武力来迫使对方接受美国的方案。他说:"我们将使用力量",并且"必须为一场持久的冲突作好准备。"约翰逊还把矛头指向中国,断言在南越战争中和整个亚洲,"共产党中国的影子越来越浓,河内的统治者受到北京的恩惠","在越南的斗争是一种具有侵略性目的的更广泛行动的一部分"。约翰逊强调,南越战争事关美国的安全,美国必须干预。在向北越挥舞"大棒"的同时,他还宣布出资10亿美元,与苏联和联合国一道制订一项东南亚发展计划。在富布赖特的推荐下,约翰逊决定由世界银行前行长、富布赖特的朋友尤金·布莱克来负责东南亚的发展项目。①

  4月13日,越南方面发表声明,提出实现和平的四项原则。(1)确认越南人民的基本民族权利:和平、独立、主权、统一和领土完整。根据《日内瓦协议》,美国政府必须把美国的军队、军事人员和各种武器从越南南方撤走,撤消美国在南方的军事基地,同时停

---

① Van De Mark, *Into the Quagmire*, pp. 121-122.

止对南方的干涉和侵略政策。根据《日内瓦协议》,美国政府必须停止对北方的战争行动,完全停止侵犯越南民主共和国的领土和主权的一切活动。(2)在越南尚未实现和平统一以前,在越南还暂时被分割为两个地区的时候,必须完全尊重1954年关于越南问题的《日内瓦协议》的各项军事条款,如两地区都不准同外国缔结军事同盟,不准在自己的地区有外国的军事基地、军队和军事人员。(3)根据南方民族解放阵线纲领,南方事务必须由南方人民自己来解决,不准外国加以干涉。(4)实现越南和平统一的问题应由两个地区的越南人民自己来解决,不准外国干涉。越南方面强调,上述立场是越南问题的最正确的政治解决的基础。如果承认了这个基础,那就将为和平解决越南问题创造有利的条件,才有可能考虑重新召开1954年关于越南问题的日内瓦会议式的国际会议。越南《人民报》连续发表社论指出,约翰逊的声明目的在于欺骗美国和世界舆论,掩饰美国正在越南加紧进行的极端危险的新道路和战争计划;约翰逊一面表示"准备进行无条件的讨论",一面却声称美国"决不会撤退",并且提出先决条件来保证达到美国的目的,即承认美国的侵略。评论最后强调,"在越南战场上,正在打败仗的是美帝国主义者及其走狗,他们必将彻底失败","他们投入的人越多,被歼灭的也就越多,他们的失败也就越加惨重和可耻","我们坚决打到底"。①

约翰逊确信,他在霍普金斯大学的讲话"可以有效地掐住那些反战人士的脖子",除了莫尔斯和格伦宁之外。事实的确如此。格伦宁认为,约翰逊一方面声称谋求"无条件的讨论",却拒绝同越南

---

① 《越南人民回答:我们坚决打到底》,《人民日报》1965年4月12日;Kahin, *Intervention*, p.326.

南方民族解放阵线谈判,这种做法本身就等于是美国提出先决条件。莫尔斯也表示,他在约翰逊的演说中没有发现美国正在主动谋求和平解决东南亚问题的迹象,而只看到美国打算继续在南越的战争,并轰炸北越。而麦戈文、丘奇等人则认为,这一讲话表明约翰逊开始由军事手段转向通过谈判结束战争,为美国政府的越南政策指出了"一个新的方向"。①

富布赖特同样对约翰逊的表态感到非常满意。在讲话的前一天,约翰逊曾就此向富布赖特、丘奇、麦戈文、曼斯菲尔德征询意见。正是在富布赖特的建议下,约翰逊才增加了"无条件讨论"的相关内容。② 在富布赖特看来,美国政府准备推进南越大规模的经济改革,同时认真地考虑进行谈判,以避免冲突的升级。他认为,谈判是用来取代军事行动方案的唯一现实的选择。富布赖特在参议院发表的演说中对约翰逊的政策表示支持,同时提出了暂停轰炸的主张,以便进行谈判。富布赖特在接受记者采访时表示,在战争进一步扩大之前,为了使人们有时间来思考和讨论,暂时实行停火也许是相宜的。他认为,美国暂停轰炸有助于增加谈判的可能性。4月18日,他再次就此发表谈话,强调暂时停止对越南北方的空袭也许能为"和平谈判"开辟道路。③

尽管富布赖特的建议得到了一些国会议员和媒体的支持,腊斯克、麦克纳马拉和麦乔治·邦迪等都对此明确表示反对,认为鉴于战场形势不利,美国尚不具有进行讨价还价所必需的足够的实

---

① Johnson, *Congress and the Cold War*, p. 117; U. S. Senate, *Congressional Record*, April 8, 1965, pp. 7497-7498.

② E. W. Kenworth, "Fulbright: Dissenter," *New York Times*, October 31, 1965, p. E4.

③ "Fulbright Urges Halt in Bombings," *The Washington Post*, April 19, 1965, p. 1; Jack Bell, "Viet Pause Is Urged by Fulbright," *The Washington Post*, April 19, 1965, p. 2.

力地位。他们还强调,如果现在表现出谈判意向,只会严重损害南越政权及其军队的战斗意志,促使北越采取进一步行动。参议院军事委员会战备小组委员会主席斯坦尼斯甚至称,美国不仅不能停止对北越的轰炸,而且还应准备无限期地扩大战争。一名白宫顾问日后坦承,约翰逊此时根本无意进行谈判,只不过是做些政治姿态,以平息国内外的反对意见。① 事实上,在4月初的美国国家安全委员会会议上,约翰逊政府已经做出决定,要加大对北越的空袭,向南越增派数千名美军,大幅度增加对南越的军事和经济援助。美国决策层甚至根本没有就谈判一事进行过任何内部讨论。

"雷鸣行动"不仅未能摧毁北越的战斗意志,反而更坚定了其支持南方斗争的决心。1965年春,北越人民军开始进入南方,与解放武装力量一起发动了猛烈的春季攻势,给南越政府军以沉重打击,使得政府军到了解体的边缘,而各训练中心的新兵逃亡率则高达50%。面对这种局面,美国要想打赢战争只能出动更多的军队。4月20日,麦克纳马拉、惠勒、泰勒等在檀香山举行会议,讨论进一步增兵南越问题。麦克纳马拉强调,美国将不停止对北越的轰炸,轰炸停止就会"使我们的朋友丧气,使我们的敌人鼓舞";决定增加对南越的支持,投入更多的人力、物力和财力,帮助其扩建、训练军队,增强其作战能力。与会者认为,单靠轰炸并不能迫使北越放弃对南越的"侵略",应向约翰逊建议增派4万美军,协助南越政权剿灭共产党,保护美军基地的安全,以便使南越有时间建立一个稳定的政权,并有效地提高军队的战斗力。次日,麦克纳马拉向约翰逊递交了一份备忘录,要求立即派遣军队,以支援南越抗击共产党的

---

① Powell, *J. William Fulbright and His Time*, pp. 241-242; Eric F. Goldman, *The Tragedy of Lyndon Johnson*, New York: Dell, 1969, p.481.

进攻,防止南越军队或美军遭受重大失败。他同时表示,增派军队和赋予军队战斗使命必然会造成更大伤亡,使公众更加关注这场战争,因而约翰逊有必要向国会领导人通报调兵计划和驻越美军使命的变化情况。①

约翰逊政府在越南的军事冒险在国内遭到强烈反对。白宫和国会议员收到的民众来信中,80%反对美国的对越政策。许多议员公开指责约翰逊扩大战争的政策,担心这会使美国遭到"空前的灾难"。尽管约翰逊软硬兼施,极力辩解,但对美国政府的批评仍然是有增无已。在参议院外交委员会19个委员中,就有10人反对战争升级政策。莫尔斯指责美国政府在南越推行殖民政策,扶植傀儡政权,这是"不道德的",要求将腊斯克和麦克纳马拉撤职。麦戈文担心,由于美国在南越承担的"义务"越来越大,这可能会使美国在军事、政治和道义上遭到历史上从未有过的灾难。丘奇认为,约翰逊在霍普金斯大学的讲话原来是一个"阴谋"。在他看来,南越政权之所以在战争中失败,不是由于缺乏装备,而是由于缺乏任何内部的凝聚力量;如果民众不支持当地的政权,美国也是无计可施。他表示,美国在朝鲜战争中损失惨重,最后不得不走向谈判桌;"我们在朝鲜没有取得胜利,我们在东南亚扩大战争也不会取得胜利"。他再次要求参议院外交委员会就美国的越南政策举行公开听证会,并就推动谈判解决的各种途径展开讨论。②

在美国政府内部,副国务卿鲍尔仍坚持反对战争的升级,主张谈判解决冲突。他是一位典型的欧洲第一主义者,担心美国会深陷越南而偏离了欧洲这一中心。4月至6月,他接连上书约翰逊,

---

① *FRUS*, 1964-1968, Vol. 2, pp. 574-576; McNamara, *In Retrospect*, p. 183.

② Woods, *Vietnam and the American Political Tradition*, pp. 130-131.

富布赖特

强调美国的轰炸并不能奏效,反而使战争步步升级,并使美军付出更多的生命代价,要求通过谈判解决问题。7月初,他再次向约翰逊进言,明确指出南越正在输掉这场战争,一场旷日持久的战争将使美国的承诺成为"无底洞",造成大量美军伤亡,同时没有人保证能获得满意的答案,并最终包含着升级的重大危险。他指出,"没有人能够向您保证我们能打败越共,或者迫使其按照我们的条件同意谈判,不论我们部署多少万白种人的外国军队";"没有人曾证明白人地面部队,不管规模有多大,能够在当地人拒绝合作的情况下,在丛林地带打赢一场游击战"。他告诫说,如果把大量美军投入战斗,那么越南战争就变成了美国同一大部分南越人民之间的直接的战争,其结果是美国在付出可怕的代价后仍然蒙受耻辱。他认为,战争无限期地拖下去,美国财力、人力的损失会越来越大,世界舆论的批评和指责越来越多,与其这样,还不如同河内商谈一个妥协的解决方案。他建议,在谋求和谈期间,美军应该限制最多不超过7.2万人的规模,待到和谈取得实质性进展后再通报西贡方面。他最后警告说:"在我看来,美国军队深深地陷入在南越的一场地面战争将是一个灾难性的错误","如果出现了战术撤退的机会,美国就应抓住。"[1]约翰逊的顾问克利福德以及参议员曼斯菲尔德等人都提出了同样的警告,反对向南越派遣大量美军。但是这种反对的声音在政府内部实在太微弱了,占绝对主流的意见是这场战争是对美国力量和可信性的考验,如果失败了,将严重损害美国在远东乃至欧洲的地位,因而,只要有需要,美国就应不断增兵,以赢得战争的胜利。[2]

---

[1] Ball, *The Past Has Another Pattern*, pp. 395-399; Sheeman, et al., *The Pentagon Papers*, pp. 449-454.

[2] Kahin, *Intervention*, p.361.

应当说，尽管对战争的升级忧心忡忡，但与莫尔斯、格伦宁、麦戈文等相比，富布赖特对美国政府的批评还是相当温和的，并未发出公开挑战，不相信约翰逊真的会扩大战争，但是随之而来的美国入侵多米尼加则打破了他的这一幻想。

三、美国入侵多米尼加

多米尼加共和国曾长期遭受美国的侵略和干涉，特别是20世纪30年代美国扶植的特鲁希略家族，对多米尼加进行了长达三十年的独裁统治。1962年胡安·博什当选为总统后，颁布了新宪法，采取了一些限制美国资本、维护民族利益的措施，遭到美国的反对。1963年9月，美国策动一批多米尼加军人发动政变，建立了以里德·卡布拉尔为首的政权，恢复了独裁统治，激起了多米尼加各阶层民众的强烈不满。

1965年4月，多米尼加爆发了大规模的民众起义，很快席卷全岛，亲美的卡布拉尔政权被推翻。4月28日，美国驻多米尼加大使贝内特电告华盛顿称，局势急剧恶化，美国人"处于危险之中"，美国政府应认真考虑武装干涉的问题，以防止"出现另一个古巴"。美国中央情报局也获悉，一些"左派"人士和"亲共"分子积极参与了"叛乱"。多米尼加的一些军阀也要求美国"立即提供直接的军事援助"，平息"骚乱"，否则该国就会"沦为另一个古巴"。① 约翰逊、腊斯克、麦克纳马拉、邦迪等人对此感到震惊，一致认为美国应立即采取行动。约翰逊担心，如果卡斯特罗接管了多米尼加，自己将遭受"最可怕的国内政治灾难"。因而，美国政府决定派2万名海军陆战队士兵进入多米尼加共和国。随后，约翰逊将多米尼加

---

① Johnson and Gwertzman, *Fulbright*, pp. 208-209.

的情况向国会领导人做了通报。德克森、约翰·麦科马克立即表示支持美国的军事干涉,以免在西半球出现"另一个古巴"。在向全国发表的电视讲话中,约翰逊强调美国决定干预的"唯一"目的是保护仍在那里的数百名美国人的生命安全,并将其护送回国。

5月2日,约翰逊再次向全国发表电视讲话,将美国干涉的目的由"拯救"美国人的生命转为阻止所谓共产主义在加勒比海地区的"扩张"。他宣称,多米尼加的人民必须被允许自由地选择政治民主、社会正义和经济发展的道路;"我们打算继续进行反对暴政的斗争,不管这种暴政穿着什么样的外衣","这就是我们的责任",美国"绝不会允许在西半球出现另一个共产党政权"。美国政府之所以对多米尼加大动干戈,在很大程度上乃是为了显示反对共产主义的决心。约翰逊及其顾问认为,多米尼加事件并非是孤立的现象,而是国际共产主义"阴谋"的一个组成部分。同时,约翰逊也想以此来向国内的保守派证明,在反对共产党方面,民主党总统与共和党一样强硬。约翰逊表示,"如果必须做出选择的话,我们宁愿人们因为我们采取保卫和平的行动而同我们争吵,也不愿意由于可能招致既丧失和平又丧失自由的无所作为而让他们永远咒骂我们"。在他看来,如果美国连多米尼加问题都不能处理好,人们就会怀疑"我们在越南还能做什么"。他称"我知道报纸社论会说些什么,但是,如果我们坐在这里什么也不干,并让共产党人接管多米尼加,那事情就会变得更糟"。①

美国领导人的谎言很快被戳穿。5月初,大批美国记者开始涌入多米尼加,结果却发现没有一个美国人在骚乱中被杀甚至受到

---

① Johnson and Gwertzman, *Fulbright*, p.210; Alan McPherson, "Misled by Himself: What the Johnson Tapes Reveal about the Dominican Intervention of 1965," *Latin American Research Review*, Vol.38, No.2, 2003, p.137.

伤害,《纽约时报》《华盛顿邮报》《纽约先驱论坛报》等开始质疑美国政府干涉的理由。美国的干涉行动也遭到了世界各国的普遍反对。法国、奥地利、西班牙等国的多个城市都爆发了规模不等的学生游行示威活动。在法国斯特拉斯堡,学生组织向正在那里出席欧洲委员会会议的富布赖特提交了一封抗议信,谴责美国军事干涉多米尼加和越南的行动。

富布赖特开始并未反对美国的干涉行动,对美国政府通报信息的全面感到非常满意,并向约翰逊表示"完全支持"。但在获悉"叛乱者"中只有三个领导人被美国中央情报局断定为卡斯特罗的"代理人"之后,他对美国干涉多米尼加的真正动机开始产生怀疑。5月,美国政府宣称有五十多名共产党参加了起义,但事实是这些人当时要么被关在监狱要么流亡国外。在尤金·麦卡锡、莫尔斯等参议员的大力支持下,富布赖特领导的参议院外交委员会自5月至7月间就此向有关证人进行了13次问询,记录的证词达760页,并调阅了美国国务院与美国驻多米尼加大使馆之间几乎所有的来往电报。腊斯克、负责拉美事务的助理国务卿托马斯·曼、中央情报局局长雷伯恩等先后出席作证,为美国政府的干涉行动辩护。曼承认,胡安·博什虽然并不是共产党员,但作为一名"诗人教授型"的领导人很容易为那些在古巴受训的"左"派人士所控制。他宣称,如果共产党

富布赖特在他参议院办公室门前
图片来源:鲍威尔著的
《富布赖特及其时代》

在多米尼加取得了政权,那么"海地在 30 分钟之内就会落入共产党之手"。据美国中情局的分析,如果美国不及时出兵干涉,多米尼加危机将会引起连锁反应,迅速波及拉美其他国家。①

经过数周的秘密取证,富布赖特发现:在多米尼加的美国人并未受到生命的威胁,没有出现任何伤亡;美国政府故意夸大了所谓的共产主义威胁,并以此为借口,出兵进行干涉;美国行动的目的并非为了挽救受到威胁的美国公民的人身安全,而是为了阻止博什的上台,以免在拉美地区出现第二个亲共产党的政权。调查人员还发现,约翰逊在蓄意欺骗美国国会和民众的同时,还指示中央情报局局长雷伯恩和美国联邦调查局局长埃德加·胡佛一定要找出有关共产党参与"骚乱"的相关证据。②

有关多米尼加事件的秘密听证会对富布赖特产生了深刻的影响。他日后回顾说,"这里又是一个看来是非常鲁莽和不明智地使用武力的例子,从当时的情况来看根本是无法辩解的;派遣两万士兵去干涉或许是正义的革命,在我看来是错误的,我们再次做出干涉为的是阻止当地民众改变他们非常不满的现状"。他指出,多米尼加事件反映了民众对现状的不满,而"我们却成为拉美国家那些徒劳地维护现状的政治寡头的俘虏",这些反动分子惯于随意使用共产党这个词,在很大程度上为的是故意吓唬美国,以便使美国支持其"自私的、可耻的目标"。他警告说,如果美国不分青红皂白地进行武力干涉,势必将拉美国家推入共产党一边。因而,美国应转

---

① Tweraser, "The Advice and Dissent of Senator Fulbright," p. 594; Powell, *J. William Fulbright and His Time*, p. 259.

② Woods, *J. William Fulbright, Vietnam, and the Search for a Cold War Foreign Policy*, pp. 100-101.

变态度,对拉美国家出现的变革要求采取鼓励的政策。① 但是,在参议院外交委员会,富布赖特的看法只得到了莫尔斯、尤金·麦卡锡、克利福德·凯斯等少数几位成员的支持,大部分人则表示赞成约翰逊的干涉政策。仅仅参加过一次听证会的托马斯·多德公开批评富布赖特对约翰逊政府抱有偏见,听证会有失公允。双方各持己见,交锋激烈,致使该委员会未能就多米尼加事件提出一份调查报告,这令富布赖特颇为沮丧,甚至称他可能会因此而考虑辞去外交委员会主席一职。②

8月中旬,根据秘密听证会的证词以及国务院的相关电报,富布赖特起草了一份反对美国干涉多米尼加的演说稿,并向其助手们征询意见。他的行政助理李·威廉斯表示,这篇演说等于批评约翰逊是个"说谎者",这将会导致两人的关系"无可挽回地决裂",这将是一个"严重的错误",不仅不可能再从美国政府获得对阿肯色州的援助项目,而且也会使富布赖特想要在约翰逊政府中发挥重要影响的希望破灭,因而坚决反对发表这一演说。参议院外委会办公室主任马西向富布赖特递交了一份备忘录,提醒说尽管他对美国入侵多米尼加事件的分析是正确的,但如果发表这样一份演讲,"将会使你与政府的关系破裂","这是一个要不要越过界限的问题,你应该慎重考虑"。马西表示,"如果我是你,我也不知道自己应该怎么做"。富布赖特的外交政策顾问蒂尔曼和霍尔特则强烈建议富布赖特发表这一演说,认为美国政府一直在欺骗美国民众,对多米尼加的干涉已引起拉美国家的极大不满和强烈愤慨,富布赖特的这一讲话不仅有助于澄清事实,而且让拉美国家的自

---

① Fulbright, *The Price of the Empire*, p.112; *The Arrogance of Power*, p.92.
② Tweraser, "The Advice and Dissent of Senator Fulbright," p.595.

富布赖特

由派分子认识到,并非所有的人都以为约翰逊的这一政策符合美国的国家利益,同时此举还可以维护参议院外委会的独立性和公正性。①

富布赖特决意公开反对美国对多米尼加的干涉行动,强调"对于我认为是一项错误的政策展开公开讨论而不是默认,更有利于鼓励决策者对今后的政策进行仔细考虑"。② 9月15日,他在参议院发表演讲,全面评述了对该事件的看法,并强调此举旨在为日后美国制定一项"明智的、有效的"政策提供参考。他认为,"在多米尼加危机中,美国的政策最初是过于胆怯,后来是反应过度。在整个事件中,美国政府的态度是缺乏坦率",过分地夸大了共产党在这一事件中的影响。他明确指出,拉丁美洲地区未来发展的趋势是社会革命运动,但这场运动的性质是共产主义还是民主革命,拉美国家会做出何种选择,在一定程度上取决于美国如何施加自己的影响。美国决策者由于害怕出现"另一个古巴",因而对拉美地区出现的革命运动采取反对政策,这只能进一步增强共产主义在该地区的力量。富布赖特强调,无可辩驳的证据表明,美国干涉多米尼加的主要目的,如果不是唯一的目的,并不是像美国政府所宣扬的那样拯救美国人的生命,而是阻止一场被认定为共产党所主导的革命运动的胜利,所谓保护美国公民的安全不过是进行军事干涉的借口。

他认为,美国在多米尼加危机中多次失去了影响局势发展的机会,美国的行动向拉丁美洲国家表明了美国是这一地区社会革命的敌人,如果拉美人民不能选择民主的"左"派作为第三条道路,

---

① Johnson and Gwertzman, *Fulbright*, pp. 217-218; Berman, *William Fulbright and the Vietnam War*, p. 45.

② U.S. Senate, *Congressional Record*, October 22, 1965, p. 27465.

那么毫无疑问,"那些诚实的、爱国的拉丁美洲人民一定会选择共产主义",这不是因为他们想要共产主义,而是因为美国的政策堵住了他们进行任何社会改革的其他道路,"除非他们继续承受军阀和经济寡头的统治"。他指出,这种对共产主义的恐惧,对于多米尼加共和国将会变成"另一个古巴"的担心是缺乏可信的依据的,美国政府的干涉行动反映了"对第三世界革命变化的偏见"。他表示,多米尼加危机的悲剧在于,美国自认为在短期内击败共产主义的政策,反而很有可能在长时间内起到推动共产主义的作用。由于拒绝支持多米尼加的社会改革,使得美国与一个腐败的、反动的寡头政权联系在一起。不仅如此,美国的干涉行动违背了美洲宪章的"不干涉"原则,破坏了脆弱的泛美体系。在他看来,美国之所以能够在全世界承担"责任"和"义务",很大程度上是因为泛美体系起到了稳定西半球国家关系的作用。他警告说,如果美国继续在拉美推行这种干涉政策,那么"我们不可避免地成为所有革命运动的敌人",这将在整个拉美地区产生"灾难性的后果"。

在另一方面,富布赖特又试图为约翰逊开脱罪责,认为美国对多米尼加政策失败的主要原因,是美国驻多米尼加大使在危机时刻给约翰逊提出了错误的建议;而约翰逊根据他所能接收到的信息和意见,几乎不可能采取其他的行动。①

富布赖特的这篇演讲在参议院和媒体中激起了强烈的反响,支持与反对的两派意见展开了一场激烈的交锋。鸽派议员乔治·艾肯、约瑟夫·克拉克、曼斯菲尔德、麦戈文、莫尔斯、尤金·麦卡锡等人对这篇演说大加赞扬,认为他的观点令人信服,对今后美国政府制定拉美政策是"有益的"。而理查德·拉塞尔、德克森、拉塞

---

① U. S. Senate, *Congressional Record*, September 15, 1965, pp. 23855-23861.

富布赖特

尔·朗、多德、斯马瑟斯等鹰派议员却对此予以谴责。富布赖特演讲一结束,朗就站起来指责说,如果美国政府接受了富布赖特这篇演说的总体观点,那么"卡斯特罗夺取的就不仅是古巴岛,还有多米尼加"。他声称,"我们已经获悉,多米尼加的共产党力量要比卡斯特罗开始夺取古巴政权时更为强大"。斯马瑟斯附和说,卡斯特罗的例子已经证明,"并不需要大量的共产党员就能把一个国家变成一个共产党国家"。多德抨击富布赖特痴迷于各种"革命","不管这种革命是民族的、民主的还是共产主义的",这篇演说肯定会被拉美国家的共产党以及反美的"左"派分子所利用。有资料表明,多德对富布赖特的指责是得到了白宫的授意。① 美国国会众议院还以压倒多数通过了一项决议,赞成美国单方面对拉美国家进行直接军事干涉,以避免发生"颠覆行动"或遭受"颠覆威胁"。

虽然有一些媒体对富布赖特的做法提出批评,认为他的观点是错误的、片面的,其行为是不负责任的,但包括《纽约时报》在内的大部分媒体都对他表示支持,认为他有权公开表达自己的看法,说出了许多有必要阐明的美国干涉多米尼加的问题,并对他敢于批评美国政府的勇气表示赞赏。有媒体刊文称,这是本届会议上国会议员在参议院就任何议题所发表的"最好的演说"。②

或许最为重要的是,这篇演说使富布赖特与约翰逊的私人关系发生了重大变化。在发表演讲之前,富布赖特就把演说稿的复印件送给了约翰逊,并附上一封长信,强调他这样做的目的旨在对

---

① U. S. Senate, *Congressional Record*, September 15, 1965, pp. 23862-23863; John M. Goshko, "Supporters of U. S. Dominican Stance Lower Boom on Fulbright's Criticism," *The Washington Post*, September 17, 1965, p. A22.

② Andrew Kopkind, "The Speechmaker: Senator Fulbright as the Arkansas de Tocqueville," *The New Republic*, October 2, 1965, p. 17.

美国过去的行动提出一些问题,并非攻击约翰逊个人。他写到,美国政府已经犯了"重大错误","我相信对多米尼加事件的公开讨论,即使对美国政府的行动提出一些批评,从长远来说有助于改正过去的错误,以免重蹈覆辙,从而促进美国对拉美政策广泛目标的实现"。因而,他打算就多米尼加问题谈谈自己的看法。他最后表示,"公开的和建设性的批评是一位参议员特有的职责之一",而美国政府官员因为政策的连续性和组织体制等原因对很多问题都不发表意见,即使这一意见从长远来说符合政府的利益;但作为参议员却没有这种限制,因而"真诚地希望我所发表的评论能有助于实现美国对拉美政策的目标"。① 很显然,约翰逊对富布赖特的行为大为光火,决定展开直接反击。在由麦乔治·邦迪草拟的给富布赖特的回信中,约翰逊称,"表面看来,你是在批评贝内特大使,实际的矛头是对准了我"。美国国务院发表了一份有关多米尼加事件的白皮书,完全免除一切相关人员的责任。麦克纳马拉公开批评了富布赖特的讲话,坚持认为多米尼加革命"毫无疑问地"危及美国公民的生命安全;约翰逊的新闻秘书莫耶斯也批评说富布赖特所得出的结论"完全没有道理"。在约翰逊等人看来,富布赖特已经成为"叛徒"和"胆小鬼"。②

正如麦戈文所言,与越南问题不同,多米尼加入侵事件是约翰逊一手造成的,因而不容任何人批评。影响是显而易见的,在白宫举行的一些重要活动中,富布赖特不再被列入邀请名单。1965年11月,当富布赖特率领美国参议院代表团赴新西兰参加英联邦议

---

① Fulbright, *The Arrogance of Power*, pp. 59-60.
② Woods, *Fulbright*, p. 387; Peter Felton, "The Path to Dissent: Johnson, Fulbright, and the 1965 Intervention in the Dominican Republic," *Presidential Studies Quarterly*, Vol. 26, No. 4, Fall 1996, p. 1014.

富布赖特

会会议时,白宫拒绝其乘坐美国政府的喷气式飞机,美国驻新西兰使馆甚至不想为其提供办公便利,不愿为其复印讲话稿。而与此同时,曼斯菲尔德则在白宫的安排下乘坐"空军一号"前往西贡。更重要的是,随后的一年多时间,富布赖特实际上中断了与白宫之间所有的直接联系,"再也没有与约翰逊进行过私下谈话"。与此同时,约翰逊则继续向曼斯菲尔德、莫尔斯等人征询意见。①

富布赖特显然也很清楚他这样做的后果。发表演说几天后,他在接受采访时无奈地表示,"我向参议院的同事和行政部门的政策决策者表达意见的唯一办法就是发表演说,我知道这是我唯一可以走得通的路。如果新闻媒体发表了这些演说,并在社论中讨论这些话题,就可以对行政部门产生影响"。② 他感到,通过参加白宫不时举行的各种情况通报会已经不可能影响外交决策,只有通过发表演说,让更多的人知晓他的思想主张,或许这样才能影响美国外交政策的制定。实际上,富布赖特在多米尼加问题上做的还是较为谨慎的,并没有直接攻击约翰逊。他坚持认为,发表演说并不是对约翰逊个人提出批评,而只是在履行自己作为外交关系委员会一位成员应尽的职责,揭示这一事件的背后所反映出来的问题,即美国如何应对包括拉美国家在内的第三世界地区出现的社会变革的诉求。但在约翰逊看来,富布赖特的行为是对他的"背叛"。

尽管富布赖特的助理事前就曾警告过他可能带来的后果,但他从未料到约翰逊会做出如此强烈的反应。为了弥补这次演讲对两人关系所造成的损害,当约翰逊住院做胆囊手术时,富布赖特给他写了一封措辞友好的信,表示"我从各种渠道获悉你对我最近发

---

① Fulbright, *The Price of Empire*, pp. 118-119; Woods, *J. William Fulbright, Vietnam, and the Search for a Cold War Foreign Policy*, p. 102.

② Berman, *William Fulbright and the Vietnam War*, p. 46.

表的演说感到不悦,我对此感到抱歉,但我真心希望这有助于你今后处理美国与拉美国家之间的关系",强调他所做的一切都是尽自己所能帮助约翰逊取得成功,并坚信约翰逊无论是现在还是将来都是一位"伟大的总统"。他解释说,"在我看来,一味地屈从、奉承无助于制定新的政策或完善原来的政策"。① 但是,约翰逊并没有回信。随后,富布赖特又试图通过白宫的一位高级幕僚杰克·瓦伦蒂与约翰逊联系,希望知晓两人之间到底出了什么问题,并与约翰逊当面讨论,以此缓和两人的关系。白宫新闻秘书莫耶斯、曼斯菲尔德也曾居间调解,希望两人和解。此时,约翰逊已不想再与富布赖特打交道,两人最终分道扬镳。数年后,富布赖特承认,正是1965年秋季约翰逊对他的敌意态度促使他在对待越南战争问题上成为一名更为明确和坚定的鸽派分子。

在关于多米尼加事件的演说之后,富布赖特遭到不少指责,那次演说被认为是"愚蠢的"和"不负责任的"行为。对此,他坚持捍卫自己的观点和提出不同意见的权利,强调"负责的反对派是民主的重要力量之一"。他说:

> 就多米尼加危机而言,我是非常不愿意批评政府的政策,但是有两个基本的原因促使我必须行使自己的责任。第一,外交委员会主席有一个特殊的职责,那就是在外交问题上提供他认为是最好的建议,我认为这一职责是主席一职本身所固有的责任,与行政部门是否向其征求意见或他的意见是否合乎行政部门的要求都没有任何关系。第二,我认为就美国对多米尼加的政策发表看法

---

① Powell, *J. William Fulbright and His Time*, p. 265; Johnson and Gwertzman, *Fulbright*, p. 220.

是我的责任,因为政治反对派的作用就是提出批评意见,但现在却什么都没做。这些反对派之所以如此,显然是赞成美国对多米尼加共和国的干涉行动。换句话说,如果是反对派执政,也会采取同样的行动。其结果就造成了这样一个奇怪的局面,一项极为争议的政策却被毫无异议地付诸实施,没有争论,没有评估,甚至也没有提出议案这一民主程序中至关重要的一个环节。我注意到,在外交委员会举行听证会的几星期后,没有任何人对刊登在媒体或其他任何地方的说法提出挑战,而这些说法显然是与外交委员会所获得的证据相抵触的。①

由此可以看出,随着多米尼加危机的爆发,富布赖特对自己的角色有了新的定义,为他日后反对越南战争做好了准备。这篇演讲是富布赖特政治生涯中又一个重要的转折点。

---

① U. S. Senate, *Congressional Record*, October 22, 1965, p. 27465; "Fulbright Defends His Role as Critic," *New York Times*, October 23, 1965, p. 10.

第五章　鸽派领袖

随着越南战争的升级以及对越南问题了解的加深，富布赖特开始检讨自己在越南问题上的立场，对越战的态度发生了重大改变，由支持美国政府的政策开始转向反对战争的升级，并逐渐成为反战的领袖人物。与此同时，他所领导的参议院外交委员会也成为人们就越南战争和美国的外交政策发表不同观点、向美国决策者提出质疑的重要场所。

一、转变立场

在调查美军入侵多米尼加事件的同时，富布赖特并没有放松对越南问题的关注，开始阅读有关越南的著作，尽可能多地了解越南战争的起源和历史，并与研究东南亚问题的学者进行交流，这其中包括在霍华德大学执教的著名越南问题专家伯纳德·福尔。福尔出生于法国，既是一位研究越南战争起源的权威学者，同时也是一位战地记者，曾多次前往印度支那进行实地采访，并出版过数部有关二战后法国卷入印度支那的著作。他认为，美国与之前的法国一样，不可能在越南取得胜利，只有通过谈判才能解决问题。通过福尔，富布赖特进一步接触了其他学者写的一些论著，这使他开

富布赖特

始认识到越南的冲突在本质上是一场内战。

1965年4月30日,腊斯克在参议院外委会就多米尼加问题作证时,富布赖特再度对美国政府的越南政策提出质疑。他表示,当初国会通过《东京湾决议》时,政府部门并没有打算在印度支那部署地面部队;鉴于美军在南越的人数越来越多,美国政府有必要从国会获得进一步的授权。他明确告诉腊斯克:美国在南越的行动显然已经变得越来越有争议,国会中的很多人对此缄口不言,没有公开讨论这一问题,是因为不想令政府感到难堪;"但我很清楚,我们有些人希望就此进行公开讨论,却不希望让政府感到为难,因为我们知道局势非常严峻"。他强调,如果约翰逊政府能下决心把打算在越南问题上走多远的想法提交给参议院外交委员会和国会进行讨论,"这将是一个明智之举"。①

尽管富布赖特对越南战争的前景感到不安,但在公开场合他明确表示完全支持约翰逊的政策。5月初,他在奥地利维也纳和法国斯特拉斯堡发表讲话时,除了重申应根据1954年的《日内瓦协议》解决越南问题,并由联合国据此监督越南选举外,并未对美国政府的政策提出任何质疑。他的下属曾敦促他就越南问题举行公开听证会,并就美国《国家安全法》提出修正案,以确定参议院在国家安全政策制定中的作用,向约翰逊说明国会中很多议员其实都对美国的越南政策感到不安。但富布赖特并没有采取任何行动。应该说,在1965年4月至7月底这一段时间中,富布赖特还对约翰逊抱有一些幻想。在他看来,自己的建议仍然受到白宫的欢迎,为了能对约翰逊政府的决策施加影响,除了支持至少是默认其政策

---

① Gibbons, *The U. S. Government and the Vietnam War*, Part 3, p. 240; Berman, *William Fulbright and the Vietnam War*, p. 39.

外别无选择,况且现在还没有到就越南问题进行公开讨论的地步。他的一些朋友也不断告诫他应避免与约翰逊公开决裂,否则将会毁掉他的政治前程。富布赖特认为,在美国政府内部很多人正向约翰逊施加压力,而约翰逊在尽力采取克制的政策,避免战争的升级,他所追求的不过是一场僵局,从而为谈判铺平道路。因而,在此关键时刻,应该继续帮助他。他在给选民的信中充满信心地表示,"我正尽全力去说服总统不扩大战争,找到走向谈判桌的途径";"你们必须明白,是他接手了这场战争,要克服过去的错误并非易事"。①

富布赖特显然过高估计了自己对约翰逊的影响力。实际上,随着越南战争的逐步升级,美国政府的决策圈子也越来越小。由于担心泄密,从而引起国内外的反对,约翰逊不再信任国家安全委员会。大部分决定都是由约翰逊、腊斯克、麦克纳马拉、邦迪等极少数人在星期二聚餐会上做出的,然后再提交给国家安全委员会和国会审议通过。因而,富布赖特所能做的不是参与政策的制定,而只能通过公开或私下的讨论促使约翰逊政府修正所做出的决定。

1965 年 5 月,约翰逊向国会提出一项议案,要求国会批准美国向南越提供 7 亿美元的军事援助。尽管格伦宁、莫尔斯、纳尔逊都对此提出异议,但包括富布赖特在内的绝大多数参议员却表示支持,该议案以 88 票对 3 票获得参议院的通过。6 月初,作为美国《对外援助法》的一项修正案,约翰逊又提议国会拨款 8900 万美元,帮助南越、老挝和泰国进行社会和经济重建。富布赖特强调,

---

① Gibbons, *The U. S. Government and the Vietnam War*, Part 3, pp. 251-252; Woods, *J. William Fulbright, Vietnam, and the Search for a Cold War Foreign Policy*, p. 90.

富布赖特

这一援助计划对南越来说是非常重要的,因为就南越人而言,"满足人的需求既是战争的目标,同时也是确保战争胜利的条件"。他还称,在南越,如同拉美和非洲地区,民族主义要比共产主义或资本主义的意识形态更为强大有力。另一方面,他也认识到,只要越南战争仍在继续,南越的重建计划就不会取得什么成果。① 在富布赖特的大力推动下,该修正案在参议院以42票对26票获得通过。不仅如此,即使在美国对北越展开持续轰炸之后,应约翰逊的要求,富布赖特于6月15日在参议院发表了题为"在越南的战争"演说,继续为美国政府的行动辩护。约翰逊称,为了对付那些要求大规模扩大战争的强硬派,并通过谈判解决冲突,他需要富布赖特的帮助。值得注意的是,在讲话之前,富布赖特第一次请约翰逊审阅了自己的演说稿。②

富布赖特在演说中强调,美国的目标是尽早通过谈判来结束战争,并极力赞扬约翰逊具有政治家的"克制""耐心"和"坚定",顶住了要求扩大战争的压力。他指出,美国应避免冲突的升级,他担心这会导致一场大规模的地面战争,中国也会卷入其中,最终演变成一场核战争。他表示,既反对美国无条件地从南越撤出,因为这有违美国对南越所做出的"承诺",并使美国的声誉受到损害,共产党方面也会因此得寸进尺;也不赞成战争的升级。他主张在双方相互妥协的基础上谋求政治解决。他认为,北越方面希望谋求"完全的胜利",目前无意谋求和平解决。鉴于此,美国一方面应加强南越军队的战斗力,以便使共产党方面认识到,不可能利用武力来推翻西贡政权并将美国赶出南越,同时继续向北越方面提出合

---

① U. S. Senate, *Congressional Record*, June 7, 1965, pp. 12732-12734.
② Johnson and Gwertzman, *Fulbright*, p. 214.

理的、有吸引力的可取代军事胜利的方案。①

6月16日,富布赖特在接受美国全国广播公司记者采访时,进一步阐述了他对越南战争的看法。他认为,与欧洲不同,南越对美国来说并不是至关重要的,美国用不着全力以赴。他再次表示,最为担心的是战争的升级有可能导致美国与中国乃至是苏联的对抗,因而谈判是解决问题的最好办法。当记者问到美国政府是否准备接受南越民族解放阵线为谈判对象时,富布赖特表示,他将会建议约翰逊政府这样做。他认为,美国政府应当承认有关各方,并与之进行谈判,不论这些派别是否具有传统的合法性,因为这些派别在当地都是重要的政治力量。在富布赖特看来,为了避免可能的全面战争,美国应该做出一定的妥协。②

富布赖特的这些讲话引起了美国国会议员和媒体的极大关注。曼斯菲尔德、克拉克等对他的主张表示支持,称赞他为人们考虑解决越南战争这一关键问题提出了"最具建设性的意见","是参议院传统的最好体现"。《纽约时报》刊发社论指出,正当美国军方和一些共和党领导人正要求回归戈德华特所要求的"全面胜利"这一目标,并要求加强对北越的轰炸时,富布赖特的主张是"弥足珍贵的",每一个美国人都应当了解他对这场战争的看法。③ 一些保守派议员和媒体则对富布赖特的主张给予了猛烈批评。国会参众两院的共和党领导人举行联合新闻发布会,强调美国决不应为了谈判而向共产党方面做出任何"重大让步"。众议院共和党领袖福

---

① U.S. Senate, *Congressional Record*, June 15, 1965, pp. 13656-13658; E. W. Kenworth, "Fulbright Urges a Holding Action in Vietnam War," *New York Times*, June 16, 1965, p. 1, p. 4.

② Berman, *William Fulbright and the Vietnam War*, pp. 41-42.

③ U.S. Senate, *Congressional Record*, June 17, 1965, p. 14016; "A Limited Objective in Vietnam," *New York Times*, June 17, 1965, p. 32.

富布赖特

特甚至要求美国立即轰炸北越的防空导弹基地。前副总统尼克松在访问南越时也指责富布赖特对共产主义"心慈手软",为了谋求和平不惜向北越方面做出重大让步。他宣称,谈判只会拖延战争。在他看来,美国在战争升级方面进展太慢,为了取得战争的胜利,有必要大规模增兵。他威胁说,如果约翰逊试图与北越达成妥协,那么共和党就将把越南问题列为1966年国会选举和1968年总统大选的一项主要议题。①

更为重要的是,约翰逊政府不愿做出任何让步,坚决反对接受南越民族解放阵线为谈判对象。实际上,1964年6月至1965年8月间,"印度支那国际监督委员会"加拿大代表团团长布莱尔·西伯恩曾五次前往河内,进行居间调解。他向河内方面表示:如果河内不再向南越的越共(即南越民族解放阵线)提供援助,并从南越撤军,美国不仅也会撤军,而且还会对北越予以承认,并提供经济援助。他同时威胁说,美国人的耐心是极其有限的,如果北越拒不接受,美国将对北越实施海空打击。北越方面的立场非常明确,要求美军撤出南越、南越民族解放阵线参加联合政府。② 后一点是美国政府无论如何不能同意的。美国决策者确信,如果让越共进入政府,无异于将南越拱手让给北越。因而,富布赖特刚一接受完采访,约翰逊就打电话告诉他,他的有关南越民族解放阵线的观点并不代表美国政府的立场。在随后的一次记者会上,约翰逊明确批评了任何使南越民族解放阵线地位合法化的做法。

尽管美国持续对北越展开轰炸,继续向南越提供大量军事和经济援助,并不断增兵,但对美国决策者来说,局势依然堪忧。6月

---

① Gibbons, *The U. S. Government and the Vietnam War*, Part 3, pp. 305-306; Neil Sheehan, "Nixon Bids U. S. Press for Victory," *New York Times*, September 6, 1965, p. 2.

② Rusk, *As I Saw It*, p.461.

初,威斯特摩兰电告五角大楼称:东南亚的冲突正在升级;部分北越军队已进入南越,更多的军队正在途中,南越军队很难应对日益强大的越共力量;在此后非常关键的几星期内,除了增派美军或第三国军队以加强在南越的行动外,"我认为我们已没有任何其他选择"。他要求增派四万多名美军,以加强地面进攻力量,迫使北越方面确信不可能获胜,同时还敦促华盛顿必须研究并制订在必要时动用更多美军的计划。麦克纳马拉在其回忆录中说,"我在国防部任职七年收到的数千封电报中,这是最令我烦恼的一封",威斯特摩兰的要求意味着美国军事干涉急剧地、无限制地扩大。他在对南越实地考察后提出报告,确认局势非常严峻,但美国现在采取行动为时还不算太晚。他承认,这样做固然包含着巨大的风险,但在短期内可以阻止南越的失败,从长期来说可以为达成有利的解决方案提供一个很好的机会,建议逐步向南越增派十万美军。①

约翰逊接受了麦克纳马拉的建议,决定在越南战争问题上采取更为强硬的行动,不仅同意向南越增派五万美军,使驻越美军总数达到12.5万人,而且授权威斯特摩兰为了赢得胜利可以全权使用美军。他在新闻发布会上公开表示,以后如有需要,还将增派更多的军队。曼斯菲尔德对此提出异议,担心冲突一旦扩大,美国就将源源不断地增兵。参议员丘奇强调,找到一条取代扩大东南亚战争的方案对参议院来说是"绝对至关重要的",敦促富布赖特就美国的越南政策举行公开听证会。在他看来,一旦美国民众逐渐明白就连擅长外交事务的参议院外交委员会的委员都强烈地反对扩大战争,对战争的抵制和争论就会在全国蔓延开来,从而对决策者构成

---

① McNamara, *In Retrospect*, pp. 187-188, pp. 203-204; Johnson, *The Vantage Point*, pp. 145-146.

富布赖特

强大的压力;倘若"我们不走出封闭的会议室,这种局面就永远不会发生"。① 但富布赖特却对约翰逊的政策表示理解和支持。

6月28日,约翰逊向富布赖特通报了越南战争的情况,表示将向南越增派更多的军队,以守住防线,并使美国获得更好的谈判地位。他同时称,共和党和一些右翼分子正在等待时机,一旦美国政府表现出犹豫不决,他们就会发起猛烈攻击。马西则提醒说,约翰逊所做的不仅是为了"守住防线","似乎正处于就越南问题做出另一项重大决策的边缘",没有人会就此征询参议院的意见,直到最后做出决定,认为这是参议院采取措施以阻止一步步走向战争的"最后机会",建议富布赖特就此与拉塞尔、曼斯菲尔德等人磋商。但富布赖特依然对约翰逊抱有不切实际的某种幻想,并公开表示支持约翰逊的决定。在富布赖特看来,扩大轰炸容易导致与中国乃至苏联发生冲突,但增兵却是限制冲突升级并促成僵局的最好办法。他认为,美军可以依托大海固守住一些战略要地,以阻止北越军队和南越民族解放阵线武装占领整个南越,并最终迫使精疲力竭的北越方面通过谈判解决问题。②

7月27日,约翰逊将11名国会领导人召集到白宫商议向南越增兵事宜。耐人寻味的是,身为参议院外交委员会主席的富布赖特并没有被邀请与会,取而代之的是该委员会中极端反共的斯马瑟斯。处于孤立地位的曼斯菲尔德表示支持约翰逊的决定,但同时又对战争的扩大深感不安,认为越南的局势要比人们认识到的

---

① David F. Schmitz and Natalie Fousekis, "Frank Church, the Senate, and the Emergence of Dissent on the Vietnam War," *Pacific Historical Review*, Vol. 63, No. 4, 1994, p. 578.

② Woods, *J. William Fulbright, Vietnam, and the Search for a Cold War Foreign Policy*, pp. 93-94; Stone, "The Senate and the Vietnam War," pp. 226-227.

更为糟糕,美国参战只会适得其反,而且还可能面临国内分裂的局面,美国民众对这场战争的不满情绪正日益增长,不可能三年五载地支持这场战争。在马西、李普曼的敦促下,当日下午,富布赖特请拉塞尔、斯帕克曼、艾肯、库珀等人在曼斯菲尔德的办公室一起商讨越南局势。与会者一致认为,局势即将失控,而南越对美国并没有重要的战略价值,美国应尽一切努力从南越脱身,通过谈判结束冲突。会后,他们以曼斯菲尔德的名义致函约翰逊,表示对越南局势极为关注,建议采取一切措施尽快从越南脱身,同时强调之所以在越南问题支持他主要因为他是总统,并不意味着他们对美国政府的政策表示赞同,很多议员都对越南局势忧心忡忡。但是在约翰逊看来,如果美国从南越撤出,"那很可能就意味着放弃一切,从柏林、日本和南美撤出"。①

次日,约翰逊在向这些反对战争升级的议员们通报了南越严峻的政治和军事形势后表示,美国已没有退路,这场战争可能会持续六七年或者更长时间。在随后举行的新闻发布会上,约翰逊称,"牺牲南越并不会带来和平",美国从慕尼黑得到的教训是,"成功只能进一步刺激侵略者的胃口",使一个国家接着一个国家卷入战争,从而导致一场大规模的残酷冲突。他宣布向南越增兵7.5万人,日后如有需要,还将进一步增兵。另一方面,为了继续误导美国国会和公众,约翰逊否认美国的政策发生了重大改变,重申"我们并不想打一场后果难以预料的大的战争"。② 自8月开始,美军

---

① Robert D. Schulzinger, *A Time for War: The United States and Vietnam*, 1941-1975, New York: Oxford University Press, 1997, p.179; Gibbons, *The U. S. Government and Vietnam War*, Part 2, pp.433-435; Halberstam, *The Best and the Brightest*, p.600.

② Powell, *J. William Fulbright and His Time*, pp.257-258; Herring, *America's Longest War*, p.141.

源源不断地涌入南越。

美国政府扩大战争的决定令富布赖特深感震惊和沮丧。他原来一直认为,轰炸和增兵不过是约翰逊用来平息国内的强硬派、促使各方走向谈判的必要措施。而约翰逊的实际政策却是要谋求战争的胜利,迫使北越接受美国的谈判条件。1965年10月下旬,富布赖特在接受媒体采访时提出,鉴于战场上的局势不再完全倒向南越民族解放阵线一边,在"一段合理的时间"内,比如说春季,美国应停止轰炸行动,以便为和平解决问题创造条件。他认为,倘若美国不停止轰炸,那么进行谈判的前景将是非常暗淡的。① 这一建议随即遭到美国政府的反对。白宫新闻秘书莫耶斯发表声明表示,只有在河内表示愿意进行谈判时美国才会停止轰炸。在越南战争问题的观点上,富布赖特与约翰逊渐行渐远。

11月初,富布赖特率团前往新西兰惠灵顿参加第11届英联邦议会会议。在新西兰之行中,富布赖特通过夏威夷华裔参议员海勒姆·冯的介绍,消除了对中国的很多误解。与此同时,他开始大量阅读一些有关中国和东亚问题的书籍,对中国的看法慢慢发生了变化,并因此更加怀疑美国政府出兵越南的合理性。在11月8日的会议上,富布赖特发言宣称民族主义是推动亚洲变革的主要力量。美国要做的就是允许这一变革自然而然地发生,不要过多地进行干预。对于越南,他表示既反对从越南撤军,也不赞成一定要取得军事上的胜利。反对撤军是因为这有损于长久以来美国对南越的"承诺",也会影响美国在世界其他地区承担的义务。反对获得军事上的全面胜利是因为那会让战火中的越南人的苦难加深,还可能导致战火的蔓延,席卷亚洲乃至整个世界。他认为,唯

---

① Berman, *William Fulbright and the Vietnam War*, p.48.

一可行的解决办法就是举行谈判以达成"体面的妥协"。如果河内仍拒绝谈判,美国就必须重申已经提出的条件,阐明可以接受的和平解决的基本框架。他强调,只要有成功的希望,美国就应主动采取行动。

自 1965 年下半年以来,特别是美国入侵多米尼加之后,富布赖特与约翰逊在越南问题上的分歧越来越大,两人的关系也随之变得紧张起来,并最终分道扬镳。富布赖特想要对美国政府的决策施加影响,只有依靠公开的途径了。

二、越南问题听证会

到 1965 年年底,尽管驻南越的美军已达 22 万人,对北越的轰炸平均每周达 750 架次,但对美国来说,南越的局势依旧持续恶化。麦克纳马拉在一份报告中表示,要想实现美国在南越的既定目标,需要源源不断地增派军队,很可能到 1966 年年底达到 40 万人,1967 年还要再增派 20 万人,但即使如此,也并不能确保美国的成功。①

1966 年 1 月,曼斯菲尔德等五名参议员从亚洲访问归来,向富布赖特提交了一份有关越南战争的报告,认为尽管约翰逊大举增兵南越,使战争逐步升级,但是"并未能阻止越共的攻势",局势正处于灾难的边缘。报告指出,南越民族解放阵线"已进一步加强了他们的部队",并加紧了军事活动,控制区也进一步扩大。随着战争的激烈程度步步升级,美军的伤亡在不断增加,而西贡政权能否保住现在的地位是很值得怀疑的。报告承认,美国在南越的处境

---

① Herbert Y. Schandler, *Lyndon Johnson and Vietnam*, Princeton: Princeton University Press, 1983, pp. 36-37.

越来越孤立,不可能得到其他国家的支持,美国的盟国都竭力避免直接卷入战争。不少国家担心,这场冲突持续时间越长,升级越快,对他们的威胁也就越大。①

与此同时,富布赖特也从正在东南亚采访的美国记者克莱德·佩蒂特那里获得了有关战争的第一手资料。在采访了200多名驻南越美军官兵后,佩蒂特向富布赖特表示,战争不仅进行得非常糟糕,而且局势要比新闻报道和情报评估得更为严峻。在他看来,美国不可避免地会重蹈当年法国人失败的覆辙。面对这种局面,富布赖特决定通过展开公开辩论的形式向约翰逊施加压力。在写给选民的信中,他表示国会应对于约翰逊所采取的行动有所行动,弹劾约翰逊有些过于极端,最好是通过举行听证会来动员民众和公共舆论反对战争的升级。②

1965年下半年,美国国内的反战运动更加高涨,抗议活动此起彼伏。10月中旬,有90多个城市都爆发了规模不等的民众反战示威游行活动。为了减少国内外的批评,争取舆论的支持,在腊斯克、麦克纳马拉、鲍尔等人的敦促下,1965年12月,约翰逊决定在圣诞节期间停止轰炸行动。麦克纳马拉认为,美国在进一步向南越增兵或强化对北越的打击前应当有一段三至四周的间歇,一方面可以使美国公众和世界舆论对战争的扩大有一个心理准备,另一方面也"给北越一个停止侵略的体面机会"。12月29日,腊斯克在记者会上公布了美国的谈判方案。与此同时,美国政府还掀起了一场旨在向国内外舆论显示和平诚意的外交攻势,包括汉弗莱、

---

① U. S. Senate, *Congressional Record*, January 29, 1966, pp. 1511-1522; Gibbons, *The U. S. Government and the Vietnam War*, Part 4, p.136.

② Woods, *Fulbright*, p. 393; Powell, *J. William Fulbright and His Time*, pp. 269-270.

麦乔治·邦迪、老外交家哈里曼、驻联合国代表戈德堡以及负责拉美事务的助理国务卿和负责非洲事务的助理国务卿等一大批高级官员相继高调出访,足迹遍及欧洲、亚洲、美洲和非洲20多个国家。不仅如此,美国政府还向110多个国家通报了其和平倡议。在国内,约翰逊指示鲍尔转告富布赖特、曼斯菲尔德等鸽派议员,同他们一样,美国政府也希望通过政治途径解决印度支那冲突问题,并欢迎他们就此提出建议;但是参议院外交委员会对越南战争的争论和反对将会影响美军的士气。①

在富布赖特的助理马西看来,约翰逊的这些举措只不过是为了掩人耳目,旨在削弱并分化国会内的反战力量。他同时提醒富布赖特,目前的停止轰炸和谈判动议为国会阻止战争的无限制升级提供了最后的机会,担心倘若美国政府的外交尝试没有成功,很可能会孤注一掷,甚至是动用核武器。因而,为了美国的国家利益和约翰逊以及民主党的政治前途,现在是美国从东南亚撤出的时候了。② 富布赖特一方面对约翰逊的行动表示欢迎,同时强烈反对恢复轰炸,认为美国政府宣布的暂停轰炸时间太短,难以使有关各方重新评估自己的立场。他担心如果恢复轰炸,那将意味着"我们已

富布赖特主持越南问题听证会
图片来源:鲍威尔著的《富布赖特及其时代》

---

① Gibbons, *The U. S. Government and the Vietnam War*, Part 4, p. 129, p. 133; Dallek, *Flawed Giant*, p. 347.

② Woods, *Fulbright*, p. 396.

富布赖特

经放弃了谈判解决问题的任何希望",并使冲突进一步升级。他认为,目前的暂停轰炸行动时间太短,难以使各方重新考虑自己的政策,要求约翰逊在恢复轰炸或对越南采取重大军事行动之前应与参议院外交委员会磋商,并重申在进行的任何和平谈判中,应该包括南越民族解放阵线一方,否则,北越方面不会接受美国的谈判建议。他确信,只要美国继续停止轰炸,并同意南越民族解放阵线参加和谈,那就有可能打破僵局,结束冲突。他的这一观点显然与美国政府的一贯立场大相径庭。很快,富布赖特意识到约翰逊根本无意与北越方面通过谈判解决问题。1966年1月24日,腊斯克在参议院外交委员会作证时明确拒绝将南越民族解放阵线作为谈判对象。①

富布赖特的主张得到了不少国会议员的支持。1月底,有76名民主党众议员和15名民主党参议员分别联名向约翰逊提出请愿书,反对美国恢复轰炸越南北方。他们认为,轰炸越南北方在外交上、军事上都已证明是无效的,反而使美国在政治上陷于被动,要求美国政府在决定恢复轰炸前应先征得国会同意。共和党参议员库珀在参议院发表讲话时强调,美国首要的议题是谋求谈判而不是战争的升级;美国对南越的政策目标不可能靠升级来实现;任何谈判都必须将南越民族解放力量包括在内,否则不可能成功。②美国中央情报局也认为,美国的轰炸并没有奏效,现有证据表明空中打击对北越的战斗意志和能力并未产生明显影响。但是,参谋长联席会议、美国驻南越军事援助司令部司令威斯特摩兰及驻南越"大使"亨利·洛奇等都坚持要求立即恢复并强化对北越的轰

---

① Bryce Nelson, "Fulbright Urges Hold in Bombing," *The Washington Post*, January 25, 1966, p. A1, p. A7.

② Woods, *Vietnam and the American Political Tradition*, pp. 248-249.

炸,称由于美国停止了轰炸,使得北越方面进一步加强了对南部的"渗透",仅在圣诞节当日就有1000多名北越士兵进入南部,越共的战斗力每天都在增强,而美军在军事上则处于严重的、愈发不利的地位。国会中的鹰派议员也表示赞成对北越的军事和工业目标实施"无限制的轰炸"。1月下旬,美国决策者连续召开会议,决定恢复对北越的轰炸。约翰逊认为,同意停止轰炸是他这一时期所犯的"最糟糕的错误",这一行动不仅未能在外交方面取得任何进展,反而使人们对美国的政策究竟为何产生疑问。

在1月25日的白宫会议上,富布赖特和曼斯菲尔德都表示反对恢复对北越的轰炸,强调应该通过谈判解决问题,而"迈向谈判桌的最好办法是缩小我们的军事行动";如果恢复轰炸行动,那就意味着美国放弃了任何谈判解决问题的希望,使冲突进一步升级。富布赖特重申,这场战争本质上是一场内战,南越民族解放阵线的大部分士兵都是当地人。28日,腊斯克在参议院外交委员会就美国政府提出的一项对外援助法案作证,富布赖特开始向约翰逊的越南政策公开发难,强调美国在越南的军事行动缺乏"法律根据",指责美国政府滥用《东京湾决议》,以此来扩大战争,表示国会无意使这一决议成为加大军事行动的"空头支票",要求对美国的政策进行详细审查。他同时指出,举行听证会"有助于外交关系委员会和公众更好地了解有关美国卷入越南战争的一些根本问题"。腊斯克则坚持称,《东京湾决议》已经赋予了约翰逊可以采取一切必要的手段以维护美国利益的权力,同时继续为美国的侵略政策辩解。①

---

① Powell, *J. William Fulbright and America's Lost Crusade*, pp. 178-179; Felix Belair, "Senators Challenge Rusk on Vietnam Policy Legality," *New York Times*, January 29, 1966, p. 1, p. 3.

此时,在越南战争问题上,参议院外交委员会分成了两派。一派人支持富布赖特的立场,反对战争的升级,要求通过谈判结束冲突,主要包括丘奇、戈尔、尤金·麦卡锡、莫尔斯等。莫尔斯向参院外委会提出两项提案,一项提案要求使国会在1964年8月5日通过的关于东南亚问题决议"停止生效";另一项提案要求外交委员会"全面彻底调查美国对越南政策的各个方面"。其他民主党议员包括多德、拉塞尔·朗、斯帕克曼、赛明顿以及绝大多数共和党成员都属于鹰派。无疑,这种局面在很大程度上制约了该委员会有效地发挥作用。

1月31日,美军轰炸机再次对越南北纬17度线以北地区的目标实施轰炸。此举在美国和世界各地都引起了强烈反响。英国、法国、加拿大、荷兰等国家还爆发了民众示威活动,谴责美国恢复对北越的轰炸行为。90名英国工党和自由派议员联名致电富布赖特,对美国政府的行动提出抗议。富布赖特很清楚,随着战争的加剧,和平解决的前景已越来越渺茫。为了促使美国公众开始重新审视政府的对越政策,对越南战争有一个新的认识,富布赖特决定就越南问题举行听证会,旨在促使国会和民众对美国政府的越南政策展开全面的讨论,希望借此能够使美国决策者三思而后行,从而避免一场与中国的战争,甚至是第三次世界大战。他要通过国会听证会的形式向美国国会议员和民众说明,美国在越南并没有至关重要的利益。之所以选择这一方式,富布赖特表示,"像我这个已被排除在外的人,已经没有进一步的可能(如果说我曾有过的话)来通过静悄悄地劝说对约翰逊政府施加影响。能找到的替代办法就是通过参议院外交委员会提供的讲坛进行公开的教育"。1月中旬,经过不懈努力,富布赖特终于在参议院外交委员会中赢得了多数,决定就越南问题举行公开听证会。他深知美国政府操控媒体的能力,指示下属做好与哥伦比亚广播公司、全国广播公司等电视网的联系工作,以便最大限度地发挥电视直播的作用,收到预期效果。①

2月1日,富布赖特利用接受美国哥伦比亚广播公司采访之机再次向公众阐述了自己对美国东亚政策的看法。他驳斥了腊斯克那种把中国等同于希特勒德国的荒谬观点,认为自鸦片战争以来中国就不断遭受西方的入侵,这是中国"憎恨"西方的基本原因。关于越南,他明确表示美国进行的这场战争在道义上是"错误的",与美国的利益背道而驰,强烈希望能有一种解决办法可以使美国撤出,并呼吁召开一次由英国和苏联共同主持的日内瓦会议,以便能找到结束战争的恰当办法。富布赖特还为自己在参议院通过《东京湾决议》过程中所扮演的角色进行了公开道歉,认为自己"在当时应该以更长远的眼光来看待这个决议案,应该对美国的卷入展开讨论、审查和评估"。他解释说,之所以没有这样做,是因为当时正在进行总统大选,而他个人支持约翰逊反对戈德华特。他强调,目前美国政府在越南的处境非常不利,因而他非常希望"找到一条体面的解决之道"。②

2月4日,美国参议院外交委员会举行的越南问题听证会正式开始,参议员们对出席作证的美国国际开发署负责人戴维·贝尔进行了长达4小时的质询。富布赖特表示,美国在南越的战争没有"法律基础";"把东南亚条约组织说成是这种义务的依据是不能使我信服的"。本来,参议院外交委员会要求麦克纳马拉和惠勒

---

① Joseph Fry, *Debating Vietnam: Fulbright, Stennis, and Their Senate Hearings*, Lanham: Rowman & Littlefield Publishers, 2006, p.32; Gibbons, *The U.S. Government and the Vietnam War*, Part 4, p.223; Fulbright, *The Price of the Empire*, pp.119-120.

② U.S. Senate, *Congressional Record*, February 2, 1966, pp.1941-1943.

出席作证,但是在约翰逊的支持下,麦克纳马拉和惠勒都借口在公开会议上作证"不符合公众利益",拒绝出席。不仅如此,约翰逊还指示下属尽一切努力来干扰和破坏听证会的举行。

8日,退役将军詹姆斯·加文出席作证。1954年加文就曾劝阻艾森豪威尔拒绝杜勒斯等人提出的干涉越南的计划,认为这将导致一场悲剧性的错误。他认为有两大因素制约了美国的行动:一是地理上有着巨大的困难,二是存在中国干涉的可能。此时,他再次重申了自己的观点,反对派遣地面部队,并停止轰炸,主张通过外交途径达成和解。他认为,如果美国大规模增兵越南,就会削弱美国的战略地位,而这将是"非常严重的",同时大大增加与中国发生一场核战争的危险。他对约翰逊目前的做法感到越来越不安,要求美国政府对越南局势进行重新估计。加文建议,美国应采取所谓"固守战略",进一步加强南越沿海地区的防御,阻止越共取得军事胜利,尽快稳定局势,同时停止轰炸,并寻求通过外交手段解决问题。他还强调说,那种依靠空中优势取得战争的观点不过是一种幻想。不仅如此,轰炸也将对美国在世界上的形象造成严重影响。①

10日,美国著名外交家乔治·凯南出席听证会。他是美国遏制政策之父,曾出任美国驻苏联大使,是一名著名的苏联问题专家。凯南表示同意加文的意见,认为至关重要的是要避免战争进一步升级,敦促政府"在既不损害美国的声誉及这一地区的稳定情况下,尽快结束战争"。他警告说,如果美国试图通过取得军事上的胜利来解决越南问题,极有可能会因此而导致与中国的冲突。

---

① Murrey Marder, "Escalation in Vietnam is Opposed by Gavin," *The Washington Post*, February 9, 1966, p. A1; E. W. Kenworthy, "Gavin Warns U. S. China May Fight," *New York Times*, February 9, 1966, p. 1.

他认为,越南不论从军事上还是从工业上,对美国的重要性都是非常有限的,他不明白美国为何会如此深地卷入越南事务。他确信,约翰逊已经陷入难以控制的局面当中,并因此导致整个美国外交架构的"严重失衡";美国政府的战争升级决定违反了自朝鲜战争以来美国外交政策的重要原则,即不要冒险在亚洲大陆与中国展开军事对抗。凯南明确表示,"我认为,即使南越完全被越共控制,那种威胁也不至于让我们直接进行军事干涉"。

加文、凯南的证言引起了美国媒体和公众的极大关注。在德克森、赛明顿、希伦鲁珀等人的敦促下,约翰逊最终同意泰勒和腊斯克出席作证,为美国政府的政策辩护。2月17日,泰勒在作证时强调,美国需要有更多的军队和更多的轰炸来加强对越战争,反对加文和凯南等人提出的美国应在越南实施固守战略的主张,他主张美国应提高地面战斗的能力;加强对越南北方的轰炸;稳定南越政权的经济、政治和社会制度;谋求体面的谈判解决。他认为这一战略是美国目前最好的选择,并表示目前美国在越南的20.5万名美军是不够的,需要进一步增加;美国应逐渐扩大对北越攻击的规模,包括轰炸越南北方的电站和油库,并在海防布雷,称那种所谓"固守战略"是可耻的,并将造成灾难性的后果。他同时表示,美国在越南打的是一场"有限战争",不会升级为与中国的全面冲突。①

2月18日,围绕着"东南亚条约"是否意味着无论美国采取何种行动都是正当的和合法的这一问题,富布赖特与腊斯克展开了激烈的交锋。两人都来自美国南部,同为罗兹奖学金获得者,但两人的性格迥异,在越南问题上的立场截然不同。富布赖特首先重

---

① Max Frankel, "New Light on U. S. Policy," *New York Times*, February 18, 1966, p. 13; Chalmers Roberts, "Taylor Sees No Enlargement of War," *The Washington Post*, February 18, 1966, p. A1.

富布赖特申了自己的看法,强调美国不值得在越南大动干戈,付出如此之高的代价,担心美国在越南会越陷越深,难以自拔,并引发一场与中国的大规模冲突。腊斯克宣称,美国必须把在南越的战争"看作是一场范围更大的世界斗争的一部分",美国决不能放弃南越,美国在南越的目的就是遏制所谓共产主义的"扩张",反对北越将自己的意志强加于南越;美国在南越的所作所为完全是利他的,既没有领土野心,也无意建立永久性的基地,更不是为了寻求贸易上的好处;"美国只是希望南越人民能够在不受外来胁迫或威胁的情况下,自由地享有决定他们未来的权利和机会"。他强调,既然美国已经对南越做出承诺,就要恪守诺言。他还将矛头对准中国,认为中国是一支富于"侵略性的"力量。①

富布赖特对美国在南越行动的目的并不表示怀疑,也反对美国无条件地撤出。在他看来,南越对美国来说并没有什么重大的战略利益,美国没有必要对这场遥远的战争投入大量的金钱、资源和精力。不仅如此,美国的行动很有可能会引发一场更大规模的战争,将中国甚至苏联卷入其中。同时,富布赖特认为,美国过分夸大了中国在其边境以外进行战争的能力。他所主张的是,重开日内瓦会议,通过政治途径解决问题,在越南举行全国性选举,然后所有外国军队从越南撤出。

对于谈判问题,腊斯克和富布赖特也是立场迥异。腊斯克坚决反对不论是在法律上还是在事实上承认民族解放阵线为南越人民的唯一代表,认为如果接受了民族解放阵线的地位,那就意味着接受了共产党所说的这一冲突是一场内战这一说法,也就等于接

---

① Max Frankel, "A Calm Rusk Holds Stage for 7 Hours," *New York Times*, February 19, 1966, p.1; John Goldsmith, "Rusk Rejects Limit on War Involvement," *The Washington Post*, February 19, 1966, p.A1.

受了北越的解决条件。富布赖特强调,之所以在谈判问题上毫无进展,"一定是美国的外交出了问题",认为美国未能从"东南亚条约组织"的盟国那里得到多少帮助,是因为这些国家并不认同腊斯克的观点,即越南战争是国际共产主义"侵略"的结果,而更加倾向于认为在本质上这是一场外部势力介入的内战。在富布赖特看来,由于美国政府拒不接受这是一场内战的事实,美国所追求的目标实际上就是要对手无条件地投降。①

参议院外委会举行的听证会得到了媒体的巨大关注,美国哥伦比亚广播公司和全国广播公司都对听证会进行了直播,各大媒体也竞相报道听证会的相关情况。虽然听证会并没有能扭转约翰逊政府的越南政策,但通过现场直播和媒体报道,产生了广泛的影响,使民众开始重新审视美国政府的政策,对越南战争有了新的认识,并且在一定程度上也缓和了当时的升级政策。在参议院外交委员会所收到的美国民众信函和电报中,反对与支持战争升级的比例达到了 30 比 1。尽管约翰逊的一些助手和朋友不断安抚说,听证会对公众舆论的影响很小,但白宫新闻秘书莫耶斯表示,根据哈里斯民意测验,1966 年 1 月 26 日至 2 月 26 日,美国民众对约翰逊政府越南政策的支持率从 63% 下降至 49%,认为"华盛顿从未像现在这样充满反对的声音"。3 月初的盖洛普民意测验同样显示,在越南听证会之前大约 60% 的受访者支持约翰逊的政策,听证会结束后对约翰逊的支持率已大幅下降。由斯坦福大学与芝加哥大学的舆论研究学者共同展开的调查也表明,88% 的美国民众赞成与南越民族解放阵线进行谈判。就连纽约的商界人士也开始对战争态度冷淡,认为美国应立即从南越撤出。富布赖特认为,民意

---

① Berman, *William Fulbright and the Vietnam War*, p.57.

富布赖特

测验的结果表明,美国民众在谋求和平方面正逐步达成共识,而对战争的继续则愈发担忧,美国民众对听证会"令人鼓舞"的反应在很大程度上表明,美国政府有必要向民众阐释为何再次卷入一场远在数千英里之外的战争。不仅如此,在参议院外交委员会内,富布赖特也逐步获得了更多同事的支持。听证会召开前一年,只有四五名同僚支持富布赖特;听证会结束后,19名成员中有10人赞成富布赖特对美国外交政策的批评。数年后,丘奇、麦戈文都认为富布赖特决定公开召开听证会是他政治生涯中最为重要的事情。当然,也有一些人和媒体对听证会提出质疑,指责富布赖特此举有损美国政府在世界上的声誉,并促使北越方面认为只要继续坚持战斗,美国最终会从南越撤出。①

这场听证会意味着富布赖特与约翰逊之间的公开较量正式拉开了序幕。为了转移媒体和民众的视线,2月4日,约翰逊突然宣布将与南越领导人阮高祺在檀香山举行临时最高级会谈。阮高祺按照美国使馆匆忙准备的讲稿,重复了南越正进入一个军事上不断取得胜利、政治上日趋稳定的时期这一众所周知的谎言。约翰逊则提出了一套帮助南越发展经济、医疗和教育的计划,同时指责说,美国的一些国会议员极力要求美国从越南脱身,正在阻碍战争取得胜利。

听证会无疑对美国公众产生了巨大的影响力。约翰逊的一些顾问不断提醒他,无须担心听证会对北越、中国的影响,但是要关注对美国民众和舆论所产生的影响,听证会在美国民众之间造成了"巨大的混乱",导致了舆论的严重对立,并最终将会使整个美国

---

① Powell, *J. William Fulbright and America's Lost Crusade*, p.187; Fry, *Debating Vietnam*, pp.78-79.

陷入分裂的局面。鉴于此,约翰逊要求哥伦比亚广播公司停播有关听证会的节目。另一方面,他也不得不做出姿态来安抚因受听证会的影响而对美国的越南政策提出质疑的美国民众,表示他无意使战争升级,并称凯南、凯文等人的主张与美国政府所奉行的政策并没有什么大的不同。①

令富布赖特可能没有完全料到的是,约翰逊于2月19日指示联邦调查局局长胡佛对听证会进行全面核查,他怀疑参议院外交委员会是从共产党那里获得情报的。为此,联邦调查局甚至将富布赖特、莫尔斯等人的发言与共产党领导人的声明或著作进行比对。约翰逊还私下警告富布赖特、罗伯特·肯尼迪、丘奇等议员,称在6个月之内即可结束其政治生涯。越南问题听证会结束不久,约翰逊指示联邦调查局对富布赖特、莫尔斯等几名鸽派参议员进行严密监视,以确定这些人是否已被由莫斯科控制的外国间谍所操纵。他确信,美国国内对其外交政策的反对和参议院外交委员会举行越南问题听证会在很大程度上都是由共产党挑起的。根据约翰逊的指示,胡佛还向德克森、希伦鲁珀提供了富布赖特要么是共产党员要么是双面间谍的所谓"证据"。在希伦鲁珀看来,富布赖特之所以要"出卖"美国的利益,乃是对没有任命他为国务卿表示不满。这两名共和党参议员承诺,将尽一切努力来消除富布赖特所造成"恶劣影响"。与此同时,白宫还指示国务院就20世纪40年代富布赖特所发表的有关对华政策的公开言论展开调查。②

在美国决策者看来,富布赖特举行的越南问题听证会等于是

---

① Gibbons, *The U. S. Government and the Vietnam War*, Part 4, p. 251; Murrey Marder, "LBJ Reassures Critics on Escaltion," *The Washington Post*, February 12, 1966, p. A1.

② Gibbons, *The U. S. Government and the Vietnam War*, Part 4, pp. 228-229; Dallek, *Flawed Giant*, p. 352.

向政府宣战,白宫决定发起反击。3月初,麦克纳马拉多次发表讲话,为美国的侵越政策进行辩护,以平息国内的反对意见,同时为进一步扩大战争做心理和舆论上的准备。他宣称,那种认为这场战争是内战、美国不应当卷入的看法是"完全没有根据的",河内不断加强对南越的"渗透",这是对美国盟国"直接的和露骨的侵略"。在谈到美国是否面临同中国作战的风险时,他一面表示美国政策的基础是"不对中国采取任何行动",但同时也威胁说,"如果我说我们为保卫南越不受侵略而作出的努力不会使我们冒同中国交战的危险,那是不负责任的",这种危险"是我们的条约义务产生的"。他还一再攻击中国是一个"侵略"国家。3月6日,腊斯克在一次电视节目中也强调美国要在南越取胜,继续履行在南越的义务。他宣称,如果美国从越南撤退,就将面临"比现在已经看到的更大的危险",宣称使中国得出使用武力是没有前途的这一结论是非常重要的,当今世界的首要问题是如何使中国走向"和平共处"。前美国战略空军司令部司令鲍威尔主张"轰炸海防港",并对中国进行核讹诈,要求美国"应该十分清楚地表明,如果共产党中国参加战争,我们将使用核武器"。

这些好战言论引起了美国国会议员的极大关注。曼斯菲尔德表示,他反对在海防布雷或轰炸海防,担心这将会进一步扩大冲突。莫尔斯警告说,扩大战争将使美国陷入在亚洲打一场地面战争的无底深渊,并且存在着同中国作战的风险。他表示,美国对越南的政策是"极其不道德的",在那里,"我们是侵略者"。富布赖特呼吁整个东南亚地区中立化,以此来避免冲突的蔓延。在他看来,这一举措包含着与中国的某种和解,这样不仅可以结束在越南的冲突,同时也有助于整个地区的稳定。① 同时他也很清楚,中立化是构筑和平的一根脆弱的芦苇。尽管他私下认为美国应该"撤出",但是公开场合他只能提出中立化这一目标。因为富布赖特所代表的阿肯色州是一个鹰派势力很强大的州,如果他公开要求美国从南越撤出,那将会危及他的政治生命,使其政治上容易遭到对手的攻击。时任阿肯色州州长的福伯斯一直虎视眈眈,觊觎富布赖特的参议员宝座。3月1日,韦恩·莫尔斯对《越南授权法案》提出了一个修正案,目的是废除被约翰逊政府视为进行侵越战争法律基础的《东京湾决议》。尽管富布赖特不赞成莫尔斯的做法,担心如果修正案不能获得通过,约翰逊会将其看作是国会进一步支持其政策的证据,但出于良知他还是表示支持莫尔斯,与莫尔斯、格里宁、斯蒂夫·扬、尤金·麦卡锡等一起共同对抗其他92名参议员。对此,莫尔斯深表感激。他写信给富布赖特说,"那天下午,当你投票支持我提出的《越南授权法案》修正案时,你不知道我是多么感动","你的勇气和对外交委员会的领导给了我莫大的力量和鼓舞"。②

越南听证会的成功举行促使富布赖特再接再厉,举行中国问题听证会。在他看来,中国与这场冲突密切相关。3月7日,即举行中国问题听证会的前一天,富布赖特在参议院发表演讲,强调如果中国和美国要想避免战争,就必须弱化各自的意识形态观念。他承认,双方互相敌视已经很长时间,要想改变是一件很困难的事

---

① U.S. Senate, *Congressional Record*, March 1, 1966, pp. 4381-4382.
② Larry Ceplair, "The Foreign Policy of Senator Wayne L. Morse," *Oregon Historical Quarterly*, Vol. 113, No. 1, Spring 2012, p. 27; Berman, *William Fulbright and the Vietnam War*, p. 59.

情,他只希望双方能够避免发生战争。①

三、中国问题听证会

富布赖特的对华政策思想和主张是非常复杂的,也是不断变化的。在20世纪50年代至60年代初期,他认为中国是苏联的"卫星国",主张在对华采取遏制政策的同时,谋求与中国的"和平相处",反对采取僵硬的政策。他强调,"如果我们给其他国家这样的印象,即我们下定决心在将来任何时候都不会改变与中国的关系,我认为这是错误的"。他抨击美国对中国所采取的政策是"鸵鸟式"的,认为"我们不能永远无视中国大陆上的6亿人民的存在"。②

1958年初,在富布赖特的组织下,参议院外交委员会举行了数次审议美国外交政策的听证会。年中,该委员会又通过决议,决定拨专款30万美元,资助美国国内有关智囊机构完成撰写专题报告,并限期在1960年6月之前完成。参议院外交委员会委托位于旧金山的智囊机构"康伦有限公司"就美国对外政策提出研究报告。1959年9月,康伦正式提交参议院外交委员会一份《美国对亚洲的外交政策》的报告,由美国著名的东亚与中国问题专家罗伯特·斯卡拉皮诺就对华政策提出如下建议:应该承认中华人民共和国的客观存在,改变现行的简单对华孤立与遏制的政策;不反对中国加入联合国,使中国成为安理会成员,但同时应保留国民党政权在联合国的席位。报告提议,首先应向中国提议交换记者,如果成功,可继而提出交换学者和商务代表的建议,取消对中国的贸易限制,以改善双方关系。本来,参议院外交委员会计划在"康伦报

---

① U. S. Senate, *Congressional Record*, March 7, 1966, pp. 5145-51548.

② Powell, *J. William Fulbrght and His Time*, p. 63.

告"基础上就美国对华政策举行系列听证会,但是,鉴于在艾森豪威尔时期中美改善关系的时机尚不成熟,国务院官员不能出席作证,因而此事作罢。尽管如此,这一报告仍对以后美国对华政策产生了较大影响,成为肯尼迪政府和约翰逊政府制定对华政策的重要参考依据。①

及至20世纪60年代中期,富布赖特认为向中国施加影响的时机已经成熟。他在1964年3月25日发表的"旧神话与新现实"讲话中强调,美国应该"重新审核和评估"其远东政策,为对华政策注入"灵活的成分",以便在机会到来时有执行灵活政策的能力。他批评美国的外交政策在很多情况下是基于"神话"而不是现实为依据来制定的。他相信,中美关系的现状绝不会永远存在下去,"因为在我们与德国和日本的关系中,我们已经看到,亲密友好关系在如此短的时间里取代了敌对关系。我们与中国的关系也会以同样的速度发生转变。我们与中国的关系再一次发生改变,是非常可能的"。富布赖特认为,美国政府的对华政策是"虚幻的神话",应该承认这样的现实,即实际上并没有"两个中国",而是"只有一个,那就是大陆中国,这种由共产党统治的局面很有可能长期存在下去"。所以,"只有接受这一事实,我们才有可能思考在什么条件下,美国与大陆中国可能走向正常关系"。他建议,应该将中国纳入东西方所签署的有关贸易、裁军和教育交流等协定中,以此来缓和远东的紧张局势。但是,富布赖特认为,在当时的形势下,美国不能也不应该承认中国,或者默许中国进入联合国。只要中国继

---

① 苏格:《美国对华政策与台湾问题》,世界知识出版社1998年版,第318页;资中筠:《缓慢的解冻:中美关系打开之前十几年间美国对华舆论的转变过程》,《美国研究》1987年第2期。

富布赖特

续敌视美国,这些做法都将是"不明智的"。① 很显然,在中国问题上,富布赖特的立场与约翰逊政府别无二致。

对于富布赖特的这一主张,中国方面进行了驳斥。《人民日报》发表文章指出:最近,美国参议院外交委员会主席富布赖特在他的两次讲话中,明确提出美国同中华人民共和国"进入比较正常的关系"的条件是"让'台湾独立'","中国共产党人放弃——即使不是明确地放弃,也是默然放弃——他们的征服和兼并台湾的意图"。很明显,所谓"一个中国、一个台湾"的阴谋,不过是"两个中国"的阴谋的变种,其目的无非是要把台湾省从中国割裂出去,使美国对台湾的永久霸占合法化,把台湾变成为美国的殖民地。美帝国主义为了推销它的"一个中国、一个台湾"的阴谋,硬说什么中国放弃对台湾的主权是改善中美关系的"现实"途径,这完全是骗人的鬼话。中国人民同美国人民一向是友好的。中美两国关系出现目前的状态,完全是美国政府采取敌视中国、侵占中国领土台湾的政策所造成的。改善中美关系的唯一途径,是美国政府用行动表明它愿意改变敌视中国的政策,其他的道路是没有的。指望中国人民拿原则和主权来做交易,完全是白日做梦。文章强调,中国对台湾的主权,不需要任何人批准,也不容许任何人干涉。中国人民解放自己领土台湾的决心是不可动摇的。台湾必将回到祖国的怀抱。任何人企图玩弄把台湾省从中华人民共和国分割出去的阴谋诡计,都一定要遭到彻底的破产。②

台湾方面也对富布赖特的演说表示不满,国民党"外交部"发言人称,美国政府承认"中华民国政府"为代表中国之唯一合法政

---

① J. William Fulbright, *Old Myths and New Realities, and Other Commentaries*, New York: Random House, 1964, pp. 38-40.

② 《中国对台湾的主权不容干涉》,《人民日报》1964年5月12日。

府,"富氏之言论显然与美国政府一贯之政策互相抵触",将使美国的盟邦对美国的信心发生疑虑,不仅使美国在亚洲的声望受到严重损害,而且会更加鼓励共产党进一步"侵略",加深其对亚洲安全与世界和平的"威胁"。为消除因此种言论而引致之祸患计,美国政府应对此予以澄清。台湾报纸发表社论说,富布赖特主张美国应重新检讨中共的政策,要美国承认中共统治大陆的事实,进而与其建立比较正常的关系,这一主张"天真可笑"。社论称,富布赖特的言论和想法虽然不能代表美国政府的观点,但"足以助长自由世界反侵略阵线中业已弥漫着的畏共与媚共的妥协心理","不能等闲视之","可以说是失败主义代表作",要求"自由世界"尤其是美国坚定"反共必胜"的信心,不要让如富氏这种失败主义思想蔓延滋长,削弱反共的团结力量,解除反共的精神武装,而落入所谓和平共存的陷阱。台湾另一媒体也发表社论称,"我们并不惊奇于富氏之有此观念,这是他一贯思想的必然发展;同时也反映了潜伏在美国政府、民意机构以及若干社会学术文教团体内的姑息主义幽灵,始终阴魂不散,而且有变本加厉之势"。社论认为,富布赖特的言论虽然只是他的一己之见,但对美台关系"终有其消极影响而非积极助力",美国官方仅仅拒绝评论或表示不予重视,是不够的,因为这不足以澄清外间的疑虑和谣传,希望日内就能看到美国政府较明朗的反应态度,而不使富布赖特所已经散发的阴影继续扩大起来。①

1966年3月,在美国国务院中国问题专家艾伦·惠廷的建议和帮助下,富布赖特决定举行中国问题听证会。他认为,美国的对

---

① 《斥富布赖特的容共谬论》,《联合报》(台湾)1964年3月28日;《斥富布赖特谬论》,《"中央"日报》(台湾)1964年3月31日。

华政策与越南战争紧密相关,在很大程度上越南战争针对的目标就是中国,越南问题的实质是对华关系,若美国要从越南脱身,必须首先改变对华政策,改变美国国会和公众对国家安全威胁的看法和反应,否则就有可能出现更多的越南。富布赖特呼吁在亚洲地区建立"新的中美关系",并认为这是"其他所有问题的根本所在"。他相信,如果中美两个大国能够达成谅解,这将有助于亚洲地区的稳定。在他看来,美国对整个亚洲的政策是基于对中国的近乎病态的恐惧。因而,他要努力消除这种恐惧,为美国改变对华政策营造一个较为宽松的舆论氛围。

1966年3月8日至30日,富布赖特领导的参议院外交委员会就战后美国政府的对华政策举行听证会,邀请了包括中国问题专家费正清、鲍大可等在内的10余位知名专家出席作证,从历史、现实等各个方面批评了美国1949年以来美国政府推行的对华"遏制并孤立"的僵硬政策,指出孤立中国的政策业已失败,美国政府有必要检讨对华政策背后的逻辑,重新审视对华政策,采取一种更加灵活的"遏制但不孤立"的政策,承认中国存在的客观现实,发展对华贸易,放宽美国人员访问中国的限制,最终与中国关系正常化。毫无疑问,这是美国国会举行的具有历史意义的听证会之一,对于教育美国国会议员、公众,塑造舆论起了重要作用,有助于美国各界重新认识中国的历史、文化和对外政策,为日后美国改变对华政策奠定了舆论和思想基础。同时,正是因为这一听证会的推动,美国对华政策开始由封锁、孤立转为"遏制而不孤立"。

富布赖特举行听证会的意图主要是教育国会议员,使其对中国有一个较为全面和深入的认识。他说,"我们希望为更好地了解中国做出贡献";"我认为现阶段本委员会能做的最好贡献就是为公认的中国问题专家和学者提供一个论坛",这将有助于国会和民众进一步了解美国与中国的关系以及美国卷入越南冲突的相关问题。①

第一个出席作证的是哥伦比亚大学政治学教授和东亚研究所主任鲍大可。他出生于上海，第二次世界大战期间曾经是美国海军陆战队官员、驻外记者和国务院官员。在长达28页的证词中，他强调，美国已经到了改变对中国态度的时候了，"我们应该采取遏制而不是孤立政策"，建议美国政府对中国给予事实上的承认，放宽对中国的贸易和旅游禁令，早日恢复中国在联合国的合法席位，最大限度地与中国寻求接触，并警告说约翰逊在越南的战争升级政策包含着与中国发生冲突的危险。最后，他说道："我希望，听证会能够标志着一个伟大的转变，自1949年共产党在中国取得政权以来，美国开始重新审视其对中国的政策。"随后长达5个小时的质询表明，参议院外交委员会大多数成员都表示赞成鲍大可的建议。即使长期以来支持美国政府对中国采取强硬立场的赛明顿参议员也认为，"这是一个了不起的发言"，他"没有发现自己对发言有任何不同意的地方"。②

哈佛大学东亚研究中心主任费正清对近代以来中国对西方国家的态度做了全面剖析。他认为，中国之所以敌视西方，并非是由于中国共产党意识形态的偏见，而是植根于中国历史。古代的中国虽然处于孤立和封闭状态，但一直具有很高的文明。自近代以来，西方国家通过战争或战争威胁，先后在中国攫取了大量权益，美国也在中国获得了治外法权和其他特权，由此激起了中国民众

---

① U.S. Senate, *Congressional Record*, March 7, 1966, pp. 5147-5148; Naomi Lynn and Arthur McClure, *The Fulbright Premise*, Lewisburg: Bucknell University Press, 1973, p.156.

② "The New Debate on China," *Newsweek*, March 21, 1966, p.13.

对西方的强烈反感。他建议,美国应鼓励中国参与国际事务,逐步消除其对西方的敌意和恐惧。与鲍大可一样,费正清提出,美国应结束对中国的贸易和旅游禁令,支持联合国恢复中国的合法席位,并鼓励与中国在各个方面的接触。

芝加哥大学政治学教授汉斯·摩根索在3月30日的听证会上批评了长期以来美国政府对中国所实施的"孤立"政策,强调事实证明这一政策已经遭到"彻底失败",不仅未能推翻中国共产党,反而使美国自身陷入了孤立的境地。他认为,中国并没有对美国构成严重的威胁,美国在中国周边地区所采取的军事遏制政策不仅不会奏效,反而有可能导致一场与中国的冲突;美国应该承认并接受这一现实,尽管中国的经济社会发展仍非常落后,但它是亚洲大陆最强大的国家;一旦其获得了现代技术,将会变得更为强大。摩根索确信,随着中国力量的逐步增强,在对外政策方面也将会变得更为克制和谨慎。

在越南问题听证会和中国问题听证会上,富布赖特也阐述了自己对中国的看法。与费正清的观点相一致,他认为中国对西方国家的敌视有着深刻的历史原因。近代以来中国长期受到西方国家的侵略,而美国恰好是西方国家的象征,应从这一视角而不是共产主义和资本主义意识形态的对立来理解中国对西方和美国的敌视态度。他确信,中国并非像美国决策者所称的那样是一个"侵略成性"的国家,中国对周边国家没有领土野心。尽管中国领导人言辞激烈,但实际行动上并非如此。富布赖特还对中国参加朝鲜战争的原因做了分析,强调首先是美军打到了中国的门口,离中国最重要的工业基地近在咫尺,中国出于保卫国家安全的需要才决定参战。在中国加入联合国问题上,富布赖特赞成费正清、鲍大可等人的主张,指出应当让中国融入国际社会,在接触中发展对华关系。他还表示,除非美国发起占领北越的大规模军事行动或是入侵中国,否则中国不可能军事干预美国在越南的行动。尽管中国是共产党国家,但中美两国能够友好相处。从长远来说,不应让台湾问题成为中美关系的障碍,美国应把台湾问题看作中国的国内问题。

实际上,富布赖特举行中国问题听证会即使是在参议院外交委员会内部也遇到了不少的阻力。首先,作为参议院多数派领袖和外交委员会中最为重要的亚洲问题专家,曼斯菲尔德从未出席听证会。尽管在越南战争和美国对华政策等问题上,曼斯菲尔德大都认同富布赖特的观点,但他显然不愿与约翰逊公开对抗,因而选择了逃避。在举行越南问题听证会期间,他只参加过一次会议。① 此外,委员会中的几位鹰派分子在希肯卢珀的带领下指责出席听证会的专家、学者大都对美国的亚洲政策持有偏见,要求强烈反共的前众议员周以德出席作证。希肯卢珀和德克森甚至怀疑,富布赖特举行中国问题听证会并要求与中国达成和解,乃是受了共产党的指使。② 3月28日,周以德在听证会上对中国内战时期美国的对华政策展开了猛烈批评,指责杜鲁门政府由于未能向国民党提供足够的援助才导致中国大陆的"丢失",要求约翰逊政府继续对中国实施"极端敌视"的政策,拒不承认中国,也不允许其加入联合国,并在亚洲奉行强硬的政策,向北越施加更大的军事压力,扩大对北越的轰炸。

在中国问题听证会最后一次会议上,富布赖特表示,听证会取得了"激发民众对中国问题的兴趣、鼓励人们就美国对华政策展开

---

① Powell, *J. William Fulbright and His Time*, p.277, p.285.
② Woods, *Fulbright*, p.413.

广泛讨论"这一预期目标。的确,这次听证会引起了美国民众和媒体的广泛关注,各大电视台都对听证会进行了实况转播,有关听证会的内容也成为各主要报纸的头版新闻。《纽约时报》《华盛顿邮报》《新闻周刊》及哥伦比亚广播公司等详细报道了相关情况。与此同时,加利福尼亚大学伯克利分校、密西根大学、威斯康星大学、美国外交政策协会等也都举行了有关中国问题的研讨会。哈里斯民意测验表明,55%的受访者认为富布赖特的做法对美国是有利的,57%的人赞成美国承认中国,55%的人支持中国进入联合国。①

更重要的是,听证会的举行促使美国政府和公众开始更积极地思考中国问题,为中美关系的解冻开始了舆论准备,极大地推动了美国对华政策的转变。3月20日,美国198名亚洲问题和国际事务专家联名发表声明,要求美国政府改变已经过时的对华政策,同意中国进入联合国,取消对中国的贸易禁运,并就双方建立正式的外交关系展开谈判。同日,一向敌视中国的共和党参议员贾维茨也在一次6000人的集会上公开呼吁美国政府改变当前的对华政策。他强调,美国必须认识到,与中国的关系问题是美国在亚洲面临的首要问题,越南战争不过是这一问题的一部分;从长远来说,美国必须设法与中国相处,如果认识不到这一点,那么"就不会有亚洲的和平"和"越南战争的结束"。他建议美国政府应就双边关系以及越南战争等展开"无条件的讨论"。演说完毕,全场起立热烈鼓掌。② 赛明顿参议员在1966年5月3日对富布赖特说:"我

---

① Michael Lumbers, *Piercing the Bamboo Curtain: Tentative Bridge-building to China during the Johnson Years*, Manchester: Manchester University Press, 2008, p.155; Berman, *William Fulbright and the Vietnam War*, pp.60-61.

② Tom Wicker, "Experts on China Urge U.S. to Seek a Peking Accord," *New York Times*, March 21, 1966, p.1, p.12; M.S. Handler, "Javits Asks Shift in Stand on China," *New York Times*, March 21, 1966, p.1, p.9.

对您的中国听证会印象深刻,也非常赞同,听证会在全国起了很好的作用。在您的指导下,外交委员会对中国做了一些非常有先见之明和建设性的工作,我希望我们能把这一工作继续下去。"著名神学家莱因霍尔德·尼布尔致函《纽约时报》,盛赞富布赖特举行的两次听证会,并鼓励参议院外交委员会在向美国民众阐释中国问题方面继续努力。美国知名政治评论家赖斯顿、李普曼也发表文章,指出尽管美国的政策没有发生任何变化,但听证会的举行已经"促使很多美国人反思已经过时的对华政策"。①

富布赖特举行听证会的目的不是要试图制定美国政府的政策,而是要阐明问题所在,旨在说明美国对中国的封锁、孤立政策已经行不通,是调整政策方向的时候了。尽管腊斯克公开强调美国的对华政策没有任何改变,但听证会实际上对美国决策者也产生了一定的影响。一位白宫助理承认,约翰逊一直在密切关注着听证会的进展,并饶有兴趣地阅读相关的记录,认为出席听证会的专家、学者提出了一些很好的问题。② 3 月 13 日,副总统汉弗莱在接受《纽约时报》《华盛顿邮报》等 8 家媒体联合采访时明确提出,美国对中国奉行的是遏制政策,但未必是将其孤立在国际大家庭之外。这是美国政府高层官员第一次公开提出"遏制而不孤立"的政策。麦克纳马拉公开表示,美国要以一种新的观念来看待中国未来可能发生的变化,并设法架设与中国大陆沟通的桥梁。约翰逊也在一次讲话中提出,"和平的大陆中国对于亚洲和平至关重要",宣称思想、人员、商品的自由流动是"开启心灵、打破隔绝的最强大力量",美国政府愿意在"合作而非敌视"基础上与中国实现和

---

① 李期铿:《台前幕后:参议院外交委员会主席与美国外交》,世界知识出版社 2008 年版,第 229 页;Powell, *J. William Fulbright and His Time*, pp. 292-293.

② "The New Debate on China," p. 14.

解。与此相呼应,美国政府不再拒绝签发到中国的旅行护照,还表示愿意实现与中国关系的正常化。1966年年底,美国国务院专门成立了一个由鲍大可、费正清、斯卡拉皮诺等几位知名中国问题专家组成的顾问小组,就调整对华政策进行讨论。一些中国问题专家以及社会各界名流还成立了"美中关系全国委员会",为推动两国关系的改善而积极努力。

听证会的举行为20世纪60年代末开始的中美关系解冻做好了舆论、思想准备,发挥了积极作用。但在中国方面看来,美国国内进行的这场对华政策大讨论"是一场蹩脚的滑稽剧","它只不过反映出了美国统治集团在对华政策的死胡同中走投无路的狼狈处境罢了"。华盛顿之所以在这个时候展开这样一场大讨论,是因为美国已经把中国看成是"头号敌人",约翰逊政府决心要实行变本加厉的敌视中国的政策,而这种政策却在美国国内外极不得人心,因而华盛顿的决策者需要用一些不着边际的空谈来迷惑舆论,转移国内外对美国反华政策的强烈不满,掩盖其正在加紧策划的反华活动和部署。在中国方面看来,不管美国碰了多少壁,还要继续碰多少壁,也不管其统治集团内部争吵得多么激烈,还要争吵得多么激烈,"美帝国主义敌视中国的政策是不会改变的。中国人民对美帝国主义不存任何幻想。不论美帝国主义要什么花招,软的也好,硬的也好,都不可能动摇我们坚决同美帝国主义侵略政策和战争政策斗争到底的坚定立场"。《人民日报》的社论认为,讨论的过程表明,美国政府的谋臣策士争论的只是采取何种方法的问题,而在坚持敌视和侵略中国的政策上则是毫无二致的。美国坚持敌视中国人民,这是它的反动、侵略本质所决定了的,毫不足怪。奇怪的是,它竟然想在对华政策的死胡同里寻找出路。美国这次对华政策的大讨论又一次表明,这不过是幻想。①

四、再接再厉

1966年3月中旬,富布赖特向约翰逊递交了一份备忘录,认为结束越南战争的可能办法就是中立化,建议国务院政策规划委员会对此方案进行全面研究,不要轻易放弃。在他看来,任何一方都不可能取得绝对的胜利。约翰逊回复说,"除非河内和北京准备解决问题,并且不再向南越和老挝施加压力",否则看不到实现"中立化"的任何希望。② 他认为,如果接受了"中立化"计划,将会遭到共和党人的猛烈攻击。在他看来,除了战争逐步升级并取得最后的胜利,没有其他更好的选择。他在国家安全委员会会议上强调,"我们已经做出了承诺,没有什么能阻挡住我们;我们必须接受这一现实,即总有一些人对我们的政策提出批评、异议"。1966年上半年,美国政府进一步强化了对北越的轰炸。③

面对约翰逊的僵硬立场,富布赖特决定通过发表演说的方式来影响更多的人,特别是那些精英分子,并最终迫使约翰逊改变政策。由于越南问题听证会和中国问题听证会所产生的巨大反响,仅在1966年的前四个月内,富布赖特就收到邀请他前往演讲的信函736封,这无疑为其更全面、系统地阐述自己对美国外交的看法提供了极好的机会。④ 他的助理马西却对此有不同看法,认为美国

---

① 《华盛顿关于对华政策的大讨论说明了什么》,《人民日报》1966年4月12日。
② Berman, *William Fulbright and the Vietnam War*, p. 61; Powell, *J. William Fulbright and America's Lost Crusade*, p. 190.
③ Woods, *Fulbright*, p. 426.
④ Melvin Small, *Johnson, Nixon, and the Doves*, New Brunswick: Rutgers University Press, 1988, p. 80.

富布赖特

政府控制着媒体,任何个人试图通过发表演说来影响决策者的行动都是枉然,建议就越南问题再次举行听证会,这样参议院外交委员会仍可以参与事关战争与和平的重大决策。历史学家小阿瑟·施莱辛格、芭芭拉·塔奇曼建议富布赖特将反对派力量组织起来,通过立法的形式来阻止战争的升级。作为一名现实主义者,富布赖特清醒地认识到,约翰逊在美国仍享有较高的声望,其对外政策仍得到相当大一部分民众的支持,同时还控制着包括参议院外交委员会在内的国会,任何批评美国政府的决议不可能获得通过。他坦率地承认,虽然有一些年轻的参议员追随他,但他们不敢向美国政府的政策提出挑战。即使在他领导的参议院外交委员会,公开反对战争的人仍是少数,不可能对美国政府的决策产生重大影响。而过早地再次就越南问题举行听证会,也会引起民众的厌倦。富布赖特认为,尽管他的宣传行动不会起到立竿见影的效果,但从长远来说,有助于教育公众,使其进一步认识到美国所面临的复杂局势,从而给约翰逊的决策造成一定的压力。①

3月22日,他在康涅狄格大学发表演讲,揭开了他系列演说的序幕。他强调,越南战争正在损害约翰逊提出的"伟大社会"这一计划,因为约翰逊"不可能想当然地在国内推行伟大社会计划,而同时又对北越实施大规模的轰炸";国会在为增加拨款以扩大战争进行激烈争吵时,同样也不可能增加对教育的投入。富布赖特认为,在越南,"一场反对社会的不公和外国统治的革命变成了一场亚洲共产主义和美国之间的较量"。他提出,"支持民族主义比反对共产主义能够更好地服务于美国的利益",当两者在同一个国家

---

① Gibbons, *The U. S. Government and the Vietnam War*, Part 4, pp. 265-266; Woods, *Fulbright*, p. 417; Stone, "The Senate and the Vietnam War," pp. 344-345.

中发生冲突时,"接受一个共产主义政权要比镇压一场真正的民族主义运动更符合我们的利益,因为后者是一件残忍而且根本不可能完成的任务"。富布赖特还在演说中呼吁美国应与中国建立一种新的关系,强调这是解决一切问题的关键所在。他指出,如果双方能够和解,这将有助于实现东南亚地区的"中立化"计划,美国的军事力量也就可以从亚洲沿海的岛屿和水域撤出。①

4月21日和27日、5月5日富布赖特在霍普金斯大学发表了三次演说。在4月21日发表的题为"更高形式的爱国主义"演说中,富布赖特提出批评美国政府的政策是一种"服务",是一种"更高形式的爱国主义"。在对外政策方面,他担心美国会越来越表现出"权力的傲慢",从而重蹈历史上很多大国的覆辙。他指出,真正的爱国应该是追随这个国家的"理念",而不是当前的政策,认为自己对美国外交政策的批评是一种"更高形式的爱国主义"表现。他说,"在短期内,批评可能会让国家的领导人陷入困境,但从长远看,这会迫使他们采取更有力的措施革除弊端;这可能会破坏政策的一致,但却表达了价值标准的统一"。简言之,批评不仅是正确的,而且是一种爱国主义的行动。因而,在他看来,青年学生的反战运动是一种"爱国"行为,是"国家良心的表达"和"美国自由主义传统的彰显"。在演说中,富布赖特阐述了国会与行政部门之间的关系,分析了国会为何逐渐将制定对外政策的权力让位于总统。他认为,导致出现这种情况的原因就是战后美国不断面临危机。他说:

> 总统拥有在紧急情况下做出决策并采取行动的权威和能力,而国会却没有。在我看来,国会也不应当有。国

---

① U. S. Senate, *Congressional Record*, March 25, 1966, pp. 6749-6753.

会的主要责任是反映和评论情况，提出政策建议，并批准政府的决策。在过去25年中，美国外交遇到了一系列的危机，而每一次危机都是由行政部门来应对的。一方面是出于爱国主义，同时也是应总统的要求，加上由于缺乏信息，国会的行动总是落后于行政部门，其结果就造成了传统宪政关系的动摇。宪法赋予参议院的建议权和审查权，逐步退化成一种在最低限度提出建议的情况下立即批准行政部门决策的责任。

富布赖特最后强调，目前的问题是要找到恢复美国宪政平衡的办法，找到一条使参议院在一个危机重重的年代能行使其"建议和同意"权力的途径。①

4月27日，富布赖特以"海外的革命"为题，阐述了他对第三世界国家为何进行革命这一问题的理解，认为在第三世界，由于普遍贫困和人口急剧增加等问题交织在一起，因而就产生了一种要求变革的强大压力，那些革命的精英所追求的是现代化而不是"民主化"，希望美国民众能够对发生在拉丁美洲和亚洲的革命运动有更多的理解和同情。富布赖特还以美国对华政策为例，具体说明美国应如何与一个处于革命中的世界或国家建立联系。他认为，一般来说革命都会经历一个从狂热到回归常态这么一个过程，中国革命也不例外。目前中国正处于革命的"狂热"阶段，但终究会发生变化，与外部世界建立相对正常的关系。他担心的是，美国对中国的敌视政策会使中国革命的"狂热"阶段延长，不利于其向"温和"阶段转变。他强调，美国对中国采取何种政策，中国将会做出

---

① U. S. Senate, *Congressional Record*, April 25, 1966, pp. 8869-8874.

同样的回应。①

5月5日,富布赖特以日后引起很大争议的"权力的傲慢"结束了他在霍普金斯大学的系列讲座,从更为开阔的视角阐释了他对美国外交政策特别是中美关系的看法。富布赖特认为,美国人头脑中有一种传教士般的热情,极力想把美国的社会制度和价值观念向外推广。"我们越来越强大,越来越富裕,所以我们更适合完成这一任务,更坚定地认为这就是我们的责任。但是美国人在按照自己的想法行动时,却对其他民族产生了消极影响,破坏了当地的传统,瓦解了其脆弱的经济"。美国人不并不想伤害他们,而是想帮助他们,但是美国在带去教育、医药、技术的同时,也带去了蔑视其他文化的"权力"。富布赖特认为,美国已经逐渐显示出"权力的傲慢"的某些特征,它曾经削弱甚至摧毁了过去盛极一时的强国。关于美国对华政策,他认为美国对中国的判断依据是中国的信仰而不是中国的行动,美国对越南战争的看法是40年代以来曾误导过美国的意识形态偏见的集中体现,即确信北越是中国的傀儡政权,而南越是美国坚定的盟国;东南亚地区真正的侵略者是中国。虽然中国的军队并没有在越南,反而有几十万美军驻扎在南越。富布赖特提出,美国可以采取一些有限的积极措施,来改善与中国的关系,避免双方在东南亚发生冲突,这些措施包括学者交流、不再反对中国进入联合国等。②

4月28日,富布赖特在纽约美国新闻出版协会就越南战争的影响发表演讲,指出这场战争对美国社会以及美苏关系、美国与西欧盟国关系都造成了极为严重的影响。他认为,美国在越南的战

---

① U. S. Senate, *Congressional Record*, April 28, 1966, pp. 9325-9330.
② U. S. Senate, *Congressional Record*, May 17, 1966, pp. 10805-10810.

富布赖特

争对约翰逊政府的"伟大社会"计划造成了难以弥补的破坏和影响,同时又在美国民众和领导人中间激起一股"战争狂热"。美国国会不论在政治上还是在心态方面,都成了"战争国会"。富布赖特最为关注的是美苏关系,非常担心越南战争会危及两国关系的缓和与稳定。在他看来,局势之所以没有变得更糟,唯一的原因就是苏联对战争采取了克制的态度。富布赖特同时指出,西欧国家普遍对美国不断扩大在越南的战争感到震惊和担忧,并对美国在"自由世界"的领导能力失去了信心。出于自身安全的考虑,这些国家对美国正在进行的这场战争没有给予道义上和物质上的支持。富布赖特认为,美国正在表现出"致命傲慢"的一些迹象,即过度使用力量和过多承担使命,这种做法曾导致了古代雅典、拿破仑时代的法国以及纳粹德国的覆灭。尽管对美国来说这一进程还尚未开启,但"我们正在进行的这场战争"只能会加速这一进程的到来。他警告说,如果战争继续打下去并不断扩大,那种致命的进程继续加速,直至美国成为一个不受任何约束的"帝国",到那时越南战争就将给美国造成巨大的、悲剧性的后果。①

通过发表一系列的演说,富布赖特向美国公众阐述了自己的政策主张,即美国应改变对第三世界的政策,对于该地区发生的革命运动应持有同情,要求通过谈判谋求越南战争问题的政治解决。同时,他也对美国行政部门所表现出的权力的傲慢和不负责任给予了尖锐批评,担心总统权力的扩大使其成为"帝王般的总统",行政部门权力的过度膨胀严重损害了美国宪法所确定的行政部门与国会之间的平衡关系,并威胁到美国的民主价值观和民主实践。

---

① Fulbright, *The Arrogance of Power*, p.138; Homer Bigart, "Fulbright Warns of Fatal Course by U.S. in Vietnam," *New York Times*, April 29, 1966, p.1, p.32.

富布赖特确信,追求"美国治下的和平"与维护美国的民主制度是背道而驰的。但在另一方面,富布赖特并未完全超脱于那种造成美国干涉越南的政策。他依然相信,作为稳定国际政治的一支重要力量,美国应该发挥主要作用。在对华方面,他支持美国利用海空力量遏制中国。换句话说,富布赖特只是由于战术性原因反对约翰逊的对外干涉。在战略目标方面,富布赖特与约翰逊、腊斯克等人所追求的并无二致。

尽管如此,富布赖特在康涅狄格大学、霍普金斯大学以及纽约所发表的演说还是遭到了保守势力的猛烈批评,并要求他辞去参议院外交委员会主席的职位,因为他的演说旨在"支持、帮助和慰藉我们的敌人"。戈德华特坚持认为,任何一个美国人都无权也没有理由这样指责自己的国家,在战争时期更是如此。参议员贾维茨认为,二战后美国对外政策的特征是对权力的接受而不是权力的傲慢,富布赖特的观点过于悲观,不能成为美国外交的行动指南。更有甚者,密苏里州的一个极右组织还制订了暗杀富布赖特的计划。①

约翰逊也对富布赖特的讲话做出了反应。5月11日,他在普林斯顿大学发表讲话,认为在20世纪,"行使权力对所有美国人而言是一种折磨而不是傲慢",美国并没有滥用这种权力,"常常是在不情愿的情况下有克制地行使权力"。次日晚上,约翰逊在国会民主党领导人举行的会议上直面富布赖特说:"今晚很高兴看到这么多的老朋友以及外交委员会的一些成员在座,你们可以对那些听证会发表一下自己的看法,但我认为这里并不是谈论这一话题的

---

① Woods, *J. William Fulbright, Vietnam, the Search for a Cold War Foreign Policy*, p.125; Johnson and Gwertzman, *Fulbright*, p.241.

富布赖特

合适场所。"他对包括富布赖特在内的反战人士可谓深恶痛绝。17日,即富布赖特在美国新闻俱乐部发表演说的同日,约翰逊在芝加哥举行的美国民主党筹款会上指责那些反战人士"打算反对他们的领导人,反对他们的国家,反对他们自己的战士",呼吁民众支持美国政府的政策。① 在白宫的一次私人谈话中,他进一步表示,参加反战运动的美国人不忠于国家,苏联人是"整个活动的幕后指使",中央情报局和联邦调查局一直在向他汇报事态的真相。他声称,参议院中的鸽派与苏联代理人是有接触的,他们同苏联人一起聚餐,参加苏联大使馆的宴会,并鼓励他们助手的孩子们与苏联外交官见面。因而,"苏联人想出许多话来让那些参议员去讲,我常常在他们讲话之前就知道他们要说些什么"。②

富布赖特虽然与约翰逊保持着联系,但他很清楚自己已不可能对美国政府的外交决策产生什么影响。他反对战争的立场没有改变,并尽一切力量在参议院中争取更多人的支持,但收效甚微。富布赖特所面临的一个难以逾越的问题是,如何在"两党体制"的框架下建立起一支忠诚的、团结一致的反对派,而同时又要坚持参议院的原则和传统。同时,富布赖特也很明白,此时约翰逊仍享有很高的声誉,美国民众对战争的狂热还在继续,那些对战争持支持立场的参议员不会轻易改变自己的立场。

在另一方面,出于政治上的考虑,除了尽可能地争取民众和参议员们的支持外,富布赖特在反对战争方面也不可能走得太远。他很清楚,在阿肯色州,绝大多数选民支持约翰逊的越南战争政策。如果他像莫尔斯、丘奇那样激烈地与政府对抗,对他来说那将

---

① Powell, *J. William Fulbright and His Time*, p. 305; Dallek, *Flawed Giant*, p. 367.
② Goldman, *The Tragedy of Lyndon Johnson*, p. 592.

是非常危险的。如果他要保住自己的位置和影响力,只能通过各种办法使人们潜移默化地转变立场。正因为如此,富布赖特并没有对约翰逊全面出击,依然是一方面表示支持约翰逊,同时却又反对美国政府的越南政策。5月初,他致函约翰逊,力图澄清媒体报道中的一些不实之词,强调"在任何时候,我从未说过甚至想到,你与权力的傲慢之间有什么联系"。他表示,"希腊、罗马、西班牙、英国、德国以及其他国家由于没有认识到自身能力的有限,或者如我所说的权力的傲慢,都已经失去了往日的威风和显赫","我希望我们国家作为目前世界上最强大、最伟大的国家能够从前人的错误中汲取一些教训"。他表示相信在约翰逊的领导下,美国不会重蹈"权力的傲慢"这一覆辙,并希望自己的看法能够对约翰逊有所帮助。① 约翰逊在回信中一方面对自己的政策进行辩护,同时称在外交政策方面的不同看法并不会影响到两人之间长久的友谊。

富布赖特认为,很多媒体在刊发他的演说的时候,要么是断章取义,要么是错误地拼凑,没有准确地说明他的思想主张,反而产生了很多问题。5月17日,他借在美国新闻俱乐部发表演说之机,对在4月28日演说中将美国在越南所扮演的角色与纳粹德国在欧洲的行为相提并论这一做法表示遗憾,并解释说他只是在谈论两者行动的"程度"而不是性质。他同时表示,在谈到"权力的傲慢"时他并没有在指责任何美国政府官员。富布赖特重申,美国应谋求一种在军事方面逐步降级的办法,结束对越南北方的轰炸,并举行一次新的日内瓦会议来寻求结束这场战争。②

富布赖特以及其他鸽派的所作所为没有对约翰逊产生什么影

---

① Gibbons, *The U. S. Government and the Vietnam War*, Part 4, p.309, pp.311-312; Powell, *J. William Fulbright and His Time*, pp.304-305.

② Dallek, *Flawed Giant*, pp.370-371; Woods, *Fulbright*, p.424.

富布赖特

响。富布赖特感到,只有通过选举才能对其产生影响。在随后的一段日子里,富布赖特并没有消沉,而是继续向政府施加一定的压力,决定向公众重提"东京湾事件"。这是因为他一直就对美国政府所坚持的 1964 年 8 月 4 日北越鱼雷艇攻击美国驱逐舰这一说法持怀疑态度。他曾从鲍尔那里获悉,就在"东京湾事件"发生后不久,约翰逊向鲍尔表示,在东京湾完全有可能什么事情都没有发生。1966 年 3 月,一名已退役海军上将致函富布赖特,称美国政府对于东京湾事件的解释"听上去很不真实"。这封信进一步使富布赖特下定决心,揭露整个事件的真相。

5 月 24 日,参议院外交委员会就"东京湾事件"举行听证会,助理国防部长麦克诺顿出席作证。听证会进一步揭示出官方说法与当日发生的事实之间存在巨大的出入,但是由于不可能接触到白宫和五角大楼所藏的机密文件,富布赖特仍缺乏确凿的证据用来证明在"东京湾事件"中约翰逊欺骗了参议院和美国公众。鉴于这种情况,富布赖特深知,倘若要公开宣布对"东京湾事件"展开调查,将是一个具有爆炸性、极度危险的话题。因而,这一调查最终不了了之。尽管如此,听证会的举行已经使一些参议员开始对美国政府的信誉产生了怀疑。

6 月中上旬,富布赖特曾与约翰逊就越南问题进行了数次私下会谈,并提交给他一份有关"东南亚中立化"的备忘录。通过接触,富布赖特认识到约翰逊已下定决心,要在 1966 年国会选举之前取得战争的胜利,这使他对越南局势愈发担忧。面对战争进一步升级的前景,他写信给鲍尔斯说,"我敢肯定,越南战争正损害着我所感兴趣的每一项国内和外交政策,我不曾对我们的对外关系感到如此沮丧"。① 富布赖特的判断显然是非常正确的。1966年上半年,南越的局势不仅没有出现任何好转的迹象,反而更趋恶化,民众的示威活动此起彼伏,阮高祺政权的统治摇摇欲坠。在此情形下,就连麦克纳马拉也表示,美国应尽快与南越民族解放阵线和北越方面直接联系,就建立联合政府问题达成协议。但是,约翰逊决定通过战争的升级加大对北越的压力,迫使其做出妥协。

6月29、30日,不顾富布赖特、曼斯菲尔德等人的反对,约翰逊下令开始轰炸河内、海防附近的炼油厂和油库,这些目标以前都是被严格限制的。他向富布赖特表示,为了阻止北越军队进入南越,他必须发起进攻;一旦北越军队的集结地和供应线被摧毁,美军就可以清剿在南越的北越军队主力,并促使河内对美国即将展开的和平攻势做出回应。富布赖特没有听信约翰逊。7月1日,他在参议院的讲话中谴责了美国的轰炸行动,认为这是战争的重大升级,表明美国政府的目的不是为了谈判,而是谋取全面的军事胜利。

美国的行动激起了北越方面的强烈反抗。7月中旬,胡志明发表"告全国同胞书",指出美国"可以出动50万、100万或者更多的军队来加强越南南方的侵略战争","他们可以使用成千架飞机来加强对越南北方的轰炸",但是绝不能动摇越南人民抗美救国的钢铁意志和决心;"战争可以延长5年、10年、20年或者更长的时间,河内、海防和其他一些城市、企业可能被摧毁,但是越南人民是不会被吓倒的!没有什么能比独立、自由更为宝贵的了"。② 8月底,越南南方民族解放阵线提出政治解决越南南方问题的三项条件:美国必须结束在越南南方的侵略战争,从越南南方撤出美国及其

---

① Gibbons, *The U. S. Government and the Vietnam War*, Part 4, p. 344; Berman, *William Fulbright and the Vietnam War*, p. 70.
② 《胡志明主席发表"告全国同胞书"》,《人民日报》1966年7月18日。

仆从的军队和武器,撤除在那里的一切美国军事基地;越南的统一由越南北方和越南南方的人民自己决定;越南南方唯一真正的代表是越南南方民族解放阵线,在有关越南南方的任何政治解决中必须拥有坚定的地位和发言权。

约翰逊继续为自己的政策辩解。7月12日,他在西弗吉尼亚的白硫磺泉市发表演说强调,美国是一个太平洋国家,将利用自己的力量寻求建立一个"各国相互合作、和平竞争"的新时代。为此,美国应在越南坚持"坚定的立场"。在富布赖特看来,约翰逊的讲话是对"美国对外政策的根本背离",意味着美国要单方面承担实际上是没有任何限制的责任和义务,要求参议员们对约翰逊讲话的内容进行认真审查,以免未经参议院的同意甚至在参议院不知情的情况下就成为美国政府的政策,从而使美国在整个亚洲的非共产党国家中扮演"警察"的角色。白宫方面对于富布赖特的批评迅速做出回应。约翰逊的新闻秘书莫耶斯举行新闻发布会称,对于富布赖特对美国政府亚洲政策的批评,约翰逊总统表示难以理解,并深感失望,因为他此前曾多次提出在经济社会发展方面美国应向亚洲的非共产党国家提供援助。莫耶斯强调,约翰逊并没有提出所谓的"亚洲主义",他在讲话中所提出的问题都是长期得到国会同意并与国会协商过的。[1] 富布赖特逐渐认识到,不仅他对约翰逊政府的决策没有任何影响,而且鸽派的力量在华盛顿也无足轻重。虽然如此,他坚持己见,重申美国在亚洲承担的"义务"过大,美国政府的政策将会导致一场规模更大、更为危险的战争。他

---

[1] U. S. Senate, *Congressional Record*, July 22, 1966, pp. 16808-16811; Felix Belair, "Fulbright Says U. S. Takes on Role of Asia Policeman," *New York Times*, July 23, 1966, p. 1, p. 4; Carroll Kilpatrick, "Fulbright, LBJ Renew Dispute on Asian Policy," *The Washington Post*, July 23, 1966, p. A1.

甚至批评国会比约翰逊更为好战。

1966年夏,富布赖特获悉美国已将战火蔓延到泰国。在8月31日的听证会上,富布赖特就此问题向助理国防部长西尔维斯特提出质询,但西尔维斯特拒绝公开讨论任何有关泰国战事的问题。富布赖特随后表示,他将在9月19日就美国卷入泰国事务问题举行听证会,并希望腊斯克和麦克纳马拉届时能出席作证。约翰逊对此大为光火,因为此时美国正准备从泰国对北越展开空袭。约翰逊打算发表讲话,公开谴责富布赖特的要求。国会内民主党领导人担心,国会中期选举在即,约翰逊此举无疑将使民主党进一步分裂。曼斯菲尔德、拉塞尔·朗向他保证,他们将尽力阻止富布赖特把听证会变成对越南战争的另一场"电视攻击"。[①] 富布赖特很清楚,越南战争正在给美国国内的政治和经济造成严重的影响,但他对于如何才能扭转这种局面却无计可施。他写信给曾应邀出席听证会的历史学家塔奇曼说,"我现在是到处抓稻草,不知道该怎样才能对总统产生影响"。的确,约翰逊控制着国会和媒体,富布赖特感到举步维艰。

恰在此时,富布赖特的一位朋友科芬写了一本《富布赖特参议员》的书,计划在1966年11月中旬正式出版发行。富布赖特在审阅样书时发现了一些有关他嘲讽约翰逊对越南政策的言论,而这些话他从未向作者或其他任何人说过。富布赖特深感不安,随即写信给莫耶斯,表示他是多么希望约翰逊能在各个方面取得成功,称"对越南战争的意见分歧并没有影响我与他之间的友谊",并要求与莫耶斯或者约翰逊见面沟通。11月3日,富布赖特与约翰逊就科芬的书简单交换了一下意见,两人重点谈论了约翰逊的马尼

---

① Berman, *William Fulbright and the Vietnam War*, p.72.

富布赖特

拉之行。富布赖特告诉记者说,他认为一旦达成和平协定,约翰逊真的希望立即从越南撤军,并拆除美国的基地。同时再次提议美国应停止对北越的轰炸,接受停火,并将南越民族解放阵线作为谈判对象,以此来推动和平进程。①

1966年11月国会中期选举之后,富布赖特发现,国会比以往更显得好战。10月,大约只有15%的国会议员赞成进行和平谈判。但随着越来越多的共和党进入国会,那些批评约翰逊政策的议员愈发孤立。12月初,约翰逊不顾其顾问的多次劝告,对北越展开了新一轮大规模的攻势,举行和谈的希望越来越渺茫。在此情形下,富布赖特根据著名神学家尼布尔等人的建议,决定再度举行听证会。1967年1月16日,参议院外交委员会与腊斯克就越南问题举行闭门会议。面对参议员们的质询,腊斯克依然坚持原来的立场,继续重申美国在南越具有至关重要的战略利益,越南战争关乎着美国在世界上的声誉和地位。

富布赖特与国务卿腊斯克(1967年)
图片来源:约翰逊等著《富布赖特》

1966年年底,富布赖特将其在霍普金斯大学和其他地方所发表的演说以及在越南问题听证会和中国问题听证会上的讲话结集出版,题为《权力的傲慢》,全面阐述了对美国外交政策的一些看法,并提出了结束越南战争、恢复和平的具体计划,将加文等人主张的"固守战略"与他所倡导的"东南亚地区中立化"结合起来。他认为美国首先应当停止对北越的轰炸,举行有关各方参加的和平

---

① Berman, *William Fulbright and the Vietnam War*, pp.73-74.

谈判,包括美国、北越、南越和南越民族解放阵线,谋求这一地区的中立化,并保证从越南撤军;四方会谈的目的是组织南越和民族解放阵线都能接受的全国选举。虽然选举结果难以预料,但富布赖特认为选举会显示南越社会的多样性,民族解放阵线可能会成为最主要的政治力量,同时佛教徒和天主教教徒也会在聚居的地区显示其实力。在各方达成协议之后,召集包括中国、苏联在内的所有大国都参加的国际会议,以保证协议的顺利实施,同时筹划将来旨在统一整个越南的选举。他还提出,为了实现越南的统一,国际会议最好还能制定一个实现整个东南亚中立的多边协议。在他看来,和平的关键是通过政治安排实现东南亚的中立化,从而使交战双方脱离接触。他认为,越南战争的核心问题是中美之间的较量。①

尽管约翰逊将富布赖特的这本新书视为对美国政府的攻击,但美国民众却非常喜欢。该书出版后几周就登上了《纽约时报》畅销书排行榜,半年内销售10万册,年底又被列为全年最畅销的6本平装书之一,并被翻译成意大利语、西班牙语、德语、日语等出版,进一步扩大了富布赖特的国际影响。一位日本记者称,该书实际上成为日本各大学研究生们的必读书。据统计,该书一共售出40多万册,一时间广为流传。② 与此同时,富布赖特在接受电视采访时继续阐述其举行和平谈判的主张。

富布赖特的主张遭到保守势力的抨击。前参议员戈德华特称富布赖特在书中所提的各项建议都是"非常愚蠢的",对此他感到"震惊",要求对北越实施更猛烈的轰炸,而不是谈判。《纽约时报》记者弗兰克尔发表文章说,这本书的出版表明,富布赖特已从仅仅

---

① Fulbright, *The Arrogance of Power*, pp. 188-196.
② Woods, *J. William Fulbright, Vietnam, and the Search for a Cold War Foreign Policy*, p. 144.

富布赖特

对美国政府的政策提出批评开始转向"尖刻的抨击",并从对国家政策的不满转向对民族性格的谴责。① 很显然,弗兰克尔的批评过分夸大了富布赖特与约翰逊、腊斯克等人之间对于美国外交政策的分歧。

1967年1月30日,参议院外交委员会就美国外交政策和越南战争问题开始举行新一轮的听证会。凯南在发言中重申,美国卷入越南是"不幸的",他赞成美国停止轰炸,不管对方是否会对此做出有利的反应。前美国驻日本大使、哈佛大学东亚问题专家赖肖尔表示,尽管谈判的前景暗淡,美国也应使轰炸行动降级。他强调,美国政府过高地估计了中国对其周边国家和地区以及美国利益所造成的"军事威胁"。加文强调,美国应通过政治途径解决问题,与胡志明和南越民族解放阵线直接接触。听证会的举行引起了约翰逊的一位助理罗伯特·金特纳的担忧。他向约翰逊建言说,美国的各大媒体都登载了听证会的内容,对美国政府产生了"极坏的影响",希望约翰逊能够对此有所行动,尽可能地减少那些鸽派的影响,从而使听证会变得对美国政府有利。②

此时富布赖特的两位记者朋友刚从河内回国,两人在越南时曾采访过胡志明,并带回了北越方面进行和谈的基本立场,即只有美国停止其轰炸行动,北越才会同意进行谈判。富布赖特曾设法让两人与约翰逊见面,但遭到约翰逊的拒绝。随后,富布赖特将其带到国务院。负责远东事务的助理国务卿威廉·邦迪和哈里曼起

---

① Terence Smith, "Goldwater is Shocked by Fulbright's Peace Plan," *New York Times*, January 24, 1967, p. 3; Max Frankel, "Advise and Dissent," *New York Times*, January 22, 1967, p. 1.

② Gibbons, *The U. S. Government and the Vietnam War*, Part 4, pp. 581-583; Berman, *William Fulbright and the Vietnam War*, pp. 79-80.

草了一封给胡志明的信,措辞温和、友好,表示美国愿意谋求问题的和平解决。约翰逊获悉后,阻止了邦迪和哈里曼的行动,而是由他直接写信给胡志明,提出双方代表举行秘密会谈以寻求双方都能接受的和平解决方案的建议,但拒绝接受越南方面"无条件停止轰炸"的立场。2月15日,胡志明复函强调,只有在美国无条件地停止对越南民主共和国的轰炸和其他一切战争行动之后,越美双方才能进行对话和讨论有关的问题。①

2月下旬,民主党参议员克拉克提出一项修正案,要求将驻越美军限制在50万人以内,并停止对北越的轰炸,除非国会对北越正式宣战。围绕克拉克的议案,富布赖特与拉塞尔之间展开了长时间的激烈争论。1964年8月,两人曾力促参议院通过《东京湾决议》,而如今他们争论的核心是,该决议有没有赋予约翰逊在东南亚展开一场"有限战争"的权利。令富布赖特感到失望的是,尽管他很清楚拉塞尔坚决反对在东南亚进行一场地面战争,但拉塞尔却坚称,约翰逊的越南政策完全享有必要的法律依据。在此情形下,曼斯菲尔德只好设法劝阻参议院放弃考虑克拉克的提案,担心一旦该议案被多数议员拒绝,约翰逊会因此得寸进尺。②

富布赖特认为,约翰逊的政策实际上是要向对方施加最大限度的压力,促其投降,而不是什么和谈。1967年3月下旬,富布赖特等人前往纽约与联合国秘书长吴丹进行秘密磋商,希望在联合国的努力下实现越南问题的政治解决。富布赖特、罗伯特·肯尼

---

① Berman, *William Fulbright and the Vietnam War*, p. 80; Young, *The Vietnam Wars*, pp. 182-183.

② U. S. Senate, *Congrssional Record*, February 28, 1967, pp. 4715-4719; Walter Zelman, "Senate Dissent and the Vietnam War," Ph. D. dissertation, University of California at Los Angeles, 1971, p. 307.

富布赖特

迪等不断发表讲话,敦促美国政府首先停止对北越的轰炸,呼吁有关各方进行和谈,谋求越南问题的政治解决。麦戈文在参议院表示,面对美国政府"疯狂的政策",国会不能再保持沉默了。莫尔斯也警告说,美国在越南的战争正在把人类引向第三次世界大战。但是,反对派的声音依然很小。更令富布赖特感到失望和愤慨的是,一些参议员甚至开始指责说,正是因为他对美国政府的政策持反对意见,才导致了战争的延长。不仅如此,此时约翰逊在美国民众中仍享有一定的支持率,有相当一部分人坚持认为施加更大限度的军事压力是结束冲突的最佳办法,赞成取得全面军事胜利的人数比例从1966年11月的31%上升至1967年3月的43%。这无疑促使约翰逊政府进一步强化了对越南的政策。① 中旬,约翰逊提出了继续轰炸的三个理由:阻止对手进入庇护所;北越因其违反1954年和1962年的《日内瓦协议》应受到惩罚;减少北越人员和物资向南方的渗透,并使其付出高昂的代价。此时,除了港口外,北越的主要军事目标和"所有值得打击的固定目标"都遭受了美军的狂轰滥炸。

4月底,富布赖特邀请回国述职的威斯特摩兰到参议院外交委员会发表演说,遭到拒绝。与此同时,威斯特摩兰先后在纽约和美国国会发表演说,并频频接受媒体采访,宣称美国在越南战争中已经取得"重大进展",强调美国应尽一切可能对北越施加最大的压力,打一场"歼灭战",同时还指责正是国内的少数反战分子激励着北越军队继续战斗,"敌人确信我们的致命弱点就是我们的决心",并表示他对美国国内所发生的一些"非爱国主义"行动感到沮丧。

---

① Gibbons, *The U. S. Government and the Vietnam War*, Part 4, pp. 676-677; Dallek, *Flawed Giant*, p. 452.

当他在美国国会向议员们保证美国将在"这场反对共产党侵略者的战争中取得胜利"时,全场雷动,不少议员纷纷站起来向他表示敬意。威斯特摩兰演说完毕,美国哥伦比亚广播公司邀请富布赖特发表评论。富布赖特表示,他并非与威斯特摩兰或那些在越南的美国士兵有什么意见分歧,他们都不过是在尽自己的职责,他所反对的是美国政府的政策。国会议员们对于威斯特摩兰的欢迎场面使富布赖特确信,约翰逊在寻求最大限度的意见一致方面已达到了登峰造极的地步,并把美国带入了一种"沙文主义的狂热状态",这种状况就如同30年代的德国一样。显而易见,反战的议员陷入了一种非常孤立的境地。在此情形下,5月17日,包括富布赖特、莫尔斯、丘奇、麦戈文等在内的16名反战参议员发表了一项声明,强调他们坚决反对美国单方面从南越撤军,并敦促北越方面通过谈判解决问题。①

5月初,在接受一位好友、前白宫新闻秘书莫耶斯所主编的报纸采访时,富布赖特更为明确地表示,他不再相信约翰逊、腊斯克和麦克纳马拉对于越南战争的言论,确信约翰逊的政策就是取得战争的胜利,他宁可为这场战争而失去民众的好感,也不愿被人指责为对共产主义心慈手软。富布赖特同时还指出,正是在一些国会议员的帮助下,华盛顿、南卡罗来纳、佐治亚等州从五角大楼那里获得了大量投资,这些州的军工企业为美国在越南的战争提供了武器装备。另一方面,他深感沮丧的是,自己无力说服约翰逊提出一项合理的、适时的谈判方案以"结束这场悲剧性的冲突"。②

---

① U. S. Senate, *Congressional Record*, May 17, 1967, p. 13011; Berman, *William Fulbright and the Vietnam War*, p. 82; Woods, *Fulbright*, p. 448.

② Woods, *J. William Fulbright, Vietnam, and the Search for a Cold War Foreign Policy*, p. 142.

富布赖特

1967年6月,第二次中东战争爆发后,使富布赖特再次举行越南问题听证会的计划暂时被搁置,但他仍敦促约翰逊停止对北越的轰炸,重新评估美国的政策,建议在战争失控和中国介入之前与苏联和中国一起重开日内瓦会议,通过谈判解决越南问题。当苏联总理柯西金访问纽约联合国总部时,富布赖特劝说约翰逊与他举行会谈,以便美苏两国能够建立起"一种新的工作关系",并为解决一些重大问题创造机会。很显然,富布赖特希望约翰逊和柯西金的会晤能有助于结束越南战争。尽管双方在核不扩散问题上实现了重大突破,但在越南问题上却未能达成任何协议。富布赖特认为,约翰逊之所以态度强硬,不愿做出任何妥协,主要是基于1968年美国总统大选的考虑,担心一旦让步就会受到共和党人的攻击。①

自从1966年10月约翰逊出访菲律宾之后,富布赖特就一直担心,美国政府可能会通过领导人签署的双边协定或口头承诺,越来越深地陷入东南亚事务,而参议院对此可能知之甚少乃至全然不知。为了防止出现这一局面,1967年6、7月间,富布赖特及其助手决定起草一项能获得广泛支持的议案,将鹰派与鸽派、北方议员与南方议员、自由派与保守派等各派政治力量团结起来,共同捍卫美国宪法所确定的原则。恰在此时,富布赖特与约翰逊又发生了一场激烈冲突。

7月25日,约翰逊与参议院各小组委员会主席举行例行会议,越南问题依然是讨论的焦点。富布赖特率先表示,越南是所有问题的核心,只要结束了越南战争,那么美国政府所面临的其他任何问题都会迎刃而解。就连拉塞尔、弗兰克·劳希等鹰派议员也明确表示不再支持这场战争,因为它正在损害"我们的内外政策",要

---

① Berman, *William Fulbright and the Vietnam War*, p.84.

求停止对越南北方的轰炸。约翰逊显然被激怒了。他宣称,"如果你们要我从越南撤出,那么你们先废除导致我们去那里的决议,你们明天就可以废除它,然后告诉军队回家,并告诉威斯特摩兰将军说他并不清楚究竟在那里做什么"。在约翰逊看来,这一决议案已没有什么价值,对他的行动不会产生任何影响。①

富布赖特继续向约翰逊发出挑战。7月19日,他在参议院的一个小组会议上发表了题为"国会与对外政策"的讲话,强调国会应肩负起宪法所赋予的使命,在美国外交政策和国家安全政策制定过程中应充分行使其"建议和同意"的权力。31日,富布赖特向参议院提出一项《国家义务决议案》,希望以此在一定程度上重新恢复国会特别是参议院在事关美国国家安全和外交政策制定中的作用。决议案称,"参议院认为,美国对一个外国政府所承担的国家义务,有必要而且必须得到美国政府立法和行政机构的确认,确认的方式可以通过条约、协定或其他能够使这一义务生效的立法手段"。为了避免引起不必要的麻烦,富布赖特还表示,这一决议案并不是要干预美国政府日常的外交活动,也不是为了限制宪法赋予总统的责任或废除任何过去的决定,并且与目前"任何国外的危机局势无关",同时还表示将就此举行公开听证会。果然不出富布赖特所料,这一议案获得了各派政治力量的支持。拉塞尔随即表示,"我认为,没有什么能比美国目前在全世界所宣称的义务更需要阐明的了"。一位保守派参议员甚至称,富布赖特提出的议案

---

① Gibbons, *The U. S. Government and the Vietnam War*, Part 4, p. 756; Woods, *J. William Fulbright, Vietnam, and the Search for a Cold War Foreign Policy*, p. 154.

富布赖特

是其为美国所做出的"真正、持久、最重要的贡献"。①

8月初,富布赖特前往檀香山,在美国律师协会会议上发表了题为"帝国的代价"的演说,进一步阐述了他对美国外交政策以及越南战争的看法。他认为,美国正逐步变成一个传统意义上的"帝国",为了自己的利益行使权力,并使之达到极限,甚至超出自己的能力,到处进行干涉。他警告说,以往的帝国表明,当其力量不断扩大之时,帝国本身也就开始走向瓦解。富布赖特认为,越南的战争大大毒化了美国的国内生活,约翰逊所构建的"伟大社会"已成为"病态社会",发生在越南丛林中的暴行与美国内地城市的骚乱之间有着"心理上的"联系,在很多人看来暴力是解决社会和政治问题的有效手段。他指出,美国1968年财政年度中,五角大楼的预算为760亿美元,而用于社会发展项目的预算仅为150亿美元。在他看来,一个国家的预算具有"道义上的意义",并非仅仅是枯燥的账目,反映出一个政府关注什么、忽视什么,说明了"社会的价值所在",美国将大量本应用于健康、教育和社会福利的资金投入到越南。对于那些反对越战的学生、牧师和教师,富布赖特予以高度赞扬,认为他们体现了杰斐逊、林肯、威尔逊所代表的美国"传统",他们的反战活动可以增加对约翰逊的压力,促其改变政策,最终使美国重新回归传统的"价值观",放弃对帝国的追求,集中力量解决美国国内的社会正义和自由问题,完善美国的民主。他同时也对学生游行示威活动中出现的暴力冲突和破坏活动表示遗憾,也不赞成青年学生抵制服兵役的行为,主张在"政治体制内努力寻求变

---

① U. S. Senate, *Congressional Record*, July 31, 1967, pp. 20702-20709; Woods, *J. William Fulbright, Vietnam, and the Search for a Cold War Foreign Policy*, p. 155; John Herbers, "Fulbright Requests Senate to Reassert Foreign Policy Role," *New York Times*, August 1, 1967, p. 1, p. 4.

革"。为此,他劝说青年学生应该服役。富布赖特同时表示,一旦他确认美国实际上正在走与纳粹德国相似的道路,他将采取超越法律的行动。他说,"据我看来,我们还没有走到这一步,也希望不会走到这一步"。① 鉴于美国国内尚未出现一个有组织的反对派向政府发起强有力的挑战,富布赖特感到,近期内约翰逊改变政策的希望渺茫。但他并没有因此而绝望,仍在努力想尽办法来制约政府的行动。8月22日,他与另外4名参议员一起投票支持莫尔斯提出的在1968年财政年度削减国防部预算10%的议案。

随着美国在越南战场陷入僵局,国内的反战运动愈发高涨,越来越多的美国人认识到,美国干涉越南是一个错误。民意测验显示,美国民众对约翰逊越南政策的支持率从7月份的33%下降至10月份的28%。10月21日,华盛顿爆发了有10万人参加的反战游行,仅五角大楼门前就聚集了3.5万余人。为了满足不断增加的战争支出,约翰逊计划增收10%的附加税,更激发了美国民众的不满。包括《时代》《生活》等在内的原先支持越战的一些有影响的新闻媒体也开始转变立场,加入到反战的潮流,要求尽早结束战争。就连一些前政要也警告约翰逊,无休止的战争是导致美国国内动荡不安的"最严重的"原因,敦促其改变政策。②

到1967年夏季,美国在越南抛下的炸弹数量已经超过了其在二战期间所投炸弹的总和。美军的狂轰乱炸虽然给北越方面造成了极大的破坏,却未能摧毁北越的战斗意志。根据美国情报部门估计,进入越南南部作战的人数由1965年的3.5万人增加至1967年的9万人。此时,美国政府内部对于越南问题产生了严重分歧。

---

① U. S. Senate, *Congressional Record*, August 9, 1967, pp. 22126-22129.
② Herring, *America's Longest War*, p.173, p.174.

富布赖特

鲍尔、莫耶斯等人以辞职来表达自己的不满。就连国防部长麦克纳马拉也对越南战争的态度发生了重大变化,对轰炸不再抱有幻想,认识到美国的战争升级行动不仅未对北越产生重大影响,而且还遭到美国国内和世界舆论的强烈反对,开始主张战争逐步降级。他认为,如果美国在越南继续打下去,对美国来说是危险的,将要付出高昂的代价,战争的大规模升级将导致一场灾难。他要求重新研究美国在南越的军事行动,以减少美国人的伤亡,由南越方面承担起更多、更大的安全责任,并建议美国"无条件"停止轰炸,或将轰炸行动限制在北纬20度线以南地区,同时采取灵活的立场,积极谋求战争的政治解决。8月中旬,他在参议院军事委员会战备小组委员会作证时重申,美国的狂轰乱炸既不能促使北越走向谈判桌,也不能有效地阻止北越向南越的"渗透",反而会给美军和美国带来无法预料的危险。11月初,在离任之前,麦克纳马拉再次提醒约翰逊,美国不可能实现在越南的目标,建议采取实际可行的措施通过谈判解决问题。①

但是,一些鹰派分子不甘心美国在越南的失败,极力敦促约翰逊采取更为强硬的行动,加强对北越的轰炸。1967年8月9日至29日,共和党参议员约翰·斯坦尼斯领导的参议院军事委员会战备小组委员会举行听证会。斯坦尼斯在开场白中表示,"如果我们只是把美国士兵丢进游击队的深渊,而没有尝试更有效地切断敌人的补给线,那么派出更多的军队去越南是否明智,这已成为国会日益关注的问题"。他宣称,"在我看来,暂停或限制轰炸对我们来说都将是一个悲剧性的或者说是致命的错误"。出席作证的参谋

---

① Gibbons, *The U. S. Government and the Vietnam War*, Part 4, pp. 881-883; McNamara, *In Retrospect*, pp. 266-270, p. 290.

长联席会议的 5 名成员都认为,无论是过去、现在还是今后,美国对北越的轰炸都是非常有效和至关重要的,北越主要的军事和工业目标已经被摧毁,并且阻止了北越人员和物资大量流入南越,同时还向河内发出了明确信号:如果仍不停止对南部的"侵略",必将遭受更为严重的损失。倘若不进一步加强轰炸,美国或许要向南越继续增派 80 万军队,并遭受更大的人员伤亡。在美国军方领导人看来,减少轰炸将会被河内方面视为美国的软弱和犹豫不决;正是因为奉行了"逐步升级"战略,才使得美国未能赢得这场战争。他们甚至威胁说,如果约翰逊赞成麦克纳马拉的建议,改变美国对越南的政策目标,他们将集体辞职。① 腊斯克、罗斯托、泰勒、麦乔治·邦迪等都不仅反对停止轰炸,而且还要求对北越的兵营、水电站、弹药库、火车站以及中越边境地区的运输线发起攻击,强调决不能向"鸽派"分子让步,一旦做出妥协,他们就会得寸进尺。8 月初,约翰逊下令对北越靠近中国边境的目标实施轰炸。富布赖特对此感到震惊,指责这一行动不仅非常危险,而且也是"极为愚蠢的"。②

8 月中旬,参议院外交委员会就富布赖特提出的《国家义务决议案》进行辩论。富布赖特首先表示,在经历了 60 年代的狂热动员之后,那种过度的主动精神、无处不在的干预以及日益上升的全球使命观,通常被当作是"大国的责任";"我现在发现在处理外交事务方面,行政部门的权力是如此之大,而国会对这种权力的制约却是如此之小"。他强烈要求国会应恢复美国宪法所确定的权力

---

① Gibbons, *The U. S. Government and the Vietnam War*, Part 4, p. 743; Joseph Fry, "To Negotiate or Bomb: Congressional Prescriptions for Withdrawing U. S. Troops from Vietnam," *Diplomatic History*, Vol. 34, No. 3, June, 2010, pp. 522-523.

② Woods, *Fulbright*, p. 463; Richard Lyons, "Congressmen Voice Concern over Bombing Raids Near China," *The Washington Post*, August 15, 1967, p. A9.

平衡原则。① 8月17日和21日,副国务卿卡曾巴赫出席听证会,为美国政府的立场辩护,认为国会没有必要出台这一决议案。他坚称,《东京湾决议》已经赋予了约翰逊在越南进行战争的权力,授权他以任何必要的方式动用美军,这一决议的很多措辞实际上相当于对越宣战。对此,富布赖特问道:"你认为宣战一举已经过时了吗?"卡曾巴赫称,就目前的情况来看,宣战之说已经过时了。在他看来,约翰逊不必与国会磋商,就可以使用美国军事力量做他要做的任何事情。当卡曾巴赫讲这一番话时,参议员尤金·麦卡锡怒不可遏,愤而离席。约翰逊也在8月18日的记者会上表示,当1964年8月国会通过《东京湾决议》时,很清楚这意味着什么;美国政府在越南的行动并未超过宪法所赋予的责任,也没有超越国会在这一决议案中所规定的权限。11月中旬,参议院外交委员会以14票对0票通过决议,将富布赖特的议案提交给参议院,并附上了一份报告,追溯了在发动战争的权力方面行政部门与立法机构关系变化的历史,认为在这一问题上,两者的权力存在着极大的不均衡;在事关战争与和平的重大问题上,总统实际上拥有几乎无限的权力。报告建议,如果参议院希望在战争权问题上发挥更为积极的作用,就必须采取措施。报告强调,除非恢复行政部门与立法部门的权力均衡,否则美国人民将面临暴政或灾难的威胁。②

11月底、12月初对于富布赖特来说可谓亦喜亦忧的一段时间。11月30日,参议院以82票对0票通过了曼斯菲尔德提出的一项议案,呼吁约翰逊在联合国的帮助下结束越南战争。同日,尤金·麦卡锡宣布将谋求获得民主党总统候选人的提名,挑战约翰逊。富

---

① Powell, *J. William Fulbright and His Time*, p.308.
② John Finney, "Senate Unit Sees War Power Peril," *New York Times*, November 22, 1967, p.1, p.12.

布赖特对此表示欢迎,这不仅是因为他认为麦卡锡有能力和智慧,而且更重要的是,在越南问题上两人的立场基本一致。但是,当获悉麦克纳马拉即将辞职的消息时,他对越战的前途愈发不安。富布赖特清楚,自1966年年底以来,麦克纳马拉就一直主张战争降级,而他的离去意味着在美国政府内部鹰派占据了绝对优势,无人再能约束约翰逊的行动,战争势必会大幅度升级,美国甚至有可能入侵北越。

面对国内外要求停止轰炸与进行和谈的呼吁,约翰逊政府仍一意孤行,宣称如果美国在越南失败了,那将对其在世界上的声誉产生极坏的影响。在约翰逊看来,美国单方面和全面停止轰炸是"错误的",将被视为意志软化的标志,应该继续攻击北越的重要军事目标。他甚至认为,美国政府面临的主要威胁来自国内的"鸽派"分子,指示中央情报局和联邦调查局对反战运动进行严密监控,并想方设法诋毁其领导人的公众形象。同时,白宫还展开了广泛的宣传活动,以争取国会议员和美国民众对美国政府行动的支持。10月初,鹰派参议员德克森发表了一篇由罗斯托执笔并得到约翰逊首肯的演说,指责富布赖特等人置美军的生命安全于不顾,破坏美国民众对越南战争的支持,鼓舞了河内继续作战的斗志。在众议院,当约翰·麦科马克指责那些在越南问题上"不负责任的持不同意见者"时,不少议员起立欢呼。麦科马克称,如果他是那些反战人士中的一员,"在今后的生活中我的良心将一直会感到不安";"如果我的看法与国家利益相悖,我就将保留自己的意见"。① 1967年11月中旬,美国对河内、海防地区展开了猛烈的轰炸。

经过长时间的精心准备,富布赖特于12月8日在参议院发表

---

① U. S. Senate, *Congressional Record*, October 3, 1967, pp. 27578-27579; Albert Albright, "Fulbright Hits Back at Dirksen," *The Washington Post*, October 12, 1967, p. A1.

富布赖特

演说,对约翰逊的越南政策发起全面反击,强调这场战争对美国来说业已成为一场悲剧性的错误,这是一场"不道德的、不必要的战争"。他说:美国在越南的战争

> 远未能证明民族解放战争不可能取得成功,所证明的只是迄今虽然已投入了50万人的兵力,一年的费用近300亿美元,但我们仍然未能将这场民族解放运动镇压下去;远未能显示出美国挽救一个为共产党叛乱分子所围困的政权的决心和能力,所显示的只是美国有决心也有能力在越南使用B-52轰炸机、凝固汽油弹以及任何其他精巧的反叛乱武器,从而把一个国家转变成尸骨存放所;远未能使人增加对美国的信任和支持,却使美国陷入了孤立无援的境地。

富布赖特还提醒人们:

> 最近几个星期,威斯特摩兰和其他政府发言人都一直在乐观地宣称胜利在望,这不是第一次对局势的发展做出这种乐观的估计,当然这一次有可能是对的,胡志明或许会投降或被杀,越南共产党或许会瓦解,消失在丛林中。但即使如此,人们也不能认为美国在越南所承担的义务结束了,美国仍将是向虚弱的西贡政权提出军事和经济支持的唯一国家,一年的费用或许达100亿或150亿美元。同样,我们也不能就认定中国人和苏联人不会采取行动以阻止越共或北越的瓦解。①

此时的富布赖特对和平解决越南问题的前景感到越来越渺

---

① U.S. Senate, *Congressional Record*, December 8, 1967, pp. 35557-35560; E. W. Kenworthy, "Fulbright Scores War as Immoral," *New York Times*, December 9, 1967, p.1, p.14.

茫,并对战争给美国国内的经济和社会秩序所造成的破坏愈发担忧,但他除了发表演说、举行听证会外,已不能从内部对约翰逊施加影响,只能借助于媒体和公众舆论的力量促使美国政府改变政策。1968年年初,富布赖特在接受媒体采访时继续呼吁美国应停止对北越的轰炸,举行日内瓦会议,谋求越南问题的政治解决,以便美国能尽快从印度支那脱身。

五、春节攻势的影响

1967年年底,在美国决策者和南越政权看来,战争正朝着有利的方向发展,西贡政权控制的人口从1966年占南越全部人口的55%增加到1967年的68%,而且其统治正在巩固,民族解放力量方面则士气低落,人数锐减。侵越美军司令部称,在美国展开的"搜剿"行动中,共消灭越共武装22万余人,使其已经不大可能再发动任何大规模的军事行动了。11月中旬,美军侵越总司令威斯特摩兰在美国国会和国家新闻俱乐部发表演说时乐观地称,结束战争的时间已为时不远,再有两年时间美军就可以班师回国了。1968年1月,他在一份报告中又表示:美军的空袭"封锁了敌方后勤铁路运输,并予以重创","许多地区的敌人已被逐出居民点","在其他地区,敌人也已被迫分散,避免接触"。报告称,"敌人日益绝望挣扎,妄图采取赢得军事、心理胜利的策略,结果以一败涂地而告终"。① 这种说法不过是自欺欺人,南越民族解放力量随即发动的春节攻势将美国人的乐观情绪一扫而光。

---

① Gibbons, *The U. S. Government and the Vietnam War*, Part 4, p. 931, pp. 941-942; Robert Shaplen, *Time out of Hand: Revolution and Reaction in Southeast Asia*, New York: Harper & Row, 1969, p. 396.

富布赖特

  1968年1月31日晚,南越民族解放阵线集中了十多万兵力,对南越的几乎所有主要城市发动了突袭,重建不久的美国驻南越大使馆也遭到猛烈进攻,这即是有名的"春节攻势"。虽然解放武装力量在此次攻势中伤亡三万多人,而美军只有1100多人死亡,但却产生了极大的政治和心理影响,震动了美国朝野。数百万美国民众开始清醒地认识到,越南战争的结束遥遥无期。同时,春节攻势促使美国国内的反战运动更趋高涨。1968年上半年,美国100多所大学爆发了反战游行示威活动。民意测验表明,美国民众对约翰逊的支持率由48%跌至36%,对其越南政策的支持率则由40%降至26%;有49%的人认为美国开始干涉越南就是一个错误,69%的人赞成美国逐步从南越撤出。《华尔街日报》《纽约邮报》《新闻周刊》《时代》周刊以及哥伦比亚广播公司和全国广播公司等都颇有影响力的新闻媒体也都转向反对战争。《时代》周刊评论说,"美国人已经清楚地认识到,在越南获胜,甚至是体面的结束,或许已不再是这个世界上最强大的国家力所能及的事情了"。一度为鹰派的哥伦比亚广播公司的新闻主播沃尔特·克朗凯特也断言,局势已经愈发明朗,美国不可能赢得胜利,"这场战争将以僵局而告终",美国唯一合理的出路就是进行谈判。麦乔治·邦迪无奈地向约翰逊表示,美国民众因北越的这场攻势已对战争的态度发生了重大变化,有相当大一部分人开始认为越南战争的确是一个"无底洞"。腊斯克也哀叹,河内在美国取得了"一场辉煌的政治上的胜利"。①

  但是,美国决策者却极力贬低春节攻势对美国所造成的影响。

---

① Don Oberdorfer, *Tet*, New York: Avon Books, 1972, p. 269; "The War," *Time*, March 15, 1968, p. 14; Small, *Johnson, Nixon, and the Doves*, p. 134, p. 135.

2月2日,约翰逊在记者会上称这些攻击只不过像"在一个城市中发生了一场骚乱",他对此并不感到意外;从军事的观点上看,越共的攻势是"一次彻底的失败",没有实现其军事目标。威斯特摩兰称,春节攻势是河内"最后的绝望的进攻",共产党人"已经耗尽了全部力量"。同时,美国决策者也不得不承认,南越的局势非常严重,美国在越南正面临一个"困难的局面"。①

震惊之余,美国国会和政界再次就越南战争掀起一场更为激烈的争论。1968年2月,一向支持越南战争的参议院军事委员会主席拉塞尔沮丧地表示,南越民族解放阵线最近给美军的沉重打击,比他担任议员三十多年年来所经历的任何事件都更为令他"失望"。他承认,美国卷入南越是美国历史上的一大悲剧,要求美国政府应想法从越南脱身。曼斯菲尔德惊呼,春节攻势"在心理上和政治上造成了一种严重局势","这表明越共根本不是正在消失,而是非常活跃,并不断出击"。他强调,"我们必须重新评估美国在那里的军事、政治和经济局势"。参议员珀西认为,南越民族解放阵线有着巨大的力量,能够在他们所选择的任何时候、任何地方发动攻击,美国要想打败他们是不可能的。莫尔斯也表示,南越局势远不是在改善,而是正在不断恶化。参议员纳尔逊承认,美国不论在越南投入多少军队,都不可能取得军事胜利。共和党总统候选人尼克松、民主党总统候选人罗伯特·肯尼迪、尤金·麦卡锡等人也纷纷发表谈话,批评约翰逊政府的越南政策。美国国务院东亚问题专家、前美国驻日本大使赖肖尔表示,南越民族解放力量越战越强的情况表明,美国显然是不能够制止一场民族解放战争的,"我

---

① David Schmitz, *The Tet Offensive*, Lanham: Rowman & Littlefield, 2005, pp. 95-96.

富布赖特

想已经到了我们应当认识这一点的时候了"。美国商界、金融界的权贵大亨也认识到这场战争给美国带来的巨大危害,要求谈判解决问题。

在此情形下,富布赖特决定再度利用听证会的方式将美国的越南战争政策公之于众。他认为,美国民众应该了解事实的真相,因为毕竟"是他们的孩子在越南牺牲了,是他们的金钱被花费,是他们的国家正遭受毁灭,应该给他们一个就美国的政策做出判断的机会"。2月7日,参议院外交委员会以12票对7票通过一项决定,即由富布赖特以参议院外交委员会的名义致函约翰逊,要求他批准腊斯克到该委员会接受质询。富布赖特在信中强调,在此关键时刻,"没有什么比参议院在外交政策方面行使宪法所赋予的建议和批准的权力更为急迫的事情了"。富布赖特还请曼斯菲尔德转告约翰逊,如果腊斯克拒不出席听证会,国会就不会讨论美国政府提出的对外援助法案。① 就在这时,莫尔斯向参议院外交委员会透露了关于1964年8月"东京湾事件"的一份绝密调查报告。根据这一报告,所谓的"东京湾事件"完全是美国为了轰炸北越而捏造的一个借口;美国的两艘驱逐舰所谓受到北越鱼雷艇袭击事件,"可能根本没有发生",而是美国政府为了轰炸北越一手制造的借口。很显然,这一报告与1964年8月麦克纳马拉在该委员会的证词存在着巨大矛盾。就连一向对美国政府持赞成态度的《华盛顿邮报》也呼吁应对"东京湾事件"的真相进行彻底调查。因而,富布赖特决定先请麦克纳马拉出席作证。

2月20日,富布赖特、戈尔等人再次围绕"东京湾事件"向麦克纳马拉提出质询,问题主要包括1964年8月美国政府所称的美国

---

① Woods, *Fulbright*, p.470; Powell, *J. William Fulbright and His Time*, p.315.

军舰在公海受到北越的攻击是否属实、美国是否参与了南越作战计划的实施,整个听证会持续了7个多小时。富布赖特出示了"马多克斯号"舰长赫里克发给五角大楼的要求进一步核实有关攻击情况的电报,但麦克纳马拉坚称,根据截获的北越方面的情报,确实发生了第二次攻击行动,同时又以保密为由拒绝提交相关的文件,并再次否认美国参与了南越对北越的攻击行动。不仅如此,在听证会结束之后,他还对富布赖特的质询公开表示不满。富布赖特表示,"如果当时我能意识到需要对这一事件进行彻底调查,那么我就不会犯下如此错误";在正常情况下,外交委员会本应需要就此举行听证会进行质询,但他却没有这样做,为此懊悔不已,希望尽自己所能使今后的外交委员会和参议院能够警醒,不再以这种随意的方式来处理类似的问题。① 与此同时,富布赖特邀请学界的知名学者围绕"海外革命的性质及其对美国外交的意义"这一议题在参议院外交委员会举办了为期三周的系列讲座,旨在使议员们对越南战争问题有一个更深层次的认识和了解。②

尽管富布赖特的《国家义务决议案》在参议院搁浅,但他并不气馁。2月底、3月初,鉴于有传言称美国政府准备向越南增派更多的军队,富布赖特对此非常担心,主张由参议院外交委员会在战争升级之前就美国政府的政策进行全面评估,认为无休止地增派军队是一个"灾难性的做法"。他在参议院发表讲话时强调,"不管是否支持政府的战争政策,政府即将做出的扩大战争的决定提出

---

① U. S. Senate, Foreign Relations Committee, "The Gulf of Tonkin," Hearings, 90th Congress, February 20, 1968, p. 81; Warren Unna, "McNamara is Rebuked by Fulbright," *The Washington Post*, February 22, 1968, p. A1.

② John W. Finney, "Fulbright Opens Seminar with a Vietnam Twist," *New York Times*, February 20, 1968, p. 4.

富布赖特

了一个在座诸位必须关心的基本的、最为重要的宪政问题,即未经国会讨论、商议或同意,政府是否有权扩大战争"。他要求约翰逊在做出任何有关战争升级的决定之前应与国会特别是参议院进行全面协商。这一立场得到了罗伯特·肯尼迪、曼斯菲尔德、贾维茨、丘奇等人的支持。肯尼迪指责美国政府的政策是"不道德的和不能容忍的";曼斯菲尔德称美国"是在错误的地方打一场错误的战争"。①

迫于各方压力,约翰逊终于同意腊斯克到参议院外交委员会接受质询,同时还邀请富布赖特及其他几位参议院外交委员会成员到白宫就越南问题进行商谈。3月10日、11日,参议院外交委员会就约翰逊政府正在酝酿的战争升级一事向腊斯克进行了为期两天共计六个半小时的质询,数百万美国民众通过电视直播观看了听证会的整个过程。富布赖特明确指出,美国目前对越南的政策是"错误的","在国内外已经产生而且还将继续产生的只能是灾难性的影响",指责美国政府掩盖了在越南战争中失败的真相,战场上的实际情况与美国政府关于战况的叙述存在"明显的矛盾"。他重申,美国在印度支那并没有至关重要的国家利益,这场战争不仅未能向共产党国家证明民族解放斗争不可能获得成功,反而向全世界表明,即使出动了50万人的军队,每年耗费300亿美元,美国也不能为一个无力激起本国民众爱国热情的政权赢得内战。戈尔也指出,美国决定在南越"使用武力去取得我们用其他手段不能取得的东西",这是犯了一个重大的错误,战争的进一步升级"势将把我们导向灾难"。他强调,美国对南越的政策完全建立在西方的价

---

① U. S. Senate, *Congressional Record*, March 7, 1968, pp. 5644-5645;"Excerpts from Debate in Senate over the Administration's Policy in Vietnam," *New York Times*, March 8, 1968, p. 8.

值观上,失败在所难免。斯蒂芬·扬则要求腊斯克辞职。有媒体评论,"这是参议院在多年忽视审查美国对外政策之后重新确认了自己的位置"。①

　　富布赖特在接受采访时说,他举行听证会的主要意图是想引发人们对美国在越南的政策目标这一问题展开广泛的讨论。尽管麦克纳马拉、腊斯克极力为美国政府的行动辩护,听证会的举行在当时仍产生了巨大的影响,并促使不少媒体对"东京湾事件"展开重新调查。结果表明,当时美国的两艘驱逐舰不仅参与了针对北越的秘密行动,而且所谓受到的第二次攻击纯属子虚乌有。1968年3月的民意测验表明,75%的美国人认为政府的越南政策是失败的。更为重要的是,赛明顿、卡尔·孟德特、斯帕克曼等参议院中的鹰派分子也开始转变立场,表示不再支持约翰逊的越南政策。

　　事实已经很清楚,春节攻势后,约翰逊政府的越南政策已经完全行不通,改弦更张势在必行。3月上旬,尤金·麦卡锡在新罕布什尔州民主党总统预选中出人意料地取得了巨大成功。随后,罗伯特·肯尼迪在一次反战集会上也宣布向约翰逊挑战,参加民主党总统候选人提名的角逐。中旬,美国国会139名众议员联名提出一项议案,要求全面审查美国对越南的政策。不少民主党领导人也敦促约翰逊采取某种"令人振奋的"行动重新抓住"和平问题",并在发表讲话时应将重点由"赢得战争"转向谋求"体面的和平"。所有这些无疑都给约翰逊以很大的压力。

　　美军参谋长联席会议和威斯特摩兰力主应实施"搜剿"战略,对北越军队在老挝和柬埔寨的基地进行打击,同时加大对北越轰

---

① Murrey Marder, "Critics Press Rusk at 6-Hour Hearing," *The Washington Post*, March 12, 1968, p. A1, p. A10.

富布赖特

炸的力度,并在北越实施两栖登陆。他们批评富布赖特、加文等人所主张的"固守战略"等于是将南越的大部分领土置于北越的控制之下,并妨碍了南越政权扩大在南越广大农村地区的影响。军方要求增兵20.6万人,认为春节攻势之后,北越和南越民族解放武装的实力大为削弱,为美国的进攻提供了"极好的机会"。但在美国政府内部,主张战争降级的呼声开始占据主导地位。

新任国防部长克拉克·克利福德明确表示反对战争的升级。虽然在公开场合克利福德表示将继续坚持麦克纳马拉的既定政策,被人认为同他的前任一样是"不折不扣的战争贩子",但实际上他清醒地认识到美国在越南不可能取得成功,敦促约翰逊调整政策。他确信,美国对越南所奉行的军事升级政策不仅不会取得任何结果,而且也毫无取胜的希望;即使美国增派更多的兵力、花费再多的金钱也无济于事,越南战争就是一个无底洞。因而,美国的主要目标应是战争降级,并逐步脱身。① 克利福德对战争前景的判断得到了中央情报局的支持。中情局的分析报告认为,西贡政权缺乏领导能力,再增加20万美军也无济于事,不可能从根本上扭转战局;如果打一场消耗战,势必会断送南越,并进一步激起世界舆论对美国的谴责。中情局表示,鉴于对北越的轰炸效果并不明显,美国不如改变政策,缩小战争,有选择地保留住人口稠密的地区,赢得时间来加强南越军队和西贡政权的实力。腊斯克也开始改变原来僵硬的看法,建议无条件地部分停止轰炸,集中轰炸某些经过选择的作战区域,以重新赢得公众舆论的支持。最终,约翰逊否决了军方领导人提出的通过扩大战争谋求胜利的要求。

---

① Clark M. Clifford, "A Viet Nam Reappraisal," *Foreign Affairs*, Vol. 47, No. 4, 1969, pp. 611-613.

3月26日、27日,白宫举行了由美国权势集团代表所组成的特别顾问小组会议,讨论越南局势。与会的前国务卿迪安·艾奇逊、前参谋长联席会议主席奥马尔·布雷德利、前陆军参谋长马修·李奇微、前副国务卿乔治·鲍尔等一致要求约翰逊应立即使战争降级,然后尽快寻求政治解决,逐步从越南脱身。麦乔治·邦迪向约翰逊汇报说,顾问小组认为,现行政策已经走进死胡同,除非投入几乎没有限制的资源,否则不能取得成功,美国大多数民众已不再支持这项政策,因而需要做出重大改变,扩大冲突不符合美国的国家利益。约翰逊在国会的重要支持者曼斯菲尔德也表示,再向南越增派军队无异于"自杀",将使得美国更难以脱身。他强调,如果约翰逊向国会提出增兵要求,他将公开反对。此时,除了国家安全事务助理罗斯托以及军方领导人等极少数强硬派外,约翰逊在政府内外已经没有什么支持者。①

3月底,富布赖特前往克利夫兰就越南问题发表演说。临行前,克利福德告诉他,约翰逊已同意停止轰炸,并将在富布赖特发表演说的当天晚上向全国发表广播电视讲话。31日晚上当约翰逊讲话开始时,富布赖特暂时中止了自己的演说,与听众一起收听约翰逊的讲话。约翰逊宣布部分停止对越南北方的轰炸,谋求进行和谈,同时还声明将不参加下一届总统选举。这一决定不仅表明了其越南政策的失败,也宣告了他政治生涯的结束。

富布赖特在演说中再次重申,之所以反对这场战争是出于法律、道义、政治和战略上的考虑,强调持不同政见并非与美国的发展经历格格不入,恰恰相反,这一行动深深地植根于美国的传统思

---

① Goodwin, *Lyndon Johnson and the American Dream*, p. 336; Woods, *Vietnam and the American Political Tradition*, p. 196.

富布赖特

想和观念中。他指出,如果美国人从越南战争中应汲取教训的话,那就是必须对什么是"至关重要的利益"这一问题进行重新阐释,美国决策者主要考虑的应是美国民众的福利。他指责美国领导人由于过分关注于国外的战争和危机,几乎忽视了国内问题。他认为,对美国来说,最为紧迫的需要和最大的机会不是在外交方面,而是在美国国内。正是由于这一思想,富布赖特往往被人错误地视为"新孤立主义者"。其实,他主张根据美国的需要和能力,并且尊重其他国家人民的意愿,在此基础上有选择性地进行干预。因而,他强烈要求必须对美国在亚洲"至关重要的利益"进行重新评估。①

回到华盛顿后,富布赖特打电话给约翰逊,对他具有"政治家风度"的演说表示欢迎,并表示愿意尽一切力量以开启和平谈判。富布赖特向媒体表示,约翰逊的这一讲话显示了他寻求和平、结束战争的决心,如果北越方面不立即做出回应,那将是为"极为愚蠢的"。② 私下里,他还是担心北越方面是否会有所行动,因为美国只是不再对北越部分地区进行轰炸,而不是停止一切军事行动,美国对越南的政策目标也没有任何变化。4月2日,他公开批评说,约翰逊发表讲话已经过了两天,但在战争降级方面根本没有出现任何重大变化,美国还于4月1日轰炸了非军事区以北250英里的目标。他强调,要想在停火问题上取得重大进展,美国有必要单方面完全停止轰炸行动。令富布赖特兴奋的是,越南方面迅速对约翰逊的谈判建议做出积极反应,表示随时准备派遣代表团同美国代表团进行接触,确定关于美国无条件停炸北方和停止其他一切战

---

① Berman, *William Fulbright and the Vietnam War*, pp. 97-98.
② Woods, *J. William Fulbright, Vietnam, and the Search for a Cold War Foreign Policy*, pp. 173-174.

争行动问题。5月7日,富布赖特致函约翰逊,希望会谈能够取得成功,并表示一旦实现全面停火,双方的压力就会减少,因而有可能达成"合理的妥协"。① 13日,美国和越南民主共和国代表在巴黎开始举行会谈。

富布赖特对和谈的前景并不乐观,原因之一就是美国政府坚持要求越南方面做出相应的妥协,停止向南方提供援助和进行"渗透",只有这样美国才会完全停止轰炸行动。在他看来,约翰逊发表演说只不过是出于大选的政治需要,意在减少对美国政府的批评和指责,他仍在幻想着获得某种军事上的胜利。他甚至怀疑,约翰逊退出竞选也是一个"阴谋"。果然不出富布赖特所料,和谈开始后不久即因美国政府拒绝无条件停止轰炸而停滞不前。约翰逊不仅在谈判桌上拒不让步,同时还下令美军加紧向北越施加更大的军事压力,促其妥协,并公开威胁说,如果谈判不能取得突破,他将不得不采取进一步的军事行动。在约翰逊、罗斯托等人看来,南越民族解放阵线在春节攻势中元气大伤,因而他们可以在谈判桌上向对方提出更高的要求。一位参与巴黎谈判的美国外交家日后感叹说,"我们最困难的谈判对象不是河内,而是华盛顿",因为他们无法说服约翰逊。② 但是,美国的高压手段并未奏效,北越军队与南越民族解放阵线相继发起了猛烈的反攻。10月31日,约翰逊只得宣布完全停止对越南北部的轰炸,并提议西贡政权和越南南方民族解放阵线代表参加巴黎和谈。由于南越政权态度强硬,美国政府对和谈缺乏诚意,致使谈判在约翰逊任内不可能取得突破,越南战争进入了打、谈交织的阶段。

---

① U. S. Senate, *Congressional Record*, April 2, 1968, p. 8569; Powell, *J. William Fulbright and His Time*, p. 319.

② Herring, *America's Longest War*, p. 211.

富布赖特

　　1968年夏,随着巴黎和谈陷入了僵局,富布赖特开始更多地忙于自己的连任竞选事务,他要努力保住参议员的位置。整个夏天,富布赖特走访了阿肯色州的许多地区。他面临着两大难题:一是他在一个保守的、主战的州里直言不讳地表示反对越南战争。二是他拒绝顺应现代美国国会政治,没有像其他参议员和国会议员那样几乎每个周末都回到家乡去看望那里的选民。因而,他并没有绝对的胜算。在民主党内,富布赖特的竞争对手有三个,包括颇受民众支持、时任阿肯色州法官的吉姆·约翰逊。他的共和党对手查尔斯·伯纳德则是一位富商和大农场主。富布赖特的外交政策主张成为这些人攻击的主要目标之一,有极端右翼分子甚至密谋要刺杀他。当地舆论认为,富布赖特面临着他政治生涯中"最为严峻的一次挑战"。当然,富布赖特在阿肯色仍拥有大批的支持者。7月30日,在民主党初选中,他击败了主要对手吉姆·约翰逊,获得了53%的选票。①

竞选活动中的富布赖特(1968年)
图片来源:伍兹著的《富布赖特传》

　　8月20日,民主党全国委员会竞选纲领小组委员会在华盛顿举行会议,富布赖特在会上再次就越南战争发表讲话,称美国在越南的干涉是大国"权力傲慢"的结果,由于这场战争,美国不仅在国际上陷入了孤立无援的境地,就连英国、法国等这样的盟友都拒绝支持美国的行动,而且也使得美国国内经济和社会生活一团糟,行

---

① Berman, *William Fulbright and the Vietnam War*, p.100.

政部门的权力却由此急剧膨胀。他认为,在对外政策以及国内那些与军工集团有紧密联系的一些领域,美国几乎已成为一个"独裁"国家。他提出,结束越南战争最为合理的办法就是美国赞成印度支那的中立化和自决。他要求在竞选纲领中应明确要求停止轰炸,实现停火。最后,富布赖特再次呼吁民主党议员支持他提出的《国家义务法案》,认为这是重新恢复国会在宪政体制中合法地位的重要步骤,因为一个国家随着逐步卷入国外的战争和危机,势必会导致行政权力的高度集中。①

进入11月,不论是国会选举还是总统大选都进入最后阶段,但局势显然对处于四分五裂的民主党极为不利。富布赖特以微弱的优势战胜了党内的对手,但要击败共和党候选人伯纳德并非易事。较为激进的鸽派参议员格伦宁在阿拉斯加竞选中输给了对手,这使得富布赖特对自己能否获胜愈发感到紧张。他写信给格伦宁,对他的失利感到"极为难过",同时表示自己也遇到了难以对付的竞争对手,或许会遭遇相同的命运。富布赖特并非杞人忧天。随后,莫尔斯、克拉克两位参议院外交委员会的成员均在竞选中失利。富布赖特是幸运的,他最终击败了对手,保住了在参议院的席位。最为重要的是,共和党总统候选人尼克松在大选中击败了民主党候选人、时任副总统的汉弗莱,成为美国新一任总统。数年后,富布赖特在接受采访时表示,如果汉弗莱在竞选期间坚定地反对越南战争,他或许就会成功,那样的话战争也许会早一点结束。②

1969年1月,约翰逊黯然离开白宫,他的政治生涯宣告结束。

---

① Berman, *William Fulbright and the Vietnam War*, p. 101; Powell, *J. William Fulbright and His Time*, p. 320.

② Berman, *William Fulbright and the Vietnam War*, p. 102; Powell, *J. William Fulbright and His Time*, p. 321.

富布赖特

富布赖特曾前往白宫为他送行,但两人并未交谈。两人的恩怨并未因为约翰逊的离任而了结。在约翰逊看来,正是在他的帮助下,富布赖特才得以出任参议院外交委员会主席,富布赖特对他应心存感激,全力支持他,富布赖特对他的批评、指责意味着"背叛"。回到家乡德克萨斯后,约翰逊在一次接受采访时,甚至都不愿提及富布赖特的名字,称他为"那个罗兹学者",交恶之深可见一斑。1973年1月22日,约翰逊在他的德克萨斯农场去世。富布赖特随即发表声明,称赞他是美国历史上"最为杰出的政治家之一","对他的突然离去和未能亲眼见证我们都热切希望的结束战争一事深感悲哀"。①

---

① Berman, *William Fulbright and the Vietnam War*, p.167; Woods, *Fulbright*, p.627.

第六章 坚持到底

1969年尼克松上台后,在对外政策方面实行了以战略收缩为主要内容的"尼克松主义",把结束越战列为政府的首要任务之一。应当说,在对外政策方面,尼克松与富布赖特同属现实主义者,但在实现外交政策目标的具体方法和手段上,两人却有很大的不同。为促使战争尽早结束,富布赖特继续通过发表演说、举行听证会和提出立法提案等方式向尼克松政府施加压力,并试图努力恢复美国国会在国家安全和对外政策决策中的权力。

一、战争的"越南化"

应当说,富布赖特最初对尼克松及其支持者并没有多少好感。1968年11月24日,他在密歇根州安阿伯市发表讲话时表示,尼克松赢得大选,是美国中产阶级害怕暴乱和无政府主义的结果。他说,"1968年的选举表明,在美国,中产阶级的恐惧要远比黑人、学生、全国有色人种协进会、妇女向和平进军组织,以及从参议院到伯克利校园所有各类持不同政见者合在一起的力量更为强大"。①

---

① Berman, *William Fubright and the Vietnam War*, p.103.

富布赖特

在1968年的总统大选期间,尼克松曾许诺要结束越南战争,并保证制订一项迅速实现停战的秘密计划。他早就看出这场战争是个无底洞,耗尽了美国的人力、物力,是"卡住国家喉咙的一块骨头",它"导致了我们国家的分裂,妨碍了任何对国内问题和对外政策做出建设性的处理"。他认识到,这场战争是没有办法打赢的,多次表示要尽快结束这场战争,并宣称有一个结束战争的计划,但从未具体说明计划的内容。①

选举结束后,尼克松曾打电话给富布赖特,祝贺他第五次当选为阿肯色州参议员,并表示期盼与富布赖特一起工作,称两人在许多方面有着共同的兴趣。不仅如此,尼克松还就打算任命威廉·罗杰斯为国务卿征求富布赖特的意见,这令富布赖特尤为感到高兴,并进一步增加了对新政府很快结束战争的信心。他认为,罗杰斯曾在艾森豪威尔政府任司法部长,从政经验丰富,并且为人正直,不因循守旧,有能力对美国的外交政策做出调整。曼斯菲尔德等人以及一些政治评论员也都乐观地表示,在尼克松执政后,参议院外交委员会在美国对外政策制定方面将会发挥比以往更大的作用。② 1969年1月15日,罗杰斯在参议院举行的闭门听证会上表示,他将加快在巴黎的谈判进程,尽快达成协议,并将寻求与苏联改善关系列为首要议事日程之一。因而,当尼克松准备就职之时,包括富布赖特在内的一些鸽派议员对他还是寄予较大的期望,认为战争很快就会结束。③

---

① Herring, *America's Longest War*, pp.222-223.
② John Finney, "Bipartisan Policy Sought by Senate," *New York Times*, November 26, 1968, p.35; Warren Unna, "Fulbright Foreign Relations Unit May Get along Well with Nixon," *The Washington Post*, November 11, 1968, p.A1.
③ "Paris Peace Move Backed by Nixon," *New York Times*, January 16, 1969, p.1, p.26.

富布赖特显然过高估计了罗杰斯在尼克松政府中的作用。实际上,尼克松之所以选择罗杰斯掌管国务院,在很大程度上是因为他认识到,"富布赖特领导的外交委员会与白宫之间那种几乎已经定型的敌对关系已经危害着国家利益",而罗杰斯可以起到

富布赖特和参议员迈克·曼斯菲尔德以及亨利·基辛格

"解冻"的作用。而且,他也是一位可靠的朋友,会把国务院管理得井井有条,但不会干涉尼克松所做出的重大决定。① 实际情况也的确如此。在尼克松所做出的几乎所有重大外交决策中,罗杰斯及其领导的国务院基本上都被排除在外,制定对外政策的大权被牢牢掌握在尼克松及其国家安全事务助理基辛格手中。

此时,一些参议员纷纷就结束战争的最佳途径献计献策。曼斯菲尔德赞成分阶段撤军;富布赖特认为首先应当寻求停火,只有停止了杀戮,人们才能慢慢冷静下来,变得较为理性,然后才能考虑通过政治途径解决问题。富布赖特表示,尼克松急于寻求政治解决,因而尽管自己非常渴望有所突破,但还是尽可能地保持缄默,不对美国政府的政策提出批评。2月初,富布赖特宣布成立一个临时委员会,负责对美国海外军事义务及其与对外政策之间的关系进行全面评估,并由斯图亚特·赛明顿担任该委员会的主席。

---

① Richard Nixon, *RN: The Memoirs of Richard Nixon*, New York: Grosset and Dunlao, 1978, p.339.

富布赖特

此人不论是在外交委员会还是军事委员会中,都享有很高的声望,以前曾担任空军参谋长,是一个典型的鹰派人物。在富布赖特的循循善诱下,他现在开始认识到,美国为越南战争付出如此高的代价并不值得,并从此成为参议院外交委员会中富布赖特的最强有力的支持者。富布赖特表示,鉴于美国目前在42个国家部署了军队,并向48个国家提供军事援助,32%的美军驻守在海外基地,因而有必要对美国的海外军事义务进行全面审查并予以确认。他同时称,由于牵涉到很多"复杂和特殊的问题",南越将不在审查范围之列。富布赖特的这一举措向尼克松政府发出了一个明确信号:行政部门对外承担的义务必须获得国会的批准。①

尼克松结束战争的初步考虑是,设法与北越和中国接触,通过谈判谋求"体面的和平"。上台伊始,尼克松立即授权总统国家安全事务助理基辛格组织人员草拟解决越南问题的行动方案。根据尼克松的行政助理霍尔德曼的说法,"尼克松不仅打算结束战争,他还绝对确信将在他任期的第一年就结束这场战争",并称在美国只有他才能做到这一点。但是,尼克松、基辛格很快就认识到,美国要从越南脱身绝非易事。正如《华盛顿邮报》的一位记者所言,"竞选运动已经很清楚地表明,绝大多数美国人要求从越南脱身,但是这种脱身又不能成为对迄今已达3.1万名美国牺牲者生命的讽刺。这两种态度结合起来,就使尼克松在结束战争的时间和解决实质问题方面都受到了限制"。②

---

① Woods, *J. William Fulbright, Vietnam, and the Serach for a Cold War Foreign Policy*, p.188; John Finney, "Senators to Sift Foreign Policies," *New York Times*, February 4, 1969, p.24.

② H. R. Haldman, *The Ends of Power*, New York: Time Books, 1978, p.82; Chalmers M. Roberts, "Nixon's Deadline," *The Washington Post*, January 12, 1969, p.41.

尼克松和基辛格都认为,越南是对美国"意志"和"信誉"的严重考验,如果美国只是简单地从越南一走了之,那就会对美国在世界上的声望和利益造成严重影响。与约翰逊一样,尼克松也不想做一个输掉战争的总统。他所追求的是"体面的和平"。为此,他决定采取三管齐下的政策。一方面,通过"越南化"计划建立一支能够逐渐替代美军作战的南越部队,以便使美军尽早撤离越南。尼克松称,这一计划是"旨在巩固南越的武装部队和人民,以便他们能够自卫。随着他们的部队在人数、装备、作战技巧和领导等方面的增强,他们逐步承担了自卫的责任。这个过程还包括通过绥靖计划把政府权力扩大到乡村,增长经济力量,发展政治制度等一切使南越能够自立的要素"。① "越南化"计划是国防部长梅尔文·莱尔德于3月份提出的,并成为美国政府对越战略上的一个"转折点"。另一方面,美国还与北越方面在巴黎举行和谈,试图在保住南越政权的基础上通过政治途径结束战争。与此同时,美国政府还采取了包括威胁升级或实际升级的办法,继续逐步加大对北越的军事压力。

应当说,"越南化"计划是美国被迫采取的逐步撤退的步骤,但尼克松却宣称,"我们撤军是因为我们有力量,而不是我们软弱"。为确保"越南化"的成功,防止北越方面利用美国实施这一计划之机一举摧毁南越政权,美国政府又不断加大对北越的压力,并采取了一系列连约翰逊政府都未敢实施的重大军事升级行动,试图以军事威胁迫使对方在谈判桌上做出让步。尼克松不无得意地把这套做法称为"狂人理论",确信要赢得这场战争,就必须无视批评意见和冒战争升级的风险,以前所未有的激烈程度,轰炸整个印度支

---

① 《尼克松1973年对外政策报告》,上海人民出版社1973年版,第74页。

那,甚至威胁使用核武器,以便使北越方面确信他现在已经到了要不择手段来结束战争的时候了。① 因而,在逐步撤出地面作战部队的同时,美国凭借其占绝对优势的空中优势,对北越进行狂轰乱炸,并将战火烧到老挝和柬埔寨。富布赖特对此尖锐地指出,在尼克松政府看来用一场持久的毁灭性空中战争来代替美国继续参加大规模的地面战争,就意味着是在扩大战争和结束战争的两极之间采取了一种审慎和克制的方针。

起初,尼克松政府并未在巴黎会谈方面采取什么行动,这使富布赖特深感不安,担心战争可能会再度升级。麦戈文也表示,尼克松政府在改变其前任战争政策方面未能表现出"道义上的勇气"。但是曼斯菲尔德和爱德华·肯尼迪则认为,尼克松刚刚执政,需要更多的时间来实施他的和平计划,而不是批评。但这并未能说服富布赖特。

3月21日,富布赖特提醒莱尔德,新政府在改变前任政策方面不要拖得时间太长。他警告说,如果尼克松政府继续约翰逊的政策,并使战争升级,那么这场战争很快就将成为"尼克松的战争",变得更加难以结束,同时还将造成灾难性的后果。莱尔德表示,尼克松政府已承诺要结束越南战争,并在巴黎进行和谈;但是,如果谈判不能取得成功,那么美国只能继续打下去,别无其他选择。当问及新政府执政以来是否加紧了战事时,莱尔德、参谋长联席会议主席惠勒都给予了否定的回答。② 实际上,就在几天前,3月18日,美国以南越民族解放力量从设在柬埔寨的基地发动进攻,并且

---

① Jeffrey Kimball, *Nixon's Vietnam War*, Lawrence: University Press of Kansas, 1998, p.76; Haldman, *The Ends of Power*, p.83.

② Murrey Marder, "Fulbright Asks New Viet Policy," *The Washington Post*, March 22, 1969, p.A1, p.A4.

通过柬埔寨境内的胡志明小道运进了大量补给品为由,对柬埔寨进行了代号为"菜单"的秘密轰炸。到1970年5月,美国共出动B-52飞机对柬埔寨境内所谓的"共产党庇护所"实施了3875架次的轰炸,倾泻了18万余吨炸弹。① 但是,富布赖特、曼斯菲尔德等都对此保持缄默。

27日,罗杰斯在参议院外交委员会保证说,"我们并不寻求军事胜利,也不会使战争升级";尼克松政府寻求的是共同撤军,并尊重非军事区。罗杰斯表示,美国在越南的目标就是要实现"体面的和平",没有其他目的,也没有什么比这一问题更为重要。② 同日,富布赖特应邀来到白宫,与尼克松、基辛格商讨越南问题。在一个半小时的交谈中,尼克松、基辛格表示,他们将尽快采取行动结束战争,不会重蹈约翰逊的覆辙。最后,富布赖特向尼克松递交了一份长达11页的备忘录,对美国如何在巴黎进行更好的谈判提出了自己的建议。他认为,美国没有必要采取任何进一步的军事行动,除非是出于保护美军安全的需要,因为一旦战事重开很可能意味着军事手段占了上风,从而使政治解决归于失败。如此一来,要想尽快结束战争将变得愈发困难。为使战争立即停止,富布赖特建议,美国应接受有关建立联合政府的方案,这将使越南本土的各种力量慢慢地自然融合。他认为,这场战争追根溯源不是尼克松的责任,由他来结束对他显然是非常有利的,最好是在第一任期过半时结束,否则就会对其声誉"造成无可挽回的影响"。尼克松表示需要几个月来调查研究形势,分析评估情况。富布赖特的感觉是,尼克松、基辛格都对他的备忘录"很有兴趣",同意他对这场战争的

---

① Larry Berman, *No Peace, No Honor*, New York: Simon and Schuster, 2001, p.51.
② Murrey Marder, "Rogers Pledges Policy of a Negotiated Peace," *The Washington Post*, March 28, 1969, p.A1.

富布赖特

看法。①

尽管如此,富布赖特还是很担心尼克松是否会认真考虑他的建议,并对战争的很快结束持怀疑态度。3月28日,在国会举行的一次讨论会上,当讨论到国会应该采取什么行动来结束战争时,富布赖特表示了悲观的看法。他认为投票对战争无济于事,除了抱怨并努力敦促政策决策者改变方针之外,恐怕不可能做其他什么事情;因为尼克松政府谋求的是"体面的和平",他担心这一阶段很可能是"暴风雨来临前的宁静"。② 富布赖特并不能确定新政府打算在越南采取什么行动,但他感到尼克松和基辛格想要的与约翰逊的目标并无二致,都是想谋求军事上的胜利,或者至少是避免政治上的失败。

富布赖特认为,越南战争与深深植根于美国社会的已经制度化了的军事主义有着紧密的联系。一位已经退休的海军陆战队司令戴维·肖普在《大西洋月刊》上发表了一篇题为"新军事主义"的文章,分析了军方对美国社会所产生的广泛影响。富布赖特对此非常感兴趣,将该文的复印件送给了参议院的很多同事,希望能唤起他们对这一问题的关注。恰在此时,他获悉"陆军工业学院"举办了有关国家安全的研讨会,与会者强调美国必须担负起守卫整个世界的重任,填补英国和其他欧洲国家留下的权力真空,并称为了维持亚洲的力量均势,美国有必要尽可能长时间地留在亚洲,以遏制中国或任何其他国家共产主义的"扩张"。富布赖特对此感到震惊。4月18日,他在俄亥俄州的一所大学发表了题为"军事主义与美国民主"的演说,强调军工企业已经成为美国的主导性工业,

---

① Berman, *William Fulbright and the Vietnam War*, pp.107-108; Woods, *Fulbright*, p.504; Marvin Kalb and Bernard Kalb, *Kissinger*, Boston: Little Brown, 1974, p.130.

② Berman, *William Fulbright and the Vietnam War*, p.108.

每年的军费开支高达 800 亿美元,数百万美国人从开发昂贵的武器系统中获益,这使得美国与苏联展开了激烈的军备竞赛,并成为世界上主要的武器供应商,同时也使美国承担起保护包括南越在内的近 50 个国家"自由"的责任。他认为,"军事主义"已经对美国的经济和社会产生了深远的影响,甚至成为美国对外政策的一个基本特征。他呼吁,在没有危及美国国家安全的情况下,应将美国的军备开支削减一半,美国不能无缘无故地保持在世界各地的基地,并威胁他国人民的安全。他强调,滋生"军事主义"的根源在于战争,因而铲除这一思想的最好办法就是维护和平与民主。① 5 月 19 日,富布赖特在美国陆军学院发表演说时再次抨击了军方以及"军工复合体"在美国国家安全和对外政策制定中所起的主导作用,认为正是他们向总统、国会、思想库、大学以及公众舆论施加了巨大的影响,从而使得美国一步步陷入越战泥潭,并给美国的政治、经济和社会生活带来一系列的严重问题。② 应当说,富布赖特的这些观点和看法虽然很有见地,却没有抓住问题的实质,过高估计了军方在政策制定中的作用。实际上,美国对外政策最终的决定权控制在白宫手中,军方只是将美国政府的决策付诸实施而已。

富布赖特本来幻想着尼克松很快结束战争,结果却迟迟不见行动,这令他有些不满。他在给麦卡勒姆的信中抱怨说:"使我最失望的是尼克松似乎打算遵循原来既定的政策和做法","我本来认为他会采取新的行动,特别是在外交领域。可能他还没有来得及这样做,但我看不到他要做的迹象。到目前为止,虽然谈得很多,但在结束战争方面却没有任何进展,或只取得很小的进展。"4

---

① U. S. Senate, *Cogressional Record*, April 18, 1969, pp. 9606-9610.
② U. S. Senate, *Cogressional Record*, May 20, 1969, pp. 13054-13056.

富布赖特

月27日,他在接受媒体采访时公开表示,由于尼克松坚持要维护南越阮文绍政权的地位,致使在结束战争方面没有取得任何进展。①

尼克松也意识到应该有所行动。5月14日,他发表声明称,美国不会接受任何强行要求单方面撤军的企图,也不会接受任何掩饰美国失败的停火条款。他同时表示,美国愿意根据一个明确时间表撤出其军队,并要求北越相应地从南越、柬埔寨和老挝撤军。对于尼克松的此番言论,参议员丘奇表示不满,认为这都是陈词滥调,仍然停留在约翰逊政府制定的政策上面,缺乏新意。曼斯菲尔德则认为,尼克松的讲话包含着和解与妥协,具有一定的灵活性。尽管富布赖特在公开场合对尼克松具有和解性的声明表示支持,但私下认为尼克松与约翰逊的政策并没有什么差别。因而,当1969年6月罗杰斯从南越考察归来向参议院外委会汇报相关情况时,富布赖特打断他说:"你听起来就如同麦克纳马拉和泰勒先生年复一年向我们汇报的情况一样",无非是美国在越南拥有一流的将军,士气高昂,一切都好,"这使我确信你们与前任政府的所作所为没有任何变化。"②

除了越南问题,富布赖特还非常关注尼克松的反导计划。据估计,完成整个反导系统需要耗资400亿美元。富布赖特认为,美国没有必要部署反导系统,此举只能导致美苏军备竞赛的加剧,浪费大量宝贵的资源,并且国防部也并未就此进行严格的科学论证。在他看来,如果参议院不能有效地控制军方,那么美国就会真的成

---

① Gunn, "The Continuing Friendship of James William Fulbright and Ronald Buchanan McCallum," p.432; Berman, *William Fulbright and the Vietnam War*, p.110.

② Woods, *J. William Fulbright, Vietnam, and the Search for a Cold war Foreign Policy*, p.203.

为"国家安全体制"国家,民主、个人自由、经济活力等一切都要屈从于"军工复合体"的需要。1969年8月初,参议院以51票对49票通过决议,反对部署反导系统。但美国政府以及支持这一计划的议员坚持认为,苏联正在致力于加强首次打击能力,美国的这一系统是用来与其进行讨价还价的重要筹码,有助于在防御武器系统方面与苏联达成协议。

尼克松决定向那些在国家安全问题上向其发起挑战的人进行反击。6月4日,他在美国空军学院发表讲话,明确阐述了美国政府的军备发展计划,认为这一问题牵涉到美国在世界上的地位和作用,以及美国作为一个大国的责任。他表示不会同意单方面裁军,并拒绝在承担海外责任和满足国内需求之间做出"虚伪的选择"。他指责包括富布赖特在内的一些批评美国外交政策的议员具有"新孤立主义"倾向,宣称美国在国内外都要承担起责任,否则就不能承担起任何责任。随后,副总统阿格纽也在美国中西部州长会议上发表讲话抨击那些"自命的"越南问题专家,称这些人对美国政府越南政策的反对不仅削弱了美国的谈判立场,而且还延长了战争。①

就在尼克松发表讲话的同一天,富布赖特出席国会的联合经济委员会会议,讨论军备预算问题。他发表讲话说:

> 你们的听证会集中在一个问题,那就是所有参议员和众议员在履行自己的职责时首先想到的问题,我们希望美国成为什么样的国家?是成为斯巴达还是雅典?我们是想要一个建立在国际合作基础之上的多样性的世界,还是要一个美国治下的世界?我们是要致力于塑造

---

① Woods, *Fulbright*, p.531.

富布赖特

其他社会还是要努力消除我们自己国家的不平等？我确信，我们正处于成为斯巴达式国家、充当世界警察的严重危险之中，这违背了自开国元勋以来我们国家一直所遵循的传统。

富布赖特表示非常担心，只要尼克松想维持阮文绍政权，越南战争就不会很快结束。对于尼克松的讲话，他反驳说，尼克松的指责纯属无稽之谈，毫无道理，自己不是什么"孤立主义者"。他表示，自己没有要求美国退缩到"美洲堡垒"，所关注的是如何在处理国内和国外事务时寻找一个更好的平衡点，而目前美国面临的最大问题在国内，美国的安全有赖于"使我们的经济和政治体制回归均衡"。在随后的一次记者会上，富布赖特公开表示对尼克松的讲话感到震惊，指责尼克松使用了"他的朋友乔·麦卡锡时代流行的那种蛊惑人心的方式"，并错误地看待对自己的批评。①

富布赖特认识到，如同约翰逊一样，尼克松准备继续待在越南，越南战争的政治解决为时尚早，转而赞成克利福德提出的方案。克利福德在1969年6月份的《外交季刊》发表文章建议，到1969年年底应从越南撤出10万美军，到1970年年底全部撤出作战部队。他认为，要想通过施加军事压力来达到任何目的，是完全不现实的；对美国来说，除了设法脱身之外，没有其他选择。尼克松对此公开表示，他希望能打破克利福德的时间表，"因为我认为我们现在要比他负责国防部时做得要好一些"。话一出口，白宫马上就退缩了，尼克松的"越南化"计划开始出台。

6月8日，尼克松同南越政权领导人阮文绍在中途岛会晤，讨

---

① Berman, *William Fulbright and the Vietnam War*, p. 111, p. 112; John Finney, "President's Speech Stirs Resentment in Congress," *New York Times*, June 5, 1969, p.1, p.30.

论南越政治、经济和军事形势以及美国从南越撤军问题。会后,尼克松宣布,8月底前美国将从南越撤出2.5万名美军,并将实施战争"越南化"政策,同时美国将加紧训练和装备南越军队,以提高其战力。在随后的几年中,逐步撤军成为尼克松"越南化"政策的一个基本特征,意在取得一箭双雕的目的:既可以安抚美国舆论和国会议员,同时又为加强南越的军事力量争取时间。7月25日,尼克松在关岛提出了"尼克松主义",旨在从东亚实施战略收缩。基辛格则对"越南化"计划不以为然,一直持怀疑态度,认为美国单方面撤军不仅将大大削弱美国所寻求的共同撤军的谈判地位,而且这一政策一旦开始实施,很可能就会造成一个不可逆转的过程;"从此以后,我们将在我们的战斗力下降和南越军队的增强之间展开一场竞赛,其结果前途未卜,最好也是达成僵局"。①

针对美国政府的战争"越南化"和撤军计划,越南方面立即做出强烈反应。7月20日,胡志明发表文告,号召越南军民坚持抗战。文告说,"尼克松打算撤走2.5万名美军,妄图以此来缓和美国人民和世界的舆论,这是一个骗局","越南人民坚决要求所有的美军和美国仆从军全部撤走,而不是只撤走2.5万、25万或50万,要干净、全部、无条件地撤走"。文告最后强调,美国的失败已经是明显的了,"我们全国军民必须万众一心,发扬革命英雄主义,不怕牺牲,不怕艰苦,坚决坚持和促进抗战,决战决胜,打得美军全部、干净地撤走,打得伪军和伪政权彻底垮台,解放南方,保卫北方,进

---

① Henry Kissinger, *Ending the Vietnam War: A History of America's Involvement in and Extrication from the Vietnam War*, New York: Simon and Schuster, 2003, p. 82; Seymour Hersh, *The Price of Power: Kissinger in the Nixon White House*, New York: Summit Books, 1983, pp. 118-119.

富布赖特

而和平统一祖国"。①

富布赖特在关注越南问题的同时,继续努力通过立法手段来限制行政部门的权力,恢复在外交事务问题上国会与行政部门之间的权力均衡。1969年2月初,富布赖特再度提出《国家义务决议案》。他表示,不可能期望行政部门会自愿限制其行动自由,国会必须采取行动。3月12日,参议院外交委员会以12票对1票通过该项议案。同时,参议院外交委员会还提出一份报告,强调鉴于在对外政策的制定和实施方面,行政部门实际上完全占据了主导地位,因而有必要恢复国会与行政部门之间权力的相对均衡。② 6月25日,经过五天的激烈辩论,参议院终于以70票对16票通过了富布赖特的议案,确定除非得到了国会的批准,行政部门向其他国家所做出的承诺和承担的义务将不予承认。参议员丘奇表示,"提出该项议案主要是出于政治目的,希望这一议案的通过能有助于使国会在对外政策方面采取一种崭新的态度"。参议院民主党领袖曼斯菲尔德则在投票结果揭晓后乐观地宣称,"为了恢复自身历史上和宪法所赋予的作用,参议院已经开始行动了"。该项议案的出台是国会与行政部门关系史上的一个具有重要意义的事件,表明在对外政策方面,国会决心重新夺回失去的权力,恢复两者之间的均衡。③ 该项议案为日后《战争权力法案》的制定奠定了基础。

富布赖特认为,尼克松做得最糟糕的事情就是把越南战争继续打下去,所谓"越南化"政策"根本不是给人带来希望的政策",在

---

① 《胡主席发表文告号召军民坚持抗战》,《人民日报》1969年7月21日。
② Brown, *J. William Fulbright*, p. 119.
③ U. S. Senate, *Congressional Record*, June 19, 1969, p. 16625; June 25, 1969, p. 17245; Warren Unna, "Senate Votes to Reassert Policy Role," *The Washington Post*, June 26, 1969, p. A1, p. A9.

缩减美国军事力量的同时却在追求约翰逊寻求过的同一政治目标;"它只是将所要达到的目标与实现目标所用的手段之间的差距拉得更大了"。他敦促莱尔德加快撤军步伐,强调这是美国从越南"可怕的、悲剧性的困境"中脱身的唯一办法。

9月初,胡志明去世后,富布赖特向尼克松建议,应向越南方面做出和解姿态,派一名代表前往河内出席胡志明的葬礼,并接受越南方面提出的停火三天的要求。曼斯菲尔德、库珀和纳尔逊也都提出了同样的建议,敦促美国政府利用这一机会主动采取行动,以结束战争。在美国决策者及右翼分子看来,此举无异于"叛国"。对于美国政府来说,需要安抚的并不是河内,而是美国民众。自从尼克松执政后,国内的反战运动依然风起云涌,近400所大学发生了示威游行活动。民意测验表明,52%的民众对他的越南政策表示不满。就连尼克松的顾问也提醒他,美国民众对战争的反感和厌恶与日俱增,学生们极有可能会在秋季掀起声势浩大的抗议浪潮,席卷主要的大学,并蔓延到各主要城市的街道。反战组织"越南停战委员会"呼吁举行全国性的游行活动,促使美国立即从越南撤军。"结束越南战争动员委员会"决定最大限度地组织民众,计划从11月13日开始在华盛顿举行示威活动,通过"合法的、传统的"抗议方式敦促美国政府立即从南越撤出。鉴于此,尼克松于9月中旬宣布,再从南越撤军3.5万人,并缩减征兵数量,同时声称"结束这场战争的时刻已经到来","进行有意义的谈判的时刻已经到来"。富布赖特认为,尼克松此举只是一片"镇静剂",旨在平息青年学生的抗议浪潮。

尼克松的安抚措施显然并没有奏效。9月25日,共和党参议员查尔斯·古德尔就《对外援助法案》提出一项修正案,要求在1970年12月1日之后停止向一切在越南的军事行动拨款。他认为,此举旨在帮助行政部门和国会制订一项切实可行的计划,以尽快结束越南战争。白宫、国防部对此表示坚决反对。尼克松在记者会上称,像古德尔这类的建议都属于"失败主义者"的观点,势必会削弱并有损美国在巴黎的谈判地位,并不可避免地使战争的时间延长。他宣布要在1970年年底或1971年年中以前结束越南战争,但同时表示,他不能为全部撤出驻越美军规定一个日期。他还强调,有一个问题是不能谈判的,那就是阮文绍政权的地位不能改变。他向几位共和党参议员明确表示,自己不想成为美国历史上第一位接受失败的总统,为此他正考虑要向北越发起进攻,并封锁海防港口。莱尔德也呼吁美国民众支持尼克松的政策。富布赖特则对古德尔的议案表示热烈欢迎,认为这一措施切实可行,并强调鉴于这一问题属于参议院外交委员会的权限,他将就此举行听证会。从9月底至10月中旬,美国国会共提出了11项反战议案。10月10日,79位私立学院和大学的校长联名致函尼克松,强烈要求制定一个明确的撤军时间表。①

在焦急地等待了数月后,富布赖特终于决定向尼克松施加更大的压力。10月1日,他在参议院发表演说,尖锐地指出尼克松上台已经有9个月了,没有人幻想出现奇迹,"但我们许多人的确期望总统在履行其竞选期间的承诺方面能有一些进展,尽快制订出结束战争的计划"。在他看来,尽管尼克松已经从南越撤出了6万美军,显然远远不够。他批评说,如果照此速度,美军还要在南越待上10年,而尼克松却以不断撤出美军来诱使美国民众误认为战争实际上已经结束。他指出,自新政府执政以来,又有1万名美国

---

① Szulc, *The Illusion of Peace*, p. 149; Kissinger, *Ending the Vietnam War*, p. 98; "Fulbright to Hold Hearing on Vietnam," *New York Times*, October 5, 1969, p. 22.

人死在越南;美国现在需要的不是暂停对政府政策的批评,而是"停止杀戮"。他强调,"现在该是美国人离开越南的时候了,越南人该为自己而战了"。他重申,结束冲突最好的办法就是举行一次日内瓦会议,但是鉴于尼克松政府拒绝放弃阮文绍,所有通往和平的道路都被堵塞了。富布赖特认为,所谓"越南化"计划只是意味着美国尽可能长时间地支持阮文绍政权,以便使其能牢牢地控制住南越。①

令富布赖特没有想到的是,美国政府正在将关注的重点从谈判转向军事方面,并成立了以基辛格为首的一个特别研究小组,秘密制订旨在"给北越以猛烈的决定性打击"的各项计划,包括轰炸河内、海防及北越主要城市;在北越主要港口和河流中布雷;摧毁灌溉堤坝;对北越实施地面入侵;摧毁越南北方联结南方的"胡志明小道";轰炸北越通往中国的铁路枢纽;对北越的主要军事目标实施核打击等。计划确定,在为期4天的空袭中,将对29个北越的主要目标实施一系列毁灭性轰炸,如有必要,还将再次给予打击,直至河内停止抵抗。基辛格确信,像北越这样一个"四流小国"肯定会有一个"突破点"。②

与此同时,美国政府通过各种渠道向北越方面发出威胁,促其妥协。1969年7月中旬,尼克松在致胡志明的信中发出所谓"最后通牒",威胁说如果到11月1日谈判仍无重大进展,美国就将不得不采取后果严重的武力措施。8月初,他又通过罗马尼亚领导人向河内发出警告称,如果巴黎和谈还不能取得进展,美国将重新评估其政策。基辛格也向参加巴黎和谈的北越代表强调,如果到11月

---

① U.S. Senate, *Congressional Record*, October 1, 1969, pp. 27861-27865.
② Hersh, *The Price of Power*, p. 120.

富布赖特

1日还没有就解决办法取得重大进展,美国将被迫采取"后果极为严重"的措施。① 9月底,尼克松在一次谈话中又故意透露了战争升级计划的一些内容,以引起河内的关注,称他正在考虑封锁海防和入侵北越的问题。这些举措对北越没有产生任何影响,反而使美国政府陷入了进退两难的境地。尼克松认识到,如果在"最后通牒"到期后美国没有采取重大行动,北越方面就会蔑视美国,并变得更加难以对付;但是,在经历了大量的抗议和反战示威后,任何战争升级的行动都将使美国的舆论产生严重的分裂。

10月15日,美国各地都爆发了"暂停越战"游行示威活动,数百万美国民众走上街头,反对美国政府继续进行战争。耶鲁大学校长金曼·布鲁斯特的话很好地表达了这一行动参与者的心声,"我们得承认,这次战争中有许多人牺牲,的确很难做到不获胜利就中途收兵","但是我们要明确指出,我们决不容忍在腐败的、反对民主与和平的西贡政权摆布下,滥用对死者的怀念,以此作为理由去继续屠杀与死亡","恐怖和死亡的永无休止,既不符合我们的利益,也不符合南越人民的利益"。富布赖特对这一行动给予了高度评价。他在接受媒体采访时表示,有人指责"暂停越战"活动是"破坏性的和歇斯底里",但是"在我看来,行动进行得极为出色,严肃地表达了对在越南所犯的悲剧性错误的不满"。②

此时,赛明顿参议员领导的小组委员会对美国在老挝的秘密军事活动进行了广泛的调查,获得了大量相关证据,特别是揭示出美国驻老挝大使乔治·戈德利以及中央情报局在其中所扮演的角

---

① Kimball, *Nixon's Vietnam War*, p. 156, p. 157; Hersh, *The Price of Power*, pp. 123-124.

② Anthony Lewis, "A Thoughtful Answer to Hard Questions," *New York Times*, October 17, 1969, p. 46; Berman, *William Fulbright and the Vietnam War*, p. 116.

色。富布赖特确信,老挝与越南两个战场有着密切的内在联系,除非尽快结束在越南的冲突,否则美国就会在老挝越陷越深。他向媒体宣布,美国民众了解事实真相的时间已经到来。10月底,参议院外交委员会围绕赛明顿小组委员会的调查报告举行了闭门听证会,国防部长莱尔德、中央情报局局长赫尔姆斯以及戈德利等出席作证。结果表明,自 1962 年以来,美国一直在老挝进行着一场秘密战争,不仅向老挝派出了数百名军事顾问,而且美军飞机也不断轰炸老挝境内的"胡志明小道",并帮助训练和装备老挝当地武装力量以对抗北越军队。美国政府对此一直讳莫如深。

本来,富布赖特计划在 10 月 27 日就越南问题举行听证会,讨论结束越南战争的各项方案,包括古德尔的决议案。曼斯菲尔德和共和党资深参议员艾肯表示,尼克松正准备发表关于越南问题的讲话,最好在他讲话之后再举行。不仅如此,曼斯菲尔德还向尼克松提出一份备忘录,强调越南战争造成了美国社会内部严重的分裂,如果战争继续下去势必会危及美国的前途,敦促尼克松尽早结束冲突。同时,计划出席作证的前国防部长克利福德公开宣布古德尔的修正案是"行不通的"和"不现实的",担心这一修正案会导致出现一场"大屠杀",并使西贡政权垮台。约翰逊时期曾前往巴黎与北越方面谈判的代表万斯也不愿出席作证。无奈,富布赖特只得将举行听证会一事暂时搁置起来。

11 月 3 日,经过长时间的精心准备,尼克松就越南问题发表讲话,端出了所谓的"越南化"计划,宣布将逐步从南越撤出美军,并称如果美国突然从越南撤出,那就是背弃长期以来对南越承担的"义务",结果会造成一场"血腥屠杀",呼吁美国社会上"沉默的多数"起来支持政府的政策,指责那些"吵吵嚷嚷的少数派"为了达到目的,不惜美国自致失败与耻辱。在他看来,如果美国从东南亚撤退,就会严重影响其在亚洲乃至整个世界的声誉,并给企图征服世界的大国大开方便之门。他断言,成功地结束越南战争,是"千百万行将受到极权主义势力窒息的人民争取和平与自由的最后希望",而"越南化"计划则是唯一可行的抉择。他威胁说,如果北越试图利用美军逐步撤退之机,威胁继续留在南越的美军,他将会做出适当的反应。他还宣称,北越不可能打败或羞辱美国,只有美国人自己才能做到这一点。

随后,国务卿罗杰斯发表电视讲话,强调尼克松政府在越南"已经改变了政策,从逐步升级改变为逐步降级"。尼克松政府的这番表态赢得了不少国会议员和民众的支持,58名参议员和300名众议员致信尼克松,对其政策表示支持。50名民主党众议员和50名共和党众议员共同提出一项议案,对尼克松在越南谋求和平的努力表示赞赏。盖洛普民意测验表明,尼克松的支持率达到了72%,这是他就任美国总统以来的最高点;77%的受访者对"越南化"计划表示赞成;有6比1的人同意他的说法,即反战抗议活动实际上损害了和平解决越南战争的前景。尼克松是如此兴奋,特命人将盖洛普民意测验的这一结果送给富布赖特。就连民主党全国委员会也发表声明表示,虽然美国民众普遍对于越南战争已经非常厌倦,但也并不愿意接受"彻底的失败"。[①] 尼克松称,这篇演说"改变了历史的进程",北越方面"至少在一段时间内不能再依靠美国国内的分歧来获得他们在战场上得不到的胜利了"。[②]

富布赖特对尼克松的讲话深感失望,认为这表明他"完全接过

[①] Woods, *Fulbright*, p.537; Charles DeBenedetti, *An American Ordeal: The Antiwar Movement of the Vietnam War*, Syracuse: Syracuse University Press, 1990, p.259.

[②] Hersh, *The Price of Power*, p.132.

了约翰逊的战争,这是一个根本性的错误"。① 他本想通过举行公开听证会的方式将战争的真实情况公之于众,但考虑到此时尼克松在民众中间仍享有很高的支持率,感到有必要谨慎行事,不能授人以柄。富布赖特认为,尼克松就是急于想挑起与批评者的对抗。反战组织计划于 11 月 15 日在华盛顿举行大规模的游行活动,富布赖特非常担心这会正好中了尼克松的圈套,并使抗议运动的声誉受到严重影响。

尼克松执政已经近一年,在结束越南战争方面没有取得任何重大进展,富布赖特几乎陷入了绝望。他写信给一位朋友说:"我们将约翰逊赶下台,结果却是这样,的确令人沮丧,几乎超出了一个人可以忍受的限度。"②11 月 18 日,莱尔德在参议院外交委员会作证时表示,谈判解决越南战争的前景并不乐观。富布赖特、丘奇等人感到,虽然美国政府计划逐步从越南撤军,但对谈判却没有多少兴趣,冲突势必会拖延下去。

11 月中旬,一个被掩盖了近一年的事件震惊美国及世界。1968 年 3 月 16 日,美国陆军第 23 步兵师曾在越南美莱村屠杀了数百名无辜的平民,美国军方对此消息进行严密封锁。事件真相被揭露后,国际舆论一片哗然。富布赖特对美军的暴行深表愤慨,认为这一事件以"最令人深刻的方式"表明了美国社会的残酷无情。他要求参议院外交委员会举行听证会,就此事件进行彻底调查,并借以揭示越战对美国人的道德观所产生的深刻影响。他担心,如不这样,世人就会愈发怀疑"我们到底是什么样的国家,我们是什么样的人"。12 月 3 日,富布赖特在纽约的一次会议上警告

---

① John Finney, "The Critics: It Is Not a Plan to End U. S. Involvement," *New York Times*, November 9, 1969, p. E1.

② Berman, *William Fulbright and Vietnam War*, p. 118.

富布赖特说,"最近有关美军在越南暴行的报道说明,这场战争已经以出乎我们意料的方式,在使美国变得残酷无情方面产生了影响"。他重申,美国在道义上、政治上和经济上已经为这场战争付出了高昂的代价,现在该是谈判解决问题的时候了;此举并非意味着美国被打败或者放弃什么,而是承认所犯的"可怕错误",更为重要的是要回归所担负的主要责任,"那就是美国人的福利和幸福"。10日,他在密苏里州发表讲话,抨击美国政府的所谓"越南化"计划对越南人民来说只是"无限期的恐怖和死亡",再次重申美国在南越并没有至关重要的利益,应该尽早从越南脱身。①

12月15日,尼克松又宣布,在1970年4月15日之前,再从越南撤走5万美军。富布赖特认为,这是在想法诱使美国民众相信,战争已经结束了,他感到目前的局势要比约翰逊时期更难应对。尽管"越南化"计划在一定程度上减少了美国国内对尼克松的批评,但是富布赖特对这一计划仍持怀疑态度。1969年12月初,富布赖特派两位下属穆斯和洛温斯坦前往越南,进行了为期数周的实地调查,并于1970年1月向参议院外交委员会提供了一份分析报告,认为目前南越的军事局势"非常糟糕";"越南化"计划的成功取决于三个因素:西贡政权需要大力加强军队建设,提高作战能力;保持西贡政权的稳定,并使其拥有广泛的民众基础;北越减少或停止在南越的军事行动。报告估计"越南化"计划成功的前景十分渺茫,"这场战争不仅远未取得胜利,而且远未结束"。很快,这一报告的主要内容成为各大媒体关注的焦点。②

---

① Berman, *William Fulbright and Vietnam War*, pp. 118, 119; Tad Szulc, "Fulbright Assails Vietnamization Plan," *New York Times*, December 11, 1969, p. 16.

② Woods, *Fulbright*, p. 552; John Finney, "War-Policy Basis Is Called Dubious," *New York Times*, February 2, 1970, p. 1, p. 12.

1970年2月初,参议院外交委员会开始就越南问题举行听证会。富布赖特在讲话中承认,尼克松的政策的确比约翰逊的升级政策更为可取,但仍存在诸多问题,要求外交委员会就此进行调查,以便确定需要多长时间才能完成整个"越南化"进程,并就一旦这一方案不能奏效,美国应该采取何种政策提出建议。

二、战火蔓延

1970年1月22日,在致国会的第一篇国情咨文中,尼克松宣布美国外交的重要目标就是要结束越南战争,并称"在今天,和平的前景远比一年前广阔的多"。实际上,和平的前景却变得更为暗淡。此时,美国政府认为北越方面加强了向南方的"渗透行动",有5万多名美军驻扎在老挝。尼克松表示,北越在老挝的行动主要有两个目的,一是确保老挝为其向南方运输部队和装备的补给线;二是削弱并颠覆老挝王国政府,以便最终建立一个"更屈从于共产党控制"的政权。因而,为了"切断老挝境内胡志明小道上川流不息的军队和补给",阻止北越军队源源不断地进入南越,美国决定将在老挝的轰炸行动由"胡志明小道"扩大到平原地区。2月中旬,美国出动大批B-52轰炸向老挝境内的北越军队发动了进攻。3月初,尼克松发表声明说,"我们的首要任务就是努力拯救在南越的美国人及其盟友的生命,而他们的生命正受到沿胡志明小道不断渗透过来的北越军队和装备的威胁",美国在老挝采取的行动"对于保护在越南的美国人的生命始终是必要的"。他确信,要想使"越南化"计划取得成功,就必须清除北越在老挝的"庇护所"。① 富布赖特担心,冲突的蔓延将使得越南战争的结束变得更为困难,

---

① Hersh, *The Price of Power*, p.169.

富布赖特

美国有可能会因此对老挝乃至泰国承担起新的"义务"。3月11日,他提出一项决议案,规定没有国会的同意,美国政府不得将任何军队派往老挝或对老挝作战。但是,就连参议院多数党领袖曼斯菲尔德也支持轰炸胡志明小道,这就使得富布赖特的议案决无获得通过的机会。①

事实证明,美国对老挝的行动不过是战争扩大的一个开始。1970年3月18日,美国支持柬埔寨的朗诺发动军事政变,推翻了西哈努克亲王领导的中立主义政府。富布赖特虽然并不知道美国政府在这一政变中的作用,他担心的是美国可能会向朗诺政权提供军事援助,进一步扩大在印度支那所承担的"义务",从而使得越南战争的结束变得更为复杂和困难。对此,罗杰斯在参议院外交委员会作证时安抚说,美国政府希望朗诺政权继续奉行"中立主义"政策,该政权并没有向美国提出军事援助的要求。但是,富布赖特对此并没有轻信。

4月2日,富布赖特在参议院发表了一篇题为"新神话与旧现实"的演说,尖锐地抨击了尼克松的越南政策,他明确表示,自己并不担心印度支那为共产主义所控制,这一前景虽然"令人讨厌",却是能够容忍的,无论如何美国也不值得打一场代价如此过分高昂的战争。他认为,如果美国没有干涉的话,那么今天美国在越南面对的或许就是一个稳定、独立、统一的共产党国家,并且不会比南斯拉夫更敌视美国;北越是印度支那地区最主要的力量,美国认识到这一现实越早越好。他强调,一个最基本的事实是,不论何种政治力量统治了印度支那,都对美国的安全和利益无关紧要。他同

---

① U.S. Senate, *Congressional Record*, March 11, 1970, pp. 6959-6960; John W. Finney, "Fulbright Offers Laos Resolution," *New York Times*, March 12, 1970, p.1, p.4.

时指出,老挝和柬埔寨事态的发展已经证明,"越南化"计划行不通;随着战火蔓延至整个印度支那,美国的"越南化"计划根本无法与北越所享有的战略优势相抗衡,除非美国准备采取新的军事行动。他重申,为避免在越南的军事失败和国内政治灾难的发生,美国政府应寻求通过外交途径解决问题,尽快从越南撤军。①

富布赖特的这一讲话遭到了美国政府和尼克松的支持者的强烈批评,有人称之为"富布赖特的慕尼黑阴谋",但他并没有因此而退缩,邀请了数位声名显赫的商界人士出席参议院外交委员会的听证会,阐述对美国外交政策特别是有关越南战争的看法。大部分出席听证会的商界人士认为,美国已经变得过于"穷兵黩武"和"富于侵略性"。美国银行理事会主席路易斯·伦德伯格的观点颇具代表性。他在听证会上表示,越南战争对美国经济造成了极为严重的影响,是导致通货膨胀这一最为致命问题的主要原因,战争消耗了大量原本可以用来解决美国国内所面临的迫切问题所需要的资源。因而,对于美国商界来说,结束战争显然是非常有利的。伦德伯格的证词正是富布赖特所想要的。随后,他将证词分发给美国各大重要的金融报纸,并将1000余名知名公司高管的反战言论公之于众。②

令富布赖特感到震惊的是,美国在柬埔寨的卷入远比他想象得要深。事实上,鉴于对朗诺政权能否控制住局势毫无把握,美国政府一直在秘密研究出兵柬埔寨的问题。4月中旬,美国国防部决

---

① U. S. Senate, *Congrssional Record*, April 2, 1970, pp. 10150-10156; Richard Halloran, "Fulbright, Fearing a Disaster, Urges Nixon to End War This Year," *New York Times*, April 3, 1970, p. 11.

② Berman, *William Fulbright and the Vietnam War*, p. 124; Powell, *J. William Fulbright and His Time*, pp. 328-329.

富布赖特

定,由南越政府军和美军联合对柬埔寨发动一次全面进攻,以摧毁边境地区的共产党基地。但罗杰斯在 17 日出席参议院外交委员会的听证会时,对此并未透露一丝信息。与此同时,美国决策者为扩大战争加紧制造舆论。尼克松在一次讲话中宣布,到 1971 年春,将分批撤回 15 万美军。同时他威胁说,如果北越趁机在越南、柬埔寨或老挝加强军事行动,并危及留在南越的美军的安全,他将毫不犹豫地采取强硬而有效的应对措施。在写给基辛格的备忘录中,他进一步强调,离开了美国的支持,他不相信朗诺政权能够生存下去;"我认为我们在柬埔寨需要一个大胆的行动"。①

4 月 23 日晚上,基辛格在富布赖特的家中与参议院外交委员会的几位成员举行非正式的会议。尽管美国即将对柬埔寨采取重大军事行动,而且在会议期间尼克松数次将电话打到富布赖特家中与基辛格磋商有关事宜,但基辛格却对与会者守口如瓶。26 日,富布赖特在一次记者会上表示,他对美军有可能进入柬埔寨感到担忧。同日,他又在马萨诸塞州北达特摩斯的一个学院发表演说,希望学生们在抗议活动中应避免使用暴力,以免为那些极右势力所利用。他警告说,"如果美国的民主制度在我们这一代被推翻,那么推翻这一制度的人不是那些打着越共旗帜而是打着美国国旗的激进分子"。富布赖特鼓励青年学生运用选票的力量来表达他们的意见,通过和平的、民主的办法来向决策者施加压力。他表示,尽管有时令人沮丧,用和平的方式来表示反对意见却是促使决策者结束印度支那战争最强有力的推动力;如果说现在同 1967 年或 1968 年相比,这场战争距离结束又近了一小步,这只能归因于

---

① Szulc, *The Illusion of Peace*, p. 251; David Schmitz, *Richard Nixon and the Vietnam War*, Lanham: Rowman and Littlefield, 2014, pp. 85-86.

美国国内政治反对派的坚持不懈,他们用"和平和民主"的方式来表达反对的声音,从而影响了政府的决策。① 很显然,说这番话的时候,富布赖特没有料到一场暴风雨即将来临。

通过政变上台的朗诺政权非常脆弱,只能依靠美国的经济和军事援助才能维持下去。尼克松认为,如果朗诺政权倒台,那么南越就会从北面和西面受到威胁,决定对越共在柬埔寨的庇护所发动进攻。4月26日,尼克松主持召开国家安全委员会会议,商议入侵柬埔寨问题,决定在鹦鹉嘴和鱼钩地区采取行动。尼克松认为,此举可以使美国更快地从南越撤军,牵制北越对金边的进攻,并促使河内更认真地展开在巴黎的谈判。27日下午,罗杰斯在参议院外交委员会的内部会议上表示,美国准备向柬埔寨提供两亿美元的军事援助,并表示如果共产党控制了柬埔寨,就会严重影响美军的安全和"越南化"计划的成功。他同时做出保证,尼克松不会在未与国会磋商的情况下对柬埔寨采取行动。富布赖特在会后向媒体表示,参议院外交委员会成员一致"坚决反对"在目前情形下美国向金边提供军事援助。②

尽管罗杰斯、莱尔德都对此表示反对,认为入侵柬埔寨将使美国付出巨大的代价,却不会有什么收获,不可能严重削弱北越军队的战斗力,并可能使国内的反战行动失控,但他们对尼克松的决策并没有多大影响。在基辛格的极力支持下,尼克松决定扩大印度支那战争。4月29日,南越军队在美军的空中掩护下进攻鹦鹉嘴地区,有50名美军顾问参与了行动;次日,3万多名美军对鱼钩地区展开攻击。尼克松在当日晚上的电视讲话中宣称,成千上万的

---

① Berman, *William Fulbright and the Vietnam War*, p.125.
② Murrey Marder, "Senate Panel Opposes Aid to Cambodia," *The Washington Post*, April 28, 1970, p. A1.

富布赖特

北越士兵正从其庇护所出来入侵柬埔寨,这是对美国"决心"和"意志"的考验,美国的行动不是入侵柬埔寨,只是为了确保在越美军的安全和"越南化"计划的成功实施;一旦将北越军队赶出"庇护所",并摧毁其军用物资,美军就将撤出柬埔寨。他还说,如果情况危急,而美国这个世界上最强大的国家表现得却像一个"可怜的、束手无策的巨人","那么极权主义和无政府主义势力就将威胁全世界的自由国家和自由制度"。他表示,如果美国不能应对这一挑战,其他国家就会认识到,尽管美国拥有压倒一切的实力,但真正到了紧要关头,它并不值得信赖。他还宣称,宁愿只做一任总统,决不能让美国沦为二流国家,遭受其历史上的第一次失败。①

美国政府宣称,入侵柬埔寨的行动取得了重大成功,消灭北越军队大约11000多人,缴获大量武器装备和粮食,摧毁了11000多座碉堡和掩体。这是美国在印度支那又一次严重的战争升级行动,在美国国内激起了强大的抗议浪潮,使一度沉寂下来的反战运动再次高涨,并迅速席卷全国。越来越多的美国民众认识到,侵越战争在"道义上是错误的",美国不可能获胜。5月5日,3000多名学生在俄亥俄州肯特州立大学举行抗议集会,政府出动1200多名国民警卫队员和直升机进行镇压,当场打死4名学生,打伤20多人。美国民众为之震惊,抗议行动迅速蔓延至全国。10万多名学生和各界民众涌入华盛顿,参加了5月9日举行的全国抗议日,并敦促国会采取措施来结束战争。此后不久,警察又在密西西比州杰克逊学院打死2名学生,打伤12名。在整个5月,美国1350多所大学的435万名学生举行了示威游行,反对扩大战争,并要求弹劾尼克松,有500多所大学一度被迫短期关闭。与此同时,还有大

---

① Nixon, *RN*, pp.451-452.

量民众致信国会议员,反对美国入侵柬埔寨。一周之内,仅富布赖特收到的来信和电报就达10万封。到7月中旬,这一数字升至35万。6月底的民意测验表明,近一半的美国人赞成美军立即从越南撤出。包括"国际商业机器公司"(IBM)总裁在内的一些商界人士也纷纷表示,旷日持久的战争给美国经济造成了严重影响。令美国决策者感到震惊的是,国务院包括50名外交官在内的250名雇员签署了一项公开声明,反对美国政府的政策。①

在宣布美军入侵柬埔寨之前,尼克松曾向富布赖特、曼斯菲尔德等国会领导人通报了有关情况,并强调"不管你们认为我做得是否正确,我只想让你们了解,我决定这样做的理由在于我断定这是结束战争、拯救我国士兵生命的最好办法"。尽管如此,入侵行动仍遭到美国不少国会议员的强烈抨击,认为尼克松的这一行动不仅"违宪",而是在进行一场"大赌博",强调侵略柬埔寨的决定"是可悲的错误",美国正在印度支那陷入一个新的"无底洞"。富布赖特认为这是一次战争的重大升级行动,将导致冲突的蔓延,而且这一行动缺乏任何"法律根据"。曼斯菲尔德、马斯基、丘奇等担心,入侵柬埔寨表明尼克松决定用武力而不是用谈判的方法来结束战争,一旦冲突升级,将使美军从越南的撤出变得更为困难;参议员沃尔特·蒙代尔认为,尼克松此举不仅势必会扩大战争,大量增加美军的伤亡,而且也意味着承认了"越南化"政策的失败;俄亥俄州的共和党参议员斯蒂芬·扬提出一项议案,要求谴责尼克松;共和党参议员艾肯表示,他从未对美国政府的行动感到如此失望。②

---

① Woods, *J. William Fulbright, Vietnam, and the Search for a Cold War Foreign Policy*, p.223; DeBenedetti, *An American Ordeal*, p.290.

② Spencer Rich, "Senators Denounce Nixon Move," *The Washington Post*, April 30, 1970, p.A1.

富布赖特

　　5月1日,参议院外交委员会授权富布赖特致函尼克松,要求"在最短的时间内"与之见面,就印度支那局势交换意见。这是自1919年以来,参议院外交委员会第一次提出这样的要求。丘奇在讲话中强调,现在的局势为国会就美国对外干涉的限度进行"划线"提供了难得的历史机遇,该是国会采取行动来结束越南战争的时候了。他确信,只要向尼克松施加足够的压力,就可以促其放弃在越南取得军事胜利的政策,谋求谈判结束冲突。① 当日晚,富布赖特飞抵明尼苏达州印第安阿波利斯发表演说,重申越南战争是造成美国道德衰败、经济凋敝的主要原因,指责尼克松入侵柬埔寨的行动是一个"明显的、蓄意的和完全失策的扩大战争的决定",是"一个严重的事态发展",美国不仅开辟了一条新的战线,而且还将对"越南化"计划产生极为不利的影响。② 5日,参议院外交委员会的几位主要成员前往白宫,当面向尼克松阐述其反对意见。双方各执一词,坚持己见。

　　肯特州立大学事件发生后,三位颇有影响力的宗教界人士应富布赖特之邀到参议院外交委员会作证,从道德层面分析越南战争对美国社会所造成的负面影响,认为这场战争对美国人来说是一场"道义上的灾难",美国为此付出了高昂的代价。富布赖特对此深有同感。在他看来,越南战争不仅腐化了美国的政治和经济制度,而且也使美国人的"心理健康"受到严重破坏。5月8日,富布赖特发表讲话,提醒将于次日参加在华盛顿举行的大规模反战游行活动的青年学生,不要诉诸暴力,坚持通过和平的方式表达自

---

① John W. Finney, "A Meeting on War Moves Asked by Fulbright Group," *New York Times*, May 2, 1970, p.1, p.5; Spencer Rich, "Congress Reacts," *The Washington Post*, May 2, 1970, p.A1, p.A10.

② Berman, *William Fulbright and the Vietnam War*, p.126.

己的反对意见,这不仅是"美国民主的体现",而且也是所有美国人的期望,唯有如此才能"挽救美国民主",使之避免成为战争的又一牺牲品。6月,他又在《进步》杂志上发表文章,高度评价了青年学生们"和平、有秩序的"反战行动。在阿格纽副总统看来,富布赖特的这番言论无异于火上浇油,旨在"重新点燃已快熄灭的骚乱之火",指责富布赖特在参议院散布"最坏的、最反动的"要求奉行孤立主义的言论,并抨击他见风使舵,前后立场不一。富布赖特对此也做出了强有力的反击,将阿格纽比作纳粹德国的宣传部长约瑟夫·戈培尔。①

富布赖特认为,尼克松对柬埔寨的行动是无法原谅的,这令其对新政府失去了信心,并放弃了与之共事的念头。但在国会和美国民众中,尼克松的越南政策仍有不少的支持者。富布赖特日后感叹道:"那是一个多么令人忧郁的时期,你试图改变局势,却遭到时而来自这一方、时而来自那一方的批评,真让人感到沮丧。任何一个不支持总统和战争的人都被描绘成不忠不义,差不多快成叛徒了。"尽管如此,为了促使尼克松结束越南战争,他仍坚持不懈,准备施加"我们所能调动的一切压力来结束战争"。②

5月21日,参议院外交委员会的两位工作人员理查德·穆斯和詹姆斯·洛温斯坦经过数周的实地调查后向富布赖特提交了一份报告,认为尼克松的越南政策获得了短期的军事上的成功,但随着美军进入柬埔寨,"战争势必会延长,并对越南化的进程构成了严重挑战"。27日,富布赖特在接受媒体采访时强调,是中国和苏联向北越方面提供武器装备,因而美军清除庇护所的行动毫无意

---

① Berman, *William Fulbright and the Vietnam War*, p. 127, p. 131; Woods, *Fulbright*, pp. 566-567, pp. 573-574.

② Fulbright, *The Price of Empire*, pp. 125-126.

义,并指出朗诺发动政变是"一个巨大的错误",牺牲了柬埔寨的中立地位。他同时表示,越南战争造成了美国国内的分裂,经济形势也急转直下,出现了自 1932 年以来最为糟糕的局面。

美国侵越总司令艾布拉姆斯承认,入侵柬埔寨实际上阻碍了"越南化"的进程,大量南越军队被陷在柬埔寨难以脱身。莱尔德在五角大楼的一次会议上也一语道出了美国的困境:"南越军队在柬埔寨保卫那里的政权,我们则待在南越保护南越人。"面对国内外的反对浪潮,尼克松极力为其行动辩护,谎称这次入侵行动为美国赢得了 6 个月至 8 个月的时间去训练南越军队,挽救了数百甚至数千名美军的生命;他之所以做出这一决定,就是为了尽快结束战争,实现和平。他说:

> 我明白那些抗议的人认为这个决定会扩大战争,加深美国的卷入,并增加美国的伤亡。抗议的人们要求和平,减少美国的伤亡,并要让我们的孩子们回来。可是,我正是出于他们之所以抗议的这些原因才做出这个决定的。……我知道,我所做的事情将达到他们希望达到的目的。它将缩短战争,减少美国人的伤亡,并使我们能够实施撤军计划。①

应当说,在充分发挥媒体的作用方面,美国政府享有明显的优势。不仅如此,尼克松、阿格纽也都是操纵媒体的行家里手,与各大主要媒体都建立了良好的关系。对此,富布赖特深感沮丧。他认为,"我们的民主体制,不论是国会还是自由出版,从未像现在这样受到行政部门如此严重的威胁,政府不仅精于大众宣传,而且为

---

① Hersh, *The Price of Power*, p.199; Szulc, *The Illusion of Peace*, p.277.

了推销官方政策,不惜提供错误的或者误导性的信息"。①

5月中旬,参议院外交委员会不顾美国国务院的抗议,以9票对4票通过了约翰·库珀和弗兰克·丘奇提出的一项议案,要求美国停止在柬埔寨的一切军事行动,为此国会将终止对美军在柬埔寨行动的一切拨款。② 富布赖特对这一议案给予了大力支持,强调既然尼克松承诺要从柬埔寨撤出所有美军,国会所做的不过是帮助他兑现自己的诺言。围绕这一议案,白宫以及主战的鹰派议员与反战的鸽派议员展开了异常激烈的较量。一些右翼势力指责这一议案不啻是"向共产党宣布投降","向那些正在战场上作战的美军士兵们背后捅了一刀",并将攻击的矛头对准了富布赖特。富布赖特称,这是继内战之后,美国面临的"最为严重的一次宪政危机"。③ 迫于各方面的压力,库珀、丘奇修改了原来的提案,要求禁止美国政府在6月30日以后继续为柬埔寨提供军事援助或在柬埔寨采取军事活动。在反对库珀、丘奇议案的议员中,来自北卡罗来纳州的萨姆·欧文是富布赖特非常尊重的一位。为了说服他,富布赖特曾致函表示,"在我看来,尼克松总统的政策与其前任并没有什么大的不同,损害了我们的国家安全。我知道你对此不会同意,但我们之间的分歧只是在于如何才能最好地服务于国家"。他强调,美国在越南的战争"不仅危及了本国人民的安全,而且以前所未有的方式摧毁了印度支那人民的生命和财产"。④

库珀、丘奇提案刚刚出台,在白宫的授意下,西弗吉尼亚州参

---

① Berman, *William Fulbright and the Vietnam War*, p.129.

② John W. Finney, "Senate Unit Votes to Restrict Funds in Cambodia War," *New York Times*, May 12, 1970, p.1, p.17.

③ Woods, *Fulbright*, pp.569, 570; Johnson, *Congress and the Cold War*, pp.165-166.

④ Berman, *William Fulbright and the Vietnam War*, p.129.

富布赖特

议员罗伯特·伯德就针锋相对地抛出一项修正案,要求授权尼克松在7月1日之后可以采取他认为必要的一切行动,以保护驻南越美军的安全。他认为,在事关美国对外政策和国家安全问题上,美国总统不应受到立法部门的约束。这一提案遭到富布赖特、麦戈文等人的强烈反对。6月11日,参议院以52票对47票否决了伯德的提案。随后,伯德再次提出议案,称库珀、丘奇的议案不能侵犯美国总统作为最高军事领导人所享有的保护驻守在世界各地的美军的权力。22日,参议院以绝对多数通过了该项议案,只有富布赖特、贾维茨、古德尔、麦戈文等投了反对票。24日,参议院以81票对10票通过决议,宣布废除"东京湾决议案"。30日,经过一个多月的激烈争论,参议院以58票对37票通过了库珀、丘奇的议案,但由于众议院从中作梗,致使这一议案暂时被搁置起来。

尼克松显然被国会的行动激怒了,威胁说如果国会企图束缚他,国会就必须承担一切后果。迫于国内外的强大压力,他只得宣布在6月底以前从柬埔寨撤军。这次入侵行动美军出动了3万多人,死亡344人,伤1592人。尼克松乐观地宣布,入侵柬埔寨是"这场漫长而又艰难的越南战争中最成功的一次作战行动",所有的军事目标"都已达到",这一行动将保证美军能够按计划从南越撤军,并使"和平的前景变得更有希望"。在他看来,如果不采取这一行动,"我们就将面临真正严峻的局面","结束战争的时间就会比今天更为遥远"。①

柬埔寨战事暂时告一段落,但越南问题仍然裹足不前,不论是在战场上还是在巴黎的谈判桌上,双方互不相让,陷入了僵局。美

---

① Henry Brandon, *The Retreat of American Power*, New York: Doubleday, 1974, p.146; Szulc, *The Illusion of Peace*, p.304.

国政府的首要目标是要保住阮文绍政权,而北越方面坚持要求美国无条件撤出越南。与此同时,富布赖特领导的参议院外交委员会与行政部门之间的关系也更趋紧张。在富布赖特看来,国务院正试图消除该委员会的影响,或者使其"中立化"。8月4日,富布赖特在参议院通讯委员会发表讲话,呼吁各大电视网应更多地关注国会的活动,报道议员们的政治主张,并指责白宫实际上控制了电视报道,从而阻止公众对包括越南战争在内的一些重要问题展开讨论。为此,他建议,国会应该通过一项法案,要求各大电视台给予国会特别的权利,以便使国会发言人在一年中能有四次机会向全国公众阐述他们的政策主张。

富布赖特的这一呼吁显然有了效果。8月31日,美国全国广播公司决定在黄金时段采访富布赖特和麦戈文。富布赖特在采访中重申,不论是在国内还是国外,美国都为这场战争付出了惨重的代价,而尼克松的"越南化"计划也无助于问题的解决,只能使美国无限期地陷在越南。他认为,美国并不只是如尼克松所称只有"越南化"和"仓促撤退"两种选择,最好的办法就是谈判解决问题,美国承诺在一个明确规定的时间内从越南完全撤出,唯有如此才能实现印度支那的和平。在他看来,巴黎谈判之所以步履维艰,主要是因为美国政府不愿为打破僵局做出关键性的让步,并确定一个从南越完全撤军的明确日期。他指出,"纠正错误并非是一件耻辱的事情,而是面对现实的理性和体面方法",一旦认识到在付出一定的代价后战争的政治目标仍难以实现,就应及时地改弦更张,采取适当的措施来结束战争。麦戈文同样表示,现在该是结束冲突的时候了,这场战争已经给美国造成了巨大的伤害。① 与此同时,参议员麦戈文和哈特菲尔德就《军事采购法案》提出一项被称为"结束战争"的修正案,要求削减1970年12月30日之后美国在印度支那一切军事行动的费用,敦促美国政府到1971年年底从印度支那撤出一切美国军队。该提案遭到白宫的强烈反对。9月1日,参议院以55票对39票否决了这一提案,这使得尼克松更加有恃无恐。

但是,出于国会中期选举的需要,尼克松只得再次做出和平姿态。10月7日,他发表讲话,呼吁在印度支那实现和平,并提出了所谓结束战争的"新倡议",主要内容包括:在整个印度支那实行"就地停火";召开一次国际会议,商讨解决印度支那冲突问题;通过谈判拟定一项关于双方共同撤军的时间表,作为一项全面解决办法的一部分;寻求一项真正满足"全体南越人"愿望的政治解决办法;立即和无条件地释放双方所拘留的全部战俘。这一建议立即得到了一些国会议员和媒体的称赞和支持,被誉为是"公平合理的"。富布赖特认为,尽管尼克松的讲话具有"政治家的风度",在解决问题的态度方面也较前有了很大改变,但坚持要求北越与美国共同撤军,北越领导人对此是不会同意的。② 果然不出富布赖特所料,越南方面随即发表评论予以严厉谴责,指出这个"新倡议"只是为了欺骗舆论、拖延美国在印度支那的侵略战争,根本没有什么新内容。

1970年秋,国会中期选举揭晓,民主党与共和党打成了平局。这一结果令富布赖特颇感沮丧。他表示,"我不能确定国会是否能

---

① Terence Smith, "Fulbright Urges 2 U. S. Peace Steps," *New York Times*, September 1, 1970, p.1, p.4.

② Berman, *William Fulbright and the Vietnam War*, p.134.

比以往做更多的事情,我们只能希望会出现转机"。在写给朋友的一封私人信件中,他抱怨说,民主党允许尼克松"偷偷地逃避越南问题",并对尼克松操控媒体和编造谎言的行为感到无能为力;"我们大部分人都对越南化计划持保留态度,但是整个国家都宁愿相信这一方案会奏效,尽管没有任何成功的基础"。①

美国国会中期选举刚一结束,尼克松就决定采取行动。他确信,北越方面不仅对他提出的"和平倡议"无动于衷,反而进一步加紧向南部渗透,并使柬埔寨的局势捉摸不定。11月18日,他要求国会向朗诺政权增加拨款1.5亿美元。24日,美国出动200多架飞机轰炸越南北部的军事基地,激起了不少国会议员的强烈反对,认为这次行动"是非常愚蠢的",并对尼克松没有同国会磋商就擅自行动深表遗憾。《纽约时报》也发表文章批评说,以前轰炸越南北方的经验使人们没有理由相信,这能改变美国越败越惨的局势,"正好相反,这种轰炸可能倒使北越人的士气进一步提高,并使河内成为战场上和谈判桌上更为强硬的对手"。虽然莱尔德当天到参议院外交委员会就美国的这一行动进行辩解,但未能说服富布赖特。他指出,"这是一次战争升级",使战事进一步加剧了,表明尼克松政府的真正政策是在印度支那取得军事上的胜利,而不是通过谈判找到一项解决办法。他仍然相信,在越南战争问题上,军方起了主导作用,因为"军事集团几乎控制着整个国家",在很大程度上影响了美国政府的决策,国务院则处于从属角色;而军事集团在国会中的代表人物就是参议院军事委员会和拨款委员会的拉塞尔、斯坦尼斯、杰克逊等人,正是他们在参议院起着决定性的影响作用,"并从国会获得他们想要的任何东西"。与这些人相比,他作

---

① Berman, *William Fulbright and the Vietnam War*, p.135.

富布赖特

为参议院外交委员会主席只是处于"次要地位"。①

11月,富布赖特出版了一本书,题为《五角大楼的宣传机器》,对军方在美国对外政策中的主导作用进行了猛烈抨击。在他看来,军方在美国享有特殊的地位和权利,这不仅对美国的民主制度构成威胁,而且还危及世界的和平。对他而言,能够做的就是想方设法削减军费开支,同时大力推动美苏关系缓和。实际上,富布赖特过高地估计了军方在美国对外决策中的作用。与罗杰斯一样,莱尔德并不总是赞成尼克松的越南政策,甚至有时是激烈地反对这一政策,起决定性作用的是白宫,而不是五角大楼。

12月10日,尼克松在记者招待会上确认,他不会再向柬埔寨派遣美军,同时表示他非常赞成向柬埔寨提供一揽子援助,认为这是他执政以来美国在对外援助方面做出的"最好的投资"。他认为,朗诺的军队牵制住了4万多北越军队,这有助于推进"越南化"进程。他警告北越方面,根据1968年10月北越与约翰逊政府达成的"谅解",美国有权对北越进行空中侦察,同时北越同意不在非军事区部署军队,如果北越违反这一"谅解",他将恢复轰炸行动。他宣称,"我必须坚持要在北越上空继续进行侦察","如果我们的飞机遭到射击的话,我将不仅命令他们进行回击,而且将命令他们摧毁导弹发射场,并炸毁发射场周围的支持发射场的军事设施"。次日,莱尔德在参议院外交委员会作证时进一步指出,如果北越方面在巴黎和谈中坚持其强硬立场,这将导致美国恢复对北越的轰炸。他强调,除非双方在战俘问题上达成了协议,否则"越南化"进程不会终止。富布赖特、赛明顿等人对尼克松、莱尔德的讲话大为恼

---

① Tad Szulc, "Fulbright Committee Asks Explanation for Air Raids," *New York Times*, November 24, 1970, p. 1, p. 14; Terence Smith, "Fulbright Sees Pentagon Taking Top Policy Role," *New York Times*, November 30, 1970, p. 1.

火,指责他们放弃了谈判解决问题的所有希望,并退回到约翰逊时期的立场,旨在谋求通过实力和战争升级来迫使对方妥协。①

12月14日,富布赖特、曼斯菲尔德、赛明顿和戈尔都投票反对将尼克松提出的《对外援助法案》提交给参议院审议。这一行动失败后,富布赖特转而支持参议员格拉维尔提出的修正案,要求将援助柬埔寨的2.55亿美元减少至1亿美元。格拉维尔在发言中强调,尼克松的援助要求是"不明智的",美国对朗诺政权的公开承诺很可能在该地区引发一场更为血腥的冲突。富布赖特对此深表赞成,并将外交委员会工作人员穆斯和洛温斯坦撰写的有关柬埔寨的报告提交给国会。该报告指出,美国不仅帮助朗诺政权训练军队,而且参与了其轰炸行动,同时也是朗诺政权唯一的军火供应者。富布赖特确信,美国在柬埔寨的行动只是美国决策者更大计划的组成部分,旨在通过提供军事援助的手段来控制听命于美国的傀儡政权,从而确保美国在印度支那地区的战略地位。尽管富布赖特做了种种努力,格拉维尔的修正案还是在参议院的表决中惨遭失败。在富布赖特看来,那些参议员们在涉及有关军事开支问题上简直有些"走火入魔"。②

三、僵持不下

正当富布赖特关注美国在柬埔寨的行动时,尼克松又在老挝挑起事端。如前所述,老挝早就卷入了战争旋涡,成为越南战争的

---

① John W. Finney, "Laird Links Pace of Talks in Paris to Further Raids," *New York Times*, December 12, 1970, p.1, p.6; Murrey Marder, "Senators See War Widening," *The Washington Post*, December 12, 1970, p.A1, p.A4.

② U.S. Senate, *Congressional Record*, December 16, 1970, pp.41772-41775; Berman, *William Fulbright and the Vietnam War*, p.138.

一个组成部分。1971年1月18日，尼克松、基辛格、莱尔德等商议决定对老挝采取重大军事行动，攻击在老挝的北越军队，并切断"胡志明小道"。随后，美国出动数百架B-52飞机对老挝南部进行"饱和性"轰炸，以掩护阮文绍军队入侵老挝。2月8日，在美军的空中掩护和炮火支援下，近两万名南越军队大举向老挝南部地区进犯，开始了代号为"蓝山"的军事行动。

尼克松试图以此来向世人证明，南越军队有决心也有能力进行独立作战。罗杰斯在记者招待会上威胁说，美国"准备使用为保护美国人的生命所需要的最大限度的空中力量"，在这方面没有任何限制，"我们没有把使用空中力量限制在印度支那的任何地方，不管是南越、北越、柬埔寨，还是老挝"。他表示，美国打算提供一切必要的空军力量以支持南越政权"为反对共同的敌人而采取的任何行动"。2月17日，尼克松在记者会上更是公开宣称，只要美国在南越的军队"受到威胁"，他就要采取强有力的行动。他强调，"我将在我认为是为保护我们留在南越的部队所必需的程度上使用美国的力量，特别是美国的空中力量"，而且在这方面"没有任何限制"。他还表示，只要战俘问题没有解决，美军就不会完全撤离南越，"这就是我们的政策"。4月7日，尼克松又发表讲话说，一些人认为"我应当采取行动来结束这场战争，而不管南越发生什么情况"，"这样做会抛弃我们的朋友，更重要的是，这样做将是自暴自弃"。这次入侵本来是要向南越和河内证明越南化计划的成功，结果却恰恰证明了它的失败。整个战役共持续了5周时间，从第三周开始南越军队便由进攻转为防守。到3月中旬战斗结束时，入侵者已经是一败涂地，溃不成军。南越军队伤亡将近半数，美军死亡270人，伤1580人，损失飞机800多架。

2月9日，莱尔德、罗杰斯在国会为美国政府的行动辩解称，

"我们没有扩大战争,相反,我们缩短了战争"。莱尔德表示,此举有助于确保"越南化"的成功,从而使美国可以撤出更多的军队;到5月1日,5万美军将从越南撤离。罗杰斯向参议院外交委员会的各位委员表示,到1971年年中,美国军队在越南基本上不再起作战作用,也不会向老挝派遣军队。尽管如此,富布赖特在会后接受媒体采访时表示:参议院外交委员会充斥着一种"失败、沮丧、无可奈何"以及"无助的感觉";老挝的情形与柬埔寨的很相像,但是鉴于美国一直在那里进行活动,人们对此已经变得有些麻木不仁了。他非常担心美军一旦在老挝遭到失败,很有可能会进攻北越。在写给友人的一封信中,富布赖特沮丧的心情更是溢于言表。他写到,在参议院遭受了一连串的失败后,自己有些灰心丧气了,他想不出还能有什么办法能引起公众对印度支那局势的关注。①

美军和南越军队入侵老挝的行动再次激起了美国民众和国会议员对尼克松政府的批评。在华盛顿、纽约、波士顿、芝加哥、洛杉矶等地都爆发了声势浩大的民众示威游行活动,反对美国政府扩大战争,要求立即从印度支那撤军。曼斯菲尔德、马斯基等参议员认为,入侵老挝使美国付出了沉重的代价,是一场严重的军事失败,除了延长战争之外,别无其他结果。参议员爱德华·肯尼迪表示,进入老挝的冒险是一场噩梦。在麦戈文、丘奇看来,尼克松宣称在使用空中力量方面除原子弹外没有任何限制的举动表明他"正在走向第三次世界大战"。美国媒体报道说,民意测验表明,69%的民众认为尼克松政府没有把美国人应当知道的关于战争的全部情况告诉他们,公众相信政府的程度再次到了危险的边缘,尼

---

① John Finney, "Laird and Rogers, Explaining Drive, Seem to Modify G. I. Withdrawal Plan," *New York Times*, February 10, 1971, p. 15; Berman, *William Fulbright and the Vietnam War*, p.141.

克松的声望下降到了他入主白宫以来的"最低点"。就连一向支持尼克松的政治评论员艾尔索普也不得不承认美国和南越军队入侵老挝"是一次军事失败,在国内是一场政治灾难",这是他"一直不愿意得出、但越来越多的证据表明无法逃脱的结论"。《纽约时报》发表社论说,使柬埔寨和老挝"越南化",只能引起扩大战争和美国在整个东南亚更深地卷入到一场无休止的冲突中的危险。不仅如此,国会也开始积极行动,以进一步限制总统发动战争的权力。2月初,众议院多数派领袖托马斯·奥尼尔与其他37名议员联名提出议案,不仅禁止美国直接干涉老挝,而且还反对美国对在老挝进行的任何军事行动提供任何形式的支持。中旬,参议员贾维茨提出一项议案,确定除非得到国会授权,否则总统必须在一个月后停止任何海外军事行动,并及时、全面地向国会报告有关战况。2月22日和3月31日,参议院和众议院的民主党分别通过一项决议案,要求在1972年年底以前美军全部撤出印度支那。2月25日,蒙代尔等19名参议员提出一项议案,反对任何入侵北越的行动。

3月30日,富布赖特在参议院发表讲话,严厉抨击了美国入侵老挝的行动,批评美国政府在这一问题上"欺骗"和"误导"美国民众,同时宣布他所领导的参议院外交委员会将就结束战争的各项方案举行听证会。① 在参议院的一次秘密会议上,富布赖特、赛明顿向与会者表示,尼克松政府一直在欺骗国会和民众,美国在老挝的秘密军事活动已经持续了很长时间,为此花费了高达数亿美元,包括雇佣泰国军队以及土匪部队。对于麦戈文、哈特菲尔德提出的要求美军在1971年年底之前完全撤离越南的决议案,富布赖特并不表示赞成,担心如果国会通过了这一议案,而尼克松拒绝批

---

① U. S. Senate, *Congressional Record*, March 30, 1971, pp. 8608-8612.

准,那就会导致一场宪政危机,他希望避免出现这种直接对抗的局面。在他看来,这一修正案只能作为"最后的手段"。

令富布赖特感到欣慰的是,在经历了美军入侵柬埔寨和老挝事件之后,美国国内的政治形势开始发生变化,越来越多的美国民众已经不再支持尼克松的"越南化"政策。1971年夏季的一次民意测验表示,71%的受访者认为美国出兵越南是一个错误,58%的人指责这场战争是"不道德的",60%的受访者认为美国撤军的速度过于缓慢,要求美国政府应在1971年年底从南越撤出所有军队,即使这意味着南越政权的垮台。① 不仅如此,在参议院外交委员会举行的有关战争权力法案的听证会上,包括麦乔治·邦迪等在内的一些前政府官员和不少证人都表示赞成国会通过这样的立法。富布赖特强调,确认国会的战争权力在美国宪政史上是一个"具有重要转折性意义"的事件,希望行政部门与国会一起努力来恢复"宪政平衡"。就连参议院中最为强硬的鹰派议员斯坦尼斯也表示要提出一项议案,以约束总统未经国会批准擅自发动战争的权力,认为鉴于发动战争事关重大,任何个人都难以承担这一责任,要求由行政部门与立法部门共同承担。② 富布赖特、麦戈文、赛明顿等认为,这是导向重新恢复国会和行政部门力量均衡的重要行动。罗杰斯在出席听证会时则称,没有必要对总统的战争权力进行限制,任何有关对这一"假设的宪政问题"进行讨论的建议都是"非常危险的和不明智的"。

正当富布赖特和美国政府为美军入侵老挝争论不休时,又发

---

① Herring, *America's Longest War*, p. 243; Louis Harris, "Tide of Public Opinion Turns Decisively against the War," *Washington Post*, May 3, 1971, p. A14.

② John Finney, "Stennis Seeks War Curb on President," *New York Times*, May 12, 1971, p. 14.

富布赖特

生了另外一起震惊美国朝野的事情,那就是"五角大楼文件"的披露。所谓的"五角大楼文件"是约翰逊政府时期美国国防部根据麦克纳马拉的指示,对美国卷入越南战争的全过程所做的系统梳理,以供决策者参考使用。整个文件包括原始档案和分析报告,共计近7000页。丹尼尔·埃尔斯伯格就是这一项目的参与者之一。他毕业于哈佛大学,曾在兰德公司工作,后进入国防部,协助编撰"五角大楼文件"。埃尔斯伯格确信尼克松正打算使战争升级,以取得军事胜利,并为此一直在欺骗美国国会和民众。他认为,美国应该为越南的悲剧受到谴责,如果没有美国的参与,就不会有这场战争。他表示,"作为一个美国公民,一个负责任的公民,我感到再也不能参与对美国人民隐瞒这种情况了"。他决定将"五角大楼文件"公之于众,并准备承担由此引起的一切后果。

在很大程度上是为了获得国会的保护和豁免,埃尔斯伯格决定首先游说富布赖特。在他看来,富布赖特是公开这批文件的最佳人选。1969年11月初,经过洛温斯坦的安排,埃尔斯伯格与富布赖特会谈了45分钟,并将复印的一部分"五角大楼文件"交给了他,并表示如果公开这些文件能有助于战争结束,自己愿意为此承担任何风险,甚至做好了坐牢的准备。根据埃尔斯伯格的说法,富布赖特起初对此非常高兴,并打算就此举行听证会,要埃尔斯伯格出席作证。随后,埃尔斯伯格将25卷文件分批寄给了富布赖特。富布赖特的几位助手都奉劝他要谨慎行事,认为埃尔斯伯格的做法是违法的,如果要举行听证会,人们关注的焦点很可能是这些文件的来源,而不是文件的内容,这将对参议院外交委员会以及富布赖特本人带来不利影响。他们建议,富布赖特和参议院外交委员会最好远离埃尔斯伯格。在他们看来,这些文件是"烫手的山芋"。富布赖特希望通过正常渠道获得一套完整的文件,几次写信给莱尔德,但都以"有违国家利益"为由遭到拒绝。①

1971年3月底,埃尔斯伯格再度找到富布赖特,希望尽快将这批文件公之于众。富布赖特表示,在他看来,公开这些文件对战争的进程以及各种结束战争的决议案不会有什么影响。根据富布赖特及其助手的建议,埃尔斯伯格决定将文件交给《纽约时报》发表。自6月中旬起,《纽约时报》开始陆续刊登这批文件,美国舆论哗然一片。6月18日,《华盛顿邮报》也开始摘录发表文件的内容。

富布赖特对"五角大楼文件"的公开表示支持。他在接受媒体采访时表示,让公众知晓美国是如何卷入诸如越南战争这样的"重大悲剧"对美国来说是大有裨益的。他认为,披露的这些文件对美国的国家安全不会产生任何重要的影响,唯一的影响就是让欺骗国家的少数几个人感到不安和难堪。② 6月22日,富布赖特宣布参议院外交委员会将就美国卷入越南问题进行全面审查,并再次要求美国政府将全套的"五角大楼文件"提交给参议院。在富布赖特的大力推动下,参议院决定由外交委员会对这些文件进行评估和研究,写出分析报告,并为此还专门拨付了一笔款项。尼克松最终同意了富布赖特的要求,条件是只供参议员们使用,不得公开。③

"五角大楼文件"的泄密令美国决策者极为震惊和恼怒。在他们看来,这不仅有损美国在世界上的声誉,而且也将对巴黎和谈造成负面影响。因而,尼克松下令司法部采取措施阻止《纽约时报》《华盛顿邮报》继续刊登文件内容,并成立了一个专门小组,负责调

---

① Daniel Ellsberg, *Secrets: A Memoir of Vietnam and the Pentagon Papers*, New York: Penguin Books, 2002, p.327; Woods, *Fulbright*, pp.603-605.

② Berman, *William Fulbright and the Vietnam War*, p.145.

③ Woods, *Fulbright*, p.603; John Herbers, "Nixon Will Give Secret Study to Congress," *New York Times*, June 24, 1971, p.1.

查泄密案。他强调,无论付出多大代价,一定要彻底查清此事。①但美国最高法院否决了尼克松政府禁止媒体刊登有关文件的要求。

无疑,"五角大楼文件"的公开使得越来越多的美国民众认识到,美国卷入越南是一个"悲剧性灾难"。6月中旬,曼斯菲尔德就一项征兵法提出修正案,要求尼克松政府在北越释放美国战俘后9个月(后改为6个月)后从越南撤出全部军队,同时敦促美国同越南民主共和国谈判,以便达成协议,"规定美国军事力量分期迅速撤出印度支那的步骤,以换取相应的分期释放美国战俘的措施"。本来,富布赖特、曼斯菲尔德虽然在反对越南战争方面立场一致,但两人的关系相处得并不融洽,特别是在约翰逊执政时期。作为参议院民主党领袖,曼斯菲尔德与约翰逊关系甚好,不愿公开批评约翰逊的越南政策,这令富布赖特颇为不满。在美国入侵柬埔寨和老挝之后,曼斯菲尔德的态度发生了明显变化,在反战方面变得更为积极主动。他提出的这一修正案得到了包括富布赖特在内的不少参议员的支持。22日,该修正案以57票对42票获得参议院通过。但是,由共和党控制的众议院却从中作梗,该修正案被搁置一边。9月30日,曼斯菲尔德的修正案再次获得参议院通过。无奈,众议院只得对其进行大幅度修改,将一些关键性的内容删除,只是笼统地强调美国的政策是"尽早结束在印度支那的一切军事行动"。11月18日,尼克松签署了这一修正案,同时宣布这一修正案对他并没有约束力,也不代表美国的官方立场。

虽然基辛格与北越代表黎德寿在巴黎的谈判步履维艰,但在打开中美关系大门方面美国取得了突破。在经历了一连串的外交

---

① Karnow, *Vietnam*, p. 633.

互动之后，1971年7月9日，基辛格秘密访华，与中国领导人举行会谈。随后，尼克松公开宣布将访问北京。富布赖特对于尼克松、基辛格在缓和中美关系方面所做出的努力表示赞赏，认为如果美国能够在1972年总统大选前承认中国，将会给尼克松带来极大的政治好处。在接受采访时他表示也想去北京，并称"20年前我经常打乒乓球"。① 实际上，打开对华关系大门一直是他所期盼的。就在基辛格准备秘密访问北京之时，富布赖特再次就中国问题举行听证会，邀请曾遭受麦卡锡迫害的两名职业外交官约翰·谢伟思和约翰·戴维斯出席作证，讨论中国加入联合国、废除国会授权美国总统可以在台海地区使用美军的"台湾决议案"等问题。富布赖特向媒体宣布，在对华政策上，"我们被欺骗了很长时间，要比我们所认为的时间更长，程度更深"。不顾美国国务院的反对，参议院外交委员会于7月下旬宣布废除"台湾决议案"。② 1972年2月尼克松访华前夕，富布赖特第三次就美国对华政策举行听证会，谢伟思向参议院外交委员会介绍了他最近中国之行的相关情况，并重申了他对中国和对美国对华政策的看法。

在打开中美关系大门的同时，尼克松政府也在加紧谋求与苏联缓和关系，这是其对外战略的一个重要组成部分。在美国决策者看来，如果能与中国、苏联两个大国搞好关系，越南问题就会成为一个"次要问题"，可以轻而易举地得到解决。1971年10月12日，尼克松宣布将于1972年春访问莫斯科，与苏联领导人举行最高级会晤。富布赖特虽然对美苏关系缓和一直给予支持，但在他

---

① Dorothy McCardle, "Fulbright Begins to Like Ping-Pong," *The Washington Post*, April 15, 1971, p. H2.

② Woods, *J. William Fulbright, Vietnam, and the Search for a Cold War Foreign Policy*, p. 254.

看来，尼克松此时宣布访问莫斯科，主要是出于国内政治的考虑，为的是转移人们对美国国内问题的关注，从而有助于他竞选连任的成功。

对于富布赖特来说，敦促美国政府尽快结束越南战争依然是核心问题。9月30日，他在参议院发表演说时指出，如果战争结束了而未能取得全面胜利，美国国内的激进右派就会暴跳如雷，以往每当美国政府做一些明智的事情时他们都是如此，但这不能成为美国继续杀戮的理由，"我们的士兵决不能成为绥靖这些疯狂的极端分子的牺牲品"。他确信，尼克松实际上与其前任一样，都是在毫无希望地寻求在越南取得"军事上的胜利"。① 但此时，国会内的反战力量已经开始占据优势。10月底，参议院以41票对27票前所未有地否决了美国政府提出的整个对外援助项目，这令尼克松以及共和党右翼势力大为恼怒。参议院共和党领袖休·斯科特指责说，那些扼杀了这一项目的"左"翼参议员试图把美国引向"危险的新孤立主义道路"；知名政治评论家艾尔索普称，现在的证据已经很清楚，曼斯菲尔德、富布赖特"不知羞耻地"急于看到美国在越南战争中遭到失败。②

四、越战结束

1972年新年伊始，根据披露的"五角大楼文件"，富布赖特在《纽约人》杂志上发表了一篇长文，系统梳理了美国卷入越南的历史。在他看来，美国之所以在越南越陷越深，根本原因在于美国决

---

① U. S. Senate, *Congressional Record*, September 30, 1971, pp. 34236-34238; Berman, *William Fulbright and the Vietnam War*, p. 148.
② Woods, *Fulbright*, p. 610; Joseph Alsop, "Undercutting the War," *The Washington Post*, November 5, 1971, p. A27.

策者根深蒂固的反共意识形态,这使得他们无视现实世界的复杂性,从而失去了与共产党国家建立建设性关系的历史机遇,并将美国带入了东南亚的泥潭。富布赖特发表此文的目的本想是引发一场有关战后美国对外政策的争论,结果却令人失望,美国政府官员根本没有做出任何回应,几家报纸也只是简单地做了报道。

与此相反,尼克松接连发表的有关越南问题的讲话却都引起了全国的高度关注。1月13日,他宣布在今后3个月之内又将有7万美军从南越撤出,从而将美军减少到6.9万人。据此,莱尔德在记者招待会上表示,从今以后,美国在南越不再拥有具备战斗力的师一级单位,所有战斗任务都已移交给南越军队。20日,尼克松在向国会提交的国情咨文中批评说,某些人因为越南战争就从一个极端走向另一个极端,从要求美国在世界上"做过多的事情变为只想做一点点事情",主张美国应该放弃其承担的全部或大部分"国际义务"。25日,他向全国发表电视讲话称,自1969年以来基辛格就一直与北越方面的代表在巴黎进行秘密会谈,但是由于北越未对美国的提议积极回应,致使和谈未能取得成果。为打破谈判僵局,他提出"一项能够结束越南战争的和平方案",包括在越南举行新的选举;阮文绍辞职;成立一个代表南越各派政治力量(包括南越民族解放阵线)的独立机构来组织和主持大选;在国际社会的监督下实现停火和选举等等。与此同时,罗杰斯、尼克松的行政助理霍尔德曼在接受电视采访时都严厉抨击了鸽派议员和反战人士,称这些人的做法在性质上无异于"叛国行为"。

但富布赖特对此并不惧怕。他在接受电视采访时重申,美国应明确承诺尽早撤出印度支那,以换取越南方面释放美国战俘,让越南人自己去解决他们之间的分歧,美国不值得为确保阮文绍政权付出如此之高的代价。在他看来,只要美国想保住阮文绍政权,越南战争就没有政治解决的可能。为了促使尼克松政府尽快结束战争,富布赖特领导的参议院外交委员会于1972年4月就"战争权力"问题举行听证会,并拟就了一项提案。

此时,越南战争再度升级,北越方面发动了强大的春季攻势,迅速向南推进,而南越解放武装力量也广为出击,使阮文绍军队顾此失彼,节节败退。美国决策者认识到,为了扭转战局,或者至少阻止北越的进攻,美国空军必须全力投入战斗。随后,美国在南越、泰国等紧急部署了1000余架各类飞机。基辛格、穆勒和参谋长联席会议都赞成用B-52轰炸机空袭河内和海防,认为连续不断地轰炸可以促使北越方面重新考虑其对南部的行动是否明智。在他们看来,北越根本经受不了这种惩罚。

4月中旬,尼克松不惜冒苏联取消即将举行的双方首脑会谈的风险,下令出动B-52轰炸机对包括河内、海防在内的重要城市实施大规模持续轰炸,并称"这将是结束战争的决定性军事行动"。在随后的几个月中,美军出动了飞机41653架次,向北越的军事基地、仓库、发电厂、桥梁等目标投下了15.5万吨炸弹。3月底,基辛格向富布赖特表示,美国必须对北越的进攻做出反应,希望他能理解美国政府的立场。虽然如此,美国政府此举仍遭到了富布赖特的强烈批评。他认为,美国对北越的轰炸行动不仅是战争的重大升级,同时也表明了"越南化"政策的破产。罗杰斯、莱尔德和参联会主席穆勒先后出席参议院外交委员会举行的听证会,为这一行动进行辩解,并威胁说,除非北越停止发动进攻,美国不仅不会停止轰炸,而且还将采取一切必要的军事行动,包括封锁海防港或对其主要港口布雷。①

不仅如此,海防港的4艘苏联运输船因美军轰炸而受到毁坏,苏联方面对此提出抗议,警告说这有可能造成"危险的后果"。富布赖特非常担心,尼克松此举不仅会导致战争的重大升级,而且还将对美苏关系缓和造成严重影响。4月19日,他在参议院发表讲话时表示,罗杰斯、莱尔德的证言表明美国很可能会进一步扩大战争,美国政府的"越南化"政策并未使美国从越南脱身。他强调,"对越南人民的生命、财产继续进行大规模的消灭和摧毁显然不符合我们的国家利益",这种行动已经变得非常野蛮、惨无人道和令人厌恶,并使美国民众深深地陷入窘境之中。

4月26日,尼克松向全国发表电视讲话,宣布自5月1日起,再将2万美军撤离越南,使驻守南越的美军人数减少到4.9万人;恢复被美国中断了一个月的关于越南问题的巴黎和谈。他同时强调,除非北越停止进攻,否则美国不会停止轰炸。他表示美国将继续支持阮文绍政权,称"如果我们抛弃我们的朋友,我们将肯定抛弃我们自己以及我们的未来",因而美国必须保持"坚定"立场,绝不能"退缩"。富布赖特表示,尼克松的这一讲话使其有一种"为我们的国家感到悲哀的感觉"。民主党总统候选人麦戈文也认为,轰炸是一场灾难,只能导致战争的延长。4月26日至5月5日,尼克松指示相关部门就炸毁北越的堤坝、对城市中心展开更为猛烈的轰炸以及使用核武器等方案进行研究。

5月8日,尼克松主持召开国家安全委员会会议,决定对北越采取更为强硬的行动,封锁其主要港口。尼克松的这一决定遭到

---

① Bernard Gwertzman, "Rpgers Defends Bombing," *New York Times*, April 18, 1972, p.1, p.19; John Finney, "Laird Says Raids Can Go On if Foe Keep Up Invasion," *New York Times*, April 19, 1972, p.1, p.16.

富布赖特

了富布赖特、曼斯菲尔德的坚决反对。他们认为,美国此举是"非法的",意味着战争的扩大,并警告说美国正在走向"一条危险的道路",使和平的前景变得更为渺茫,但这并未能改变尼克松的决定。当日晚上9点,尼克松发表电视讲话称,自从美国提出恢复谈判以来的两个星期,北越方面已经发动了三次大的军事进攻,使得"把一个共产党政府强加于1700万南越人民的危险增加了",并严重威胁着在南越的6万美军的生命安全。他强调,为了阻止北越获得新的用于发动进攻的武器装备以及任何物资,决定对北越的所有港口实施大规模海空封锁,由美国海军在海防和其他主要港口布雷,以防止船只进入这些港口和北越海军从这些港口发动进攻,同时要最大限度地切断北越的铁路和所有运输线,空军和海军则继续攻击北越的军事目标。这是其前任约翰逊也未敢采取的行动,标志着战争的重大升级。他同时声明,如果北越方面释放了所有美国战俘,并在国际监督下开始停火,美国就将在印度支那地区停止一切军事行动,并在4个月之内从南越撤走所有美军。值得注意的是,此时尼克松不再要求北越必须与美国同时从南方撤军。在尼克松发表讲话的同时,美军200多架飞机开始沿海防和其他6个北越港口入口处实施布雷。从5月9日至10月底,美国共向北越发动了9315架次的空袭,投掷了近15万吨炸弹。① 在战争升级方面,尼克松比其前任走得更远。

在尼克松的主要顾问中,不论是罗杰斯还是莱尔德都反对这次升级行动,基辛格却表示支持。很显然,尼克松越来越对军方的表现表示不满,认为他所发出的针对越南的命令一次又一次地被五角大楼拖延、推诿、搪塞甚至破坏。在此情况下,他决定直接指

---

① Szulc, *The Illusion of Peace*, p. 555; Kimball, *Nixon's Vietnam War*, p. 324.

挥对河内和海防的攻击行动,各项命令他将直接下达给他所挑选的指挥官。尼克松在给基辛格的备忘录中这样表示:军方只打算对北越进行 200 架次的袭击,这只会变成约翰逊时期进行的那种令人意志消沉的"不担风险的"轰炸,他对此深为不满。他写道:"我不能过分强调我已下定决心打算孤注一掷地干一场,但必须给敌人留下我们打算就这样做的深刻印象","我们的言论是会有一些帮助的,但我们今后几天的行动则要比我们的言论更为有效。"尼克松认为,"我们目前可能犯的最大错误就是做得太少,行动太晚";"现在正是可以争取民众支持我们的行动的时候,做得过分一点是十分必要的","我们现在必须用那种能够真正戳痛敌人的方式去惩罚他们"。他称,"既然我已经做出了这项极其困难的关键性的决定,我就打算坚持到底,非迫使敌人屈服不可",他要基辛格把这一精神灌输给所有工作人员,特别希望军方能积极行动起来,提出实现这一目标的建议。尼克松最后强调:

> 我觉得我们往往是说得多,做得少。这种倾向实在要不得。约翰逊政府的弱点就在于此,这在某种程度上可能也是我们的弱点,因为我们曾一再警告敌人,而当敌人考验我们的时候,我们的行动却相当温和。现在敌人已经越过了边缘,我们也是这样。我们有力量摧毁他们的作战能力,唯一的问题是我们没有使用这种力量的决心。我和约翰逊的区别就在于我肯定有这种决心。如果我们这次失败了,其原因一定在于那些官僚及其官僚作风。特别是国防部的那些官僚及其官僚作风,这些人当然会得到他们在国务院里的盟友的大力帮助,想出各种办法来破坏我已经表示我们将要采取的具有决定性意义的强硬行动。这一次我希望军方和国家安全委员会的工

作人员能够就采取一项强有力的、威胁性的和有效的行动提出他们的一些看法。①

尼克松的决定再次在国会引起轩然大波。5月9日,参议院民主党人以29票对14票通过了富布赖特提出的一项谴责尼克松战争升级政策的议案,并以35票对8票通过丘奇、克利福德·凯斯提出的一项修正案,要求在谈判双方就战俘问题达成协定后4个月,应停止一切用于越南战争的拨款。曼斯菲尔德批评尼克松扩大战争的行动是"最危险的赌博",使得战争的结束变得更为困难,要求美国政府在1972年8月31日之前从越南撤出所有美军;麦戈文强调,尼克松绝不能再在印度支那为所欲为而不受任何约束了,西贡政权已经不值得再付出哪怕一个美国人的生命去捍卫;马斯基指责尼克松的所作所为正在危害着美国的重大安全利益。在众议院,有两名民主党议员要求国会弹劾尼克松。②

富布赖特领导的参议院外交委员会以"五角大楼文件"的披露为契机,决定就"越南战争的起源与教训"这一主题举行公开听证会,旨在揭示美国卷入越南的历史背景及缘由。先后出席听证会的包括五角大楼文件的主要编者盖尔布;前国家安全委员会官员汤普森以及学界名流小阿瑟·施莱辛格、诺姆·乔姆斯基等,他们从不同的角度阐述了自己对这场战争的看法。其中,施莱辛格的看法与富布赖特比较接近,认为美国之所以深陷越南,在很大程度上是由于美国决策者的"无知、冲动、缺乏深思熟虑",从本质上说是"反共意识形态"在作祟。施莱辛格、乔姆斯基同时都指出,最近

---

① Nixon, *RN*, pp.606-607.
② Albert Sehlstedt, "Senate Democrats Vote for War-fund Halt," *The Baltimore Sun*, May 10, 1972, p.A1.

尼克松所采取的升级行动是极为危险的。委员会曾邀请麦克纳马拉、邦迪、腊斯克以及基辛格等出席听证会,但遭到拒绝。

富布赖特举行听证会的目的仍然是希望唤起民众,促使尼克松改变政策。在他看来,仅仅依靠国会并不能使尼克松停止战争。因而,他对丘奇、凯斯的修正案能否奏效表示怀疑,认为即使这一修正案成为法律,还需要经过很长时间才能起作用。在写给选民的一封信中,他表示,尼克松对越南的现行政策实际上就是前战略空军司令莱梅所建议的那样,把越南"炸回到石器时代";"我们在国会中并没有获得足够的票数来有效地切断用于战争的资金",而这是国会所拥有的能够约束政府行动的"唯一武器"。但令他失望的是,美国国会议员和民众并未对战争的升级做出什么反应。正如一位反战领导人所言,"在1965年,美国民众都知道正在打一场战争,我们要想法使其认识到这是一场错误的战争;到了1972年,美国民众都明白了这是一场错误的战争,但我们却要想法使其认识到战争仍在继续"。在很多人看来,轰炸和布雷总比打一场地面战争要好。而且,当冲突仍在进行时,公众大都对分析和阐释美国卷入战争的根源缺乏兴趣。因而,听证会未能取得预期效果。参议院外交委员会中只有4名成员参加了听证会。富布赖特是如此沮丧,以致开始认真考虑到1974年任期届满时是否要退休的问题了。①

令富布赖特感到慰藉的是,尼克松尽管在越南问题上态度强硬,但在缓和与苏联关系方面取得了重大进展。1972年5月下旬,尼克松访问苏联,两国领导人就限制战略谈判达成协议,签署了

---

① DeBenedetti, *An American Ordeal*, p.323; Berman, *William Fulbright and the Vietnam War*, p.156.

富布赖特

"反导条约"和一项为期5年的关于限制进攻性战略武器的"临时协定"。此外,双方还签署了包括探索和利用外层空间、扩大贸易以及在医药卫生、科技等领域展开合作的若干协议。根据"反导条约",美苏双方将反弹道导弹系统的部署限制为两处,其中一处用于保卫首都,另外一处用于保卫导弹基地,两者之间的距离至少为800英里。"临时协定"则将双方的进攻性洲际导弹冻结在现有水平上。据此,美国可拥有1054枚陆基洲际弹道导弹,苏联为1618枚;美国拥有潜艇发射洲际导弹710枚,苏联为950枚。

本来,富布赖特认为,尼克松访苏是为了竞选的需要而做出的政治姿态,不会取得实质性的成果。"反导条约"和"临时协定"的签署使他感到,尼克松对苏联的态度已发生了重大变化。他向尼克松表示,参议院外交委员会一旦收到美苏签署的协议或协定,他将尽一切努力促使其在参议院和国会获得通过。另一方面,让富布赖特感到担忧的是,虽然在限制进攻性战略武器问题上美苏达成了协议,但美国政府依然决定研发并部署新的武器系统,包括"三叉戟"潜艇和B-1轰炸机。在他看来,此举等于是向莫斯科表明,美国人说话并不算数,这只会使苏联人愈发怀疑美国的缓和政策。

美国决策者却坚持己见。6月19日、20日,罗杰斯、莱尔德先后出席参议院外交委员会会议,强调未来美苏之间的限制战略武器谈判能否取得进展,取决于美国能否不断加强军备建设;以往的经验表明,只有从实力地位出发,谈判才能成功。莱尔德还威胁说,如果国会拒不为发展新的武器系统拨款,那么即使国会赞成美苏达成的"限制战略武器"条约,他也会敦促尼克松不要签字。富布赖特则表示,再多的军队和军费开支以及不断增加的武器系统并不能使美苏两国任何一方感到安全,这只会进一步加剧双方力量对比出现的所谓"恐怖的平衡";"那种企图打破势均力敌的行动只能大大增加发生一场双方都无法想象的大战的可能性"。富布赖特还与莱尔德进行了一场激烈的交锋,指责他在有关苏联第一次打击能力问题上曾误导参议院外交委员会,他的做法严重影响了美国的安全。他批评莱尔德说,"你把每个人都吓得要死,从而得到了你想要的拨款,但是情报部门并不认同你的看法,各项证据表明你是错的"。莱尔德并不甘示弱,反唇相讥,称富布赖特的一些言行损害了美国的国家安全。罗杰斯、莱尔德的证言让富布赖特对尼克松是否真心承诺要控制军备竞赛、寻求缓和产生了怀疑。① 6月22日,尼克松自己也在一次记者会上公开表示,如果美国不再加紧发展新的进攻性战略武器,那么在很短的时间内苏联就会稳步地全面赶上美国,这将使世界上产生更多的不稳定因素,并严重危及美国的国家安全。不仅如此,在他看来,唯有美国继续研制新的武器系统,才有可能促使苏联展开第二阶段限制战略武器谈判。②

对于即将展开的总统大选,富布赖特同样予以高度关注,并积极投身其中,支持麦戈文的竞选。应当说,此举是有着很大政治风险的,因为在阿肯色州的大多数选民并不欢迎麦戈文。富布赖特之所以如此,一是因为两人在反对战争问题上立场一致,认为如果麦戈文当选的话,不仅越南战争很快就会结束,而且还将会采取措施削弱军方在国内的影响;二是因为他认为麦戈文是一位诚实的、

---

① Berman, *William Fulbright and the Vietnam War*, pp. 157-158; Michael Getler, "Laird, Fulbright Clash at SALT Treaty Hearing," *The Washington Post*, June 22, 1972, p. A5.

② Szulc, *The Illusion of Peace*, pp. 594-595; Bernard Gwertzman, "Nixon Sees Peril Unless Congress Votes Arms Fund," *New York Times*, June 23, 1972, p. 1.

富布赖特

有教养的政治家,不像尼克松那样精明、狡猾,因而对国会和普通民众的自由不会构成威胁。富布赖特确信,麦戈文如能很好地展开竞选活动,有可能击败尼克松,赢得选举。①

7月12日,民主党全国大会在迈阿密举行。富布赖特在向阿肯色州代表团发表讲话时表示,提名麦戈文将会促使尼克松尽快结束战争。14日,麦戈文在接受总统候选人提名时表示,自己并没有一个秘密的和平计划,只有一个公开的计划,那就是如果当选为美国总统,他"将在就职之日就停止对印度支那毫无意义的轰炸;在就职后90天内,让每一个美国士兵和战俘离开丛林、离开牢房,回到美国他们各自原来的地方"。他同时表示,今后决不再为维持国外某个无代表性的附庸而使"我国青年流洒宝贵的鲜血","现在也是把我们的力量不再过多地投向海外,而用于重建我们自己国家的时候了"。

民主党全国大会之后,参议院又通过一系列议案,谋求尽快结束越南战争。8月2日,参议院以微弱多数就《国防采购法》通过一项修正案,强调如果北越方面释放了所有美国战俘,在法案通过后的4个月内,所拨付的资金只用于美国从越南、老挝和柬埔寨撤出所有军事力量。富布赖特对于该修正案能否成为法律表示怀疑,因为在众议院里共和党人占据主导地位。他在接受电视采访时指出,美国对印度支那的狂轰乱炸不仅"令人厌恶"而且也是"不道德的";作为一个大国,美国正利用自己的技术优势来消灭一个无力报复的弱小国家。他认为,大多数国会议员和美国民众之所以对美国政府的轰炸行动无动于衷,乃是因为行政部门极为巧妙地偷换概念,用"保护性打击"一词来代替"轰炸"和"摧毁",使得人们

---

① Powell, *J. William Fulbright and His Time*, p.361.

误以为这场冲突已经结束,美国已置身事外。因而,电视台不再像以往那样对战争进行广泛报道,电视台也不再派记者前往前线进行现场报道。很多美国民众不再关注这场战争,因为对他们来说这场战争已经成为遥远的过去。① 这段话也反映了富布赖特对局势的无奈。的确,尼克松的"越南化"政策在国内赢得了不少支持,并使鸽派陷入了困境。

  同样令富布赖特感到沮丧的是,尽管美国参议院在8月4日以88票对2票通过了"反导条约",但对美苏在限制进攻性战略武器方面签署的为期5年的"临时协定"产生了严重分歧。8月初,富布赖特的宿敌、军工复合体集团在国会的代表亨利·杰克逊参议员提出一项修正案,强调为了抵消苏联在导弹发射方面所具有的优势,美国必须坚持洲际导弹的"数量平衡"这一原则。杰克逊声称,他的这一提案得到了尼克松的支持。白宫方面也公开宣布,杰克逊修正案符合美国政府的政策。但在富布赖特看来,这一修正案违背了美苏协定的基本精神。他认为,由于美国在多弹头分导重返大气层运载工具方面享有技术优势,再加上拥有庞大的B-52轰炸机编队和"北极星"潜艇网,根本不用担心美国在战略核力量方面会落后苏联。他强调,在战略力量方面应该维持美苏之间目前的大体均衡,倘若美国要想超过苏联,为本已占据压倒性优势的核武库增加新的战略武器系统,那么这种均衡局面就会被打破。他指责杰克逊等人之所以坚持要求确保美国的战略优势,乃是为了恐吓国会和美国民众以投入数十亿美元发展新的武器系统,加剧军备竞赛。8月10日,在富布赖特的努力下,参议院外交委员会

---

① Berman, *William Fulbright and the Vietnam War*, p.160.

富布赖特

以 11 票对 0 票否决了杰克逊修正案。①

与此同时,富布赖特提出一项修正案,要求在今后达成的限制战略武器协定中应恪守"总体均衡、对等和充分"的原则,而不拘泥于严格的数量平衡。9 月中旬,参议院以 48 票对 38 票否决了这一提案,并以 56 票对 35 票通过了杰克逊修正案,以 88 票对 2 票通过了"临时协定"。富布赖特对杰克逊修正案投了反对票。他表示,尼克松一向对苏联抱有敌视和怀疑态度,本以为这次成功访苏会改变他的看法,但杰克逊修正案的通过表明,美国政府是否真的想谋求缓和,尚难确定。在他看来,尼克松是一个捉摸不定的人,不可能与任何共产党国家达成和解。②

尽管民意测验表明,尼克松的支持率远远高于麦戈文,胜算的可能性非常大,但富布赖特仍坚持不懈,继续为麦戈文的竞选而努力。他向阿肯色州的民主党人强调,如果麦戈文当选,不仅会尽早结束越南战争,而且还将着手解决这场战争所带来的一系列严重的国内问题。10 月中旬,麦戈文要求美国政府应在 90 天内从越南撤走所有军事力量,并停止向阮文绍政权提供一切军事援助。在莱尔德看来,这一要求无异于是美国"无条件投降"。尽管富布赖特对此也有不同看法,认为与仓促撤出相比,更好的办法就是谋求印度支那问题的政治解决,但他仍公开表示希望北越方面能够对麦戈文的提议做出积极回应。③

1972 年秋,作为《权力的傲慢》的姊妹篇,富布赖特的《跛足巨

---

① Bernard Gwertzman, "Jackson Proposal on Arms Rejected by Senate Group," *New York Times*, August 11, 1972, p.1.

② Woods, *J. William Fulbright, Vietnam, and the Search for a Cold War Foreign Policy*, p.263.

③ Charles W. Corddry, "Laird Derides McGovern for 'Surrender' Peace Plan," *The Baltimore Sun*, October 12, 1972, p.A10.

人》一书出版。该书汇集了60年代末他所发表的数篇演说及文章,充分阐述了他对越南战争、冷战及美国对外政策的最新看法。他指出,"我们由于做了不该做的事情而走入了歧途";"我们偏离了我们的民族经验和立国之道所准备让我们去走的道路,而走上了不适当的强权政治和战争歧途,这条弯路耗尽了我们的资源和精神力量,使我们变成了跛足巨人"。他认为,美国正无情地和不负责任地使用自己的巨大力量,这源于美国外交政策过度军事化和过分承担"义务",其结果就造成了美国在越南的困境。他认为,这场战争在国外严重削弱了美国的地位和影响,在国内也造成了物质和精神上的"枯竭"。如果美国在承担国外"义务"方面能有所选择,并不再成为"意识形态的讨伐者",今后就可以避免卷入诸如越南战争这样的灾难之中。他强调,美国必须尽快做出重大抉择,把重点从对外事务转向国内活动,因为美国的重大利益是在国内而不是国外。他警告说,由于长期的战争和危机所引起的日益增长而未受约束的行政权力,对美国民主制度已成为一种明显和现实的危险。他认为,归根到底,一个民主制度如果要继续存在,决不能容许对外政策成为其主要的活动。如果一个国家长期致力于强权政治,就不能不同它本身的民主目的相背离,它就不再是一种民主制度,而变成一种同它本身的愿望和意志相对立的独裁制度。①

与施加军事压力相配合,美国政府也在考虑通过谈判寻求解决越南问题的途径。随着1972年大选的临近,尼克松决定在谈判问题上做出妥协,放弃了长期坚持的要求北越与美国必须同时撤

---

① J. William Fulbright, *The Crippled Giant*, New York: Random House, 1972, p. 13, p. 158.

离南越的要求。此时,北越的谈判立场也有所松动,同意把军事问题与政治问题分开解决,并放弃了原先关于建立联合政府的要求,代之以建立一个由北越、南越、南越民族解放阵线三方同等人数组成的"民族和解与和睦全国委员会",负责举行选举和执行协定。10月8日,基辛格在赴巴黎会谈前夕向媒体表示,"在我们所陷进去的这场战争中,取胜毫无意义,失败则无法忍受","不论结果如何,这场战争对我们国家来说是非常不幸的,我们现在所做的一切都是为了在摆脱这场战争时能保留一丝尊严"。① 与此同时,美国政府也加紧向南越政权施加压力。尼克松在致阮文绍的信中表示,除了接受协议外,"我们别无其他合理办法可供选择"。另一方面,他也安抚说,如果北越方面违反和平协定,美国将采取迅速而有力的报复行动,并承诺向南越提供价值10亿美元的军事装备。10月底,基辛格公开宣称,"和平即将来临"。

令包括富布赖特在内的鸽派议员失望的是,尼克松在大选中取得压倒性胜利后,战事不仅没有结束,反而有升级的迹象。由于谈判不再受美国大选的影响,美国政府的态度变得强硬起来,要求修改原先双方达成的协议草案,增加一项确保北越和南越之间的非军事区不受侵犯的条款,并提出重新讨论有关老挝和柬埔寨停火问题,遭到北越方面的坚决反对,和谈再度陷入僵局。

在圣诞节来临之际,尼克松决定中断谈判,向北越方面施加最大限度的军事压力。美国重新在海防港布雷,并出动大批B-52轰炸机对河内、海防等地的30多个目标(绝大部分是民用目标)进行了自越战爆发以来最为猛烈的轰炸,旨在摧毁北越的后勤补给和支持作战的能力,并对其士气造成"心理影响"。在为期十多天

---

① Kalb, *Kissinger*, p.353.

的轰炸中,美军共倾泻了3.6万吨炸弹,造成了2100多名平民死亡。尼克松向基辛格表示,"不论是大规模轰炸还是小打小闹,我们同样会受到猛烈的攻击;如果我们恢复轰炸,采取的行动必须与以往有所不同,这就意味着我们必须做出使用B-52飞机轰炸河内和海防这一重要决定。任何较小的行动都会使敌人瞧不起我们"。他指示参联会主席托马斯·穆勒说,"这是你有效地使用军事力量以取得战争胜利的机会","必须狠狠地打击敌人","如果做不好,我要唯你是问"。① 一位新闻记者对美军的疯狂行为做出这样的解释:"我们想得到威信,我们想得到信任,我们想得到荣誉。原因就在于此。在想得到这一切的过程中,在所有这些轰炸中,我们的灵魂消失了。我们一天天变成了魔鬼。不管我们有一百条理由,或没有任何理由,反正我们把男人、妇女和儿童炸得粉身碎骨,而我们却麻木不仁"。尼克松私下称,他在再一次扮演"狂人"的角色,旨在促使北越方面做出让步。②

美国政府的"圣诞轰炸"行动激起了国会议员的强烈愤慨,尼克松被指斥为"疯子"。曼斯菲尔德、麦戈文等人再也无法压抑对尼克松的愤怒之情,宣布如果美国政府不能结束越南战争的话,那就由国会来完成这一任务;对于美国来说,目前最为紧迫的就是彻底结束这场战争。富布赖特认为,如果尼克松还不尽快结束战争,国会有必要采取行动促使他这么做,因为"总统患有一些严重的心理问题,被越南的共产主义搞得心神不宁;只要他掌权,就决不会接受任何有可能使南越成为一个共产党国家的解决方案,无论是通过选举还是用其他办法"。就连一直支持美国政府越南政策的

---

① Kimball, *Nixon's Vietnam War*, p.365; Nixon, *RN*, p.734, p.735.
② Thomas Paterson, J. Garry Clifford and Kenneth Hagan, *American Foreign Policy: A History*, Lexington: D.C. Heath Company, 1983, p.604.

富布赖特

俄亥俄州共和党参议员威廉·萨克斯比也认为,尼克松似乎已经"丧失了理智"。众议院多数派领袖威尔伯·米尔斯警告尼克松,除非立即停止轰炸,否则就由国会在1973年来结束战争。一夜之间,民众对尼克松的支持率下降至39%。① 其实,尼克松的狂轰乱炸只不过是用来掩饰撤退而已,"为的是强迫他们接受我们做出的让步"。在北越同意于1973年1月8日重开谈判后,尼克松决定从12月29日起暂停轰炸。鉴于此,富布赖特决定采取"等等看"的态度,以免对谈判造成不利影响,并与尼克松发生正面冲突。他同时向媒体强调,倘若到1月20日仍不能达成协议,"届时我们将使用立法权来结束战争"。②

颇具讽刺意味的是,1973年1月23日,即林登·约翰逊去世的第二天,尼克松宣布巴黎和谈取得重大突破,双方就停火达成协定。富布赖特认为这场战争本早就应该结束,只是因为尼克松、基辛格提出的条件过于过分,实际上等于要对方"无条件"投降,致使战争拖延至今才达成停火协议。尽管如此,他还是立即给尼克松打电话表示祝贺。27日,参加巴黎会谈的美国和越南民主共和国的代表正式签署了《关于在越南结束战争、恢复和平的协定》,确定自1973年1月27日起在越南南方全境实现停火,同时,美国将停止对越南民主共和国领土的一切军事行动,并结束对其海域、港口及水道的布雷;美国将不继续其对越南南方的军事卷入或干涉越南南方的内政;越南南方的两方武装力量"留驻原地",并停止一切针对对方的进攻活动;协定签字后60天内,美军从南越全部撤出,

---

① DeBenedetti, *An American Ordeal*, p. 345; Berman, *William Fulbright and the Vietnam War*, p. 166.

② Szulc, *The Illusion of Peace*, p. 641; Richard Lyones, "Senate Unit Set to Act on Jan. 20," *The Washington Post*, January 3, 1973, p. A1.

并拆除其在南越的军事基地;美国和其他国家尊重1954年关于越南问题的《日内瓦协议》所承认的越南的独立、主权、统一和领土完整;越南南方的政治前途由越南南方人民自己通过在国际监督下进行真正自由和民主的普选来决定。这一协定标志着长达十几年的美国侵越战争的结束。

尼克松显然对富布赖特仍有很深的成见。他在1月31日的记者会上表示,对于达成停火协定一事感到最不快乐的就是那些主张不惜一切代价获得和平的人。白宫顾问查尔斯·科尔森甚至公开指责说,正是国会中批评美国政府越南政策的那些议员妨碍了停火协定的达成,这些人包括富布赖特、麦戈文、丘奇、爱德华·肯尼迪等,他们寻求的是"不体面的和平",而是主张无论后果如何美国也要撤离越南;倘若美国政府的政策能获得两党的一致支持,那么战争或许能早一点结束。尼克松也指示基辛格在发表谈话时应明确指出,众议院和参议院通过的一系列决议案延长了这场战争。① 对此,富布赖特并不在意。对他而言,最重要的是越南战争结束了,美国可以集中精力处理国内事务,特别是重振美国经济。2月初,他写信给尼克松,表示"不愉快的一段插曲已经成为过去",希望重新恢复国会和行政部门之间的合作。他同时告诉罗杰斯,越南战争的结束为参议院外交委员会与行政部门的合作进入一个新时代铺平了道路。②

正当富布赖特打算与行政部门缓和关系之际,尼克松借口北越方面没有遵守巴黎停火协定将军队从柬埔寨撤出,下令美军出动B-52轰炸机轰炸柬埔寨,再次激起了美国国会和舆论的强烈

---

① John Herbers, "Nixon Aids Move against War Foes," *New York Times*, February 4, 1973, p. 29; Woods, *Fulbright*, p. 628.

② Berman, *William Fulbright and the Vietnam War*, p. 168.

富布赖特

批评。富布赖特对尼克松此举感到震惊,强调轰炸柬埔寨是"残暴的"和"不明智的",美国这样做不仅缺乏法律依据,而且也没有任何理由。他怀疑尼克松是否向朗诺政权做出了秘密承诺。在另一方面,他对局势的发展感到悲观,认为权力掌握在行政部门手中,国会没有切实可行的办法使尼克松停止对柬埔寨的行动。他表示,即使尼克松决定明天轰炸缅甸,"我不知道我们如何阻止他这样做,这就是我们政府的性质"。① 曼斯菲尔德表示,"我们正越陷越深,我们正卷入另一场内战","我不知道我们完全撤出印度支那这一天能不能到来","没有任何正当的理由使轰炸柬埔寨继续下去"。参议院共和党领袖斯科特也表示希望"尽快终止轰炸"。②

4月27日,参议院外交委员会美国安全协定和国外义务小组委员会主席赛明顿发表声明说,根据该小组委员会两位工作人员的实地调查,自停战协定签署后,美国在柬埔寨的轰炸大大加强了,平均每天出动 B-52 轰炸机 58 架次;"在柬埔寨的这个冒险行动中,我们正秘密地进行另一场未经授权的战争"。声明指出,"我们的轰炸主要是用来支持朗诺","美国空中力量正在用来攻击柬埔寨的人口较为稠密的地区",这是"一场没有任何意义和不道德的战争",与美国的安全毫无关系。③ 但是,如何阻止"帝王般的总统"采取进一步的行动,使美国避免再次陷入诸如越南战争这样一场没有宣战的战争,国会却感到力不从心。罗杰斯、新任国防部长理查森等则都利用各种机会为美国的轰炸进行辩解,强调根据美

---

① U. S. Senate, *Congressional Record*, March 27, 1973, p. 9717; Berman, *William Fulbright and the Vietnam War*, p. 172.

② 《美国一些国会议员反对美国轰炸柬埔寨和老挝》,《人民日报》1973年4月19日。

③ Berman, *William Fulbright and the Vietnam War*, p. 173; Woods, *Fulbright*, p. 633.

国宪法,尼克松享有充分的权力对柬埔寨采取行动,无须获得国会的授权;轰炸的目的乃是为了敦促北越方面遵守停火协定。他们宣称,如果美国无视共产党的进攻而停止了在柬埔寨的轰炸,那么共产党方面也就失去了寻求停火的动力;毫无疑问,北越方面就会无限期地将其军队和物资留在柬埔寨和老挝。①

  正在这时,"水门事件"逐渐曝光,成为美国民众关注的焦点,使得尼克松自顾不暇,在很大程度上制约了他的行动,为国会的反击提供了良机。同样重要的是,据5月初的民意测验,60%的受访者反对美国轰炸柬埔寨,75%的美国民众认为尼克松在东南亚采取任何行动之前应征得国会的同意。公众舆论的这一导向无疑也为国会的反击提供了有力的支持。5月初,参议院民主党人以压倒多数通过决议,呼吁立即停止轰炸柬埔寨。参议院外交委员会以13票对3票通过一项议案,要求停止向美国轰炸柬埔寨的行动提供经费。与此同时,众议院也通过了类似的决议。5月14日,丘奇、凯斯及其他38位参议员联名提出一项议案,确定停止向在越南、老挝和柬埔寨进行作战的美军拨付任何费用。尼克松对国会的行动大为光火,称停止在柬埔寨的轰炸行动将在实质上破坏促使共产党人坐下来进行谈判的因素,严重损害了美国为在柬埔寨谋求停火而进行的外交努力,并使印度支那走向持久和平的势头"大为逆转"。尽管如此,6月14日,丘奇、凯斯的议案以67票对15票获得了参议院通过。6月底,参议院外交委员会通过决议,明确规定禁止美军在8月15日之后继续在印度支那作战。该议案在参、众两院分别以63票对26票、236票对169票获得通过。一位

---

 ① Bernard Gwertzman, "Rogers Defends Cambodia Raids," *New York Times*, May 1, 1973, p.1, p.11.

第六章　坚持到底

富布赖特

白宫助理向尼克松报告说,国会通过的有关要求切断美军在柬埔寨行动资金来源的议案已不下 5 个,其中一些很难否决掉。富布赖特公开警告说,倘若尼克松置国会的这一要求于不顾,在 8 月 15 日这一最后期限后未经国会同意仍继续轰炸柬埔寨,那他就将面临被弹劾的危险。在致选民的信中,富布赖特表示:

> 如果按照我的要求,美国应在 6 月 29 日就停止对柬埔寨的轰炸。但很不幸,总统具有优势地位,国会无法获得足够多的票数来推翻他的否决。虽然如此,我们还是尽了最大的努力,将 8 月 15 日作为美国停止轰炸柬埔寨的日期写入总统不得不签署的议案。我对轰炸时间的延长感到非常遗憾。但我确信,在事关使用美国军事力量这一问题上,国会已迫使总统接受了国会的权威,从而朝着恢复固有的宪政平衡方向迈出了重要一步。①

在国会的强大压力下,尼克松被迫同意在 8 月 15 日停止在柬埔寨的轰炸行动。不仅如此,富布赖特领导的参议院外交委员会还于 7 月中旬否决了尼克松对乔治·戈德利的任命。富布赖特认为,作为美国驻老挝大使,戈德利曾长期参与策划并领导了美国在印度支那地区的秘密战行动,因而不适宜担任负责远东事务助理国务卿这一重要职位。尼克松对此大为不满,认为这是对其权威的明显挑战。其实,富布赖特之所以反对戈德利的提名,并非要挑战尼克松的权威,在很大程度上是对美国政府的印度支那政策表示不满。戈德利不过是一位奉命执行美国政府政策的大使,而非政策的决策者。

---

① Powell, *J. William Fulbright and His Time*, p. 364, pp. 365-366; Woods, *Fulbright*, pp. 636-637.

8月中旬,罗杰斯辞职,尼克松提名基辛格出任国务卿。对此,富布赖特表示欢迎。尽管两人对于美国的印度支那政策有着严重分歧,但在对华政策、对苏关系和中东问题上,富布赖特非常赞同基辛格的做法。不仅如此,两人的私交甚好。在富布赖特看来,"水门事件"严重影响了尼克松的地位和影响,要想确保美国对外政策的一致,并应对来自强硬派的挑战,恐怕只有基辛格才能担此重任。

为了获得参议院外交委员会的支持,基辛格几次拜会富布赖特、曼斯菲尔德等人,承诺今后要加强与外交委员会的合作,并保证如果没有国会的批准,美国政府不会在印度支那采取进一步的行动。最终,该委员会以16票对1票通过了对基辛格的提名,只有麦戈文表示反对。富布赖特随后发表一项声明强调,他赞同基辛格的提名并不意味着对政府的越南战争政策和增加军备开支等做法的支持,并表示相信基辛格将会履行做出的在对外事务方面要与国会密切合作这一承诺。9月21日,参议院以78票对7票通过了对基辛格的提名。次日,基辛格宣誓就任国务卿。有媒体报道,基辛格就任国务卿后首次参加的正式活动就是与富布赖特一起进餐,两人关系之密切可见一斑。在随后的几个月中,基辛格几乎每天都与富布赖特通电话,就美国外交政策的相关问题进行磋商。基辛格承诺,在制定和实施对外政策方面,国务院将与国会部门保持不断的、全面的磋商。①

印度支那战争结束了,但富布赖特对美国政府外交政策的批评并未停止。他强烈反对尼克松政府建设三叉戟潜艇的计划,认

---

① Berman, *William Fulbright and the Vietnam War*, p.185; "Kissinger Seeking Views of Congress," *New York Times*, September 28, 1973, p.3; Stanley Karnow, "The Kissinger-Fulbright Courtship," *The New Republic*, December 29, 1073, p.16.

为此举很可能导致出现新的军备竞赛,危及美苏关系缓和的前景。他告诫议员们说,当他们为是否同意为这一计划拨付资金投票时,不仅仅是在为美国投票,而且也是在为苏联投票。6月中旬,苏联领导人勃列日涅夫访问美国,富布赖特特意为他安排了一场午餐会,使其有机会与20多名包括外交委员会成员在内的有重要影响力的参议员见面。在近三个半小时的会见中,勃列日涅夫阐述了苏联的对外政策,并强调"对我们而言,冷战已经结束"。① 10月初,在华盛顿举行的一次会议上,富布赖特盛赞尼克松、基辛格"均势外交"的同时,也奉劝他们不要寻求军备竞赛,因为这不仅有损缓和政策,而且也会对美国经济造成不利影响。他特别强调,美国经济正面临着严重问题,当务之急就是要重建国内社会的均衡发展,确保国内的稳定。②

这一时期美国国会对于行政部门权威的最大挑战是限制总统发动战争的权力。其实,包括富布赖特在内的不少议员一直在酝酿如何进一步限制总统的战争权。富布赖特认为,多年来,由于冷战和一连串的外交危机使得美国民众将注意力集中到对美国国家安全的威胁以及如何应对威胁的措施上,以致变得忽视了法律和宪法问题;参议院外交委员会所起的作用就是对政府行政部门提交的政策和计划给予"绝对赞成"。正因为如此,使得国会在外交事务方面的权力越来越小,未能很好地行使自己的职责。他指出,"当世界处于危机时刻,对于什么是爱国与责任的要求,国会存在着善意的、然而是错误的看法,因而允许总统从国会手中夺去了宪法赋予国会的两项至关重要的对外政策权力,即发动战争的权力

---

① Woods, *J. William Fulbright, Vietnam, and the Search for a Cold War Foreign Policy*, p.273.

② U.S. Senate, *Congressional Record*, October 9, 1973, pp.33262-33266.

和参议院对于重要的对外义务承担给以同意或否决的权力。这两种权力被总统都夺过去了"。在他看来,"为了实施外交政策,特别是为了进行战争,我们的国家已经变成一个总统独裁制的国家"。①

1973年10月初,美国国会终于通过了《战争权力法案》,确定如果发生了对国家安全构成重大威胁的紧急事态,总统可以未经国会的授权动用美国武装力量,期限为不超过60天;除非国会已宣战,或国会特别授权总统继续使用该武装部队,或把期限加以延长,否则在这一期限结束之后国会将以联合决议的形式要求总统停止军事行动,而且总统对此不能行使否决权,确有必要时,延长动用军队的时间不得超过30天;总统下令军队投入战斗之前,必须尽一切可能与国会磋商,并向国会报告每天所采取的军事行动;总统在军队投入战斗48小时内得向国会报告,说明动用军队的理由、宪法和法律根据,以及估计冲突的范围和时间的长短。10月24日,尼克松否决了这一法案,并称该议案对总统权力的制约不仅不符合美国宪法,而且也危害了美国的国家利益。11月7日,国会两院联席会议又推翻了尼克松的否决,该项议案成为法律,得以生效。此举被视为美国国会在反对"帝王般总统"方面所取得的"最大胜利",具有里程碑意义。②

五、告别政坛

1973年8月底,富布赖特公开宣布将再度寻求连任,认为阿肯色州时任州长邦珀斯可能不会挑战他的参议员席位。在他看来,

---

① U. S. Senate, *Congressional Record*, February 5, 1971, pp. 1867-1870; Fulbright, *The Crippled Giant*, p. 187, p. 193.

② Carter and Scott, *Choosing to Lead*, p. 121.

富布赖特

如果邦珀斯打算竞选的话,会直接告诉他或通过中间人传递这一信息。富布赖特显然低估了邦珀斯的志向。1974年3月下旬,邦珀斯正式宣布参加竞选参议员。富布赖特日后表示,如果早知道邦珀斯决意要向华盛顿进军,自己就要从参议院的位置上退休了。①

为了竞选成功,富布赖特请基辛格给予帮助。2月中旬,基辛格前往阿肯色小石城,就中东问题、能源危机等问题征求富布赖特的意见,引起了不少媒体的关注。尽管如此,决定富布赖特政治命运的还是阿肯色州的选民。竞选中,邦珀斯利用民众对国会的不满,强调国会需要有新的面孔,并将通货膨胀、能源危机、健康保险、联邦预算以及土地使用等民众普遍关心的问题列为竞选活动的主要议题。令富布赖特深感沮丧的是,邦珀斯还是在初选中获得胜利,这使他面临艰难的抉择:要么退出选举,要么坚持到底。他选择了后者,确信凭借自己的声望和丰富的从政经验能够击败对手。5月25日,基辛格从耶路撒冷打电话给富布赖特,通报有关中东和谈的最新进展,此举旨在显示他对富布赖特的支持。26日,富布赖特与邦珀斯展开了面对面的最后交锋。实际上,两人在对内、对外政策方面立场基本一致,几乎没有什么重大分歧。结果,邦珀斯大获全胜,几乎赢得了每一个选区,包括富布赖特的家乡在内。

此前富布赖特曾赢得五次选举胜利,这已经是一个很大的奇迹。这次他之所以失利,在很大程度上是因为:第一,年龄较大,并且很少像其他参议员那样频繁地往返家乡州联络与选民的感情,以致疏远了选民,在阿肯色州的政治地位已变得非常脆弱;第二,

---

① Harold T. Smith, "J. William Fulbright and the Arkansas 1974 Senatorial Election," *The Arkansas Historical Quarterly*, Vol. 44, No. 2, Summer 1985, p. 116; Woods, *Fulbright*, p. 661.

富布赖特在民权运动和中东问题上的态度,使得相当一部分非洲裔美国人以及亲以色列的美国人对他一直持反对态度,这些人不仅将选票投给了他的竞争对手,而且还对邦珀斯的竞选活动给予了资助;第三,邦珀斯任州长期间,在教育、福利、民权以及提高劳工待遇等方面采取了一系列措施,颇受民众欢迎,且年富力强,充满活力,其在对外政策方面的主张与民主党主流的观点相一致。或许正是因为两者对美国内政外交方面的许多看法有着共同之处,在时隔数年之后,富布赖特与邦珀斯重新言归于好。

竞选结果并没有使富布赖特消沉。他回到华盛顿后,仍恪尽职守,密切关注美国对外政策的新动向,其中一项就是美国向南越的援助问题。6月26日,富布赖特与国防部长詹姆斯·施莱辛格就此问题展开了争论。施莱辛格称,美国对南越和柬埔寨人民负有"道义上"的责任和义务,应该继续向其提供援助,以确保其"自由地选择"的政权形式。富布赖特对此回击说:所谓的"义务"是值得怀疑的,美国的确负有道义上的义务帮助这些国家重建被美国所破坏的社会结构和基础设施,但绝没有"义务"要维持阮文绍政权的统治,该政权显然并不是南越人民"自由选择"的结果。①

8月9日,尼克松因为"水门事件"宣布辞职。富布赖特虽然对尼克松的印度支那政策一直持批评

在阿肯色州参与竞选的富布赖特
图片来源:鲍威尔著的《富布赖特及其时代》

---

① Berman, *William Fulbright and the Vietnam War*, p.193.

富布赖特

态度,但对于他推行"均势外交",打开对华关系大门,并缓和同苏联的关系、积极推进中东和平进程等一系列外交行动给予了积极支持。富布赖特在参议院讲话时强调,目前对美国来说最重要的就是从"水门事件"和越南战争所造成的创伤中走出来,提议应赦免尼克松,他已经为自己的行为付出了沉重的代价。他认为,尼克松是一位颇有远见的政治家,比战后任何一位美国总统都更为深刻地了解国际政治的现实,更重要的是他顺应了时代的需要,从而赢得了人们的赞誉和感激。① 应当说,富布赖特对自己的对手所表现出来的敬重、宽容也从一个侧面展现了他可贵的人格和品行。数周后,福特总统宣布赦免尼克松。

8月中旬,经过长时间的酝酿,富布赖特就美苏关系举行公开听证会,旨在促使福特政府抵御住来自强硬派的压力,继续推行缓和政策,并在国内掀起一场大讨论。实际上,富布赖特很早就开始筹划听证会的召开,但由于"水门事件"等原因,拖延至今。令富布赖特颇为失望的是,此次听证会并未取得预期效果。媒体和民众关注的焦点集中在尼克松的辞职和福特的继任,强硬派代表人物亨利·杰克逊参议员和国防部长詹姆斯·施莱辛格等拒绝出席,前驻苏联大使和苏联问题专家凯南、哈里曼等虽然出席了听证会,但在媒体看来他们的证言缺乏足够的新闻价值。因而,听证会最后黯然收场。

这一时期令富布赖特感到颇为欣慰的一件事或许就是率团访华。9月初,以富布赖特为团长的美国国会代表团对中国进行了为期12天的访问。5日,时任中国国务院副总理的邓小平会见了美

---

① U. S. Senate, *Congressional Record*, August 9, 1974, pp. 27624-27625; Powell, *J. William Fulbright and His Time*, p. 380.

国国会议员团全体成员和他们的夫人以及随行人员,并同他们一起合影留念。随后,邓小平同富布赖特、议员团团员以及随行人员进行了谈话。富布赖特认为,这次访问加强了华盛顿和北京之间的关系。富布赖特在回国后接受媒体采访时表示,"我们发现我们交换意见有助于说明我们同中国人具有共同观点,并且有助于澄清我们之间仍然存在的很实在的分歧"。他说,"我们相信我们的访问有助于加强中华人民共和国和美国之间的关系"。富布赖特还盛赞中国方面的热情款待,称"我一生从来没有看到过这样的食物"。代表团同中国外交部的主要官员进行了5个小时的讨论,并在中国进行了广泛的旅行。富布赖特向中方保证,尽管美国改换了总统,美国对中国的政策将继续下去。他认为,尽管有台湾问题,但美中关系有足够的势头能保证缓和持续下去。他说台湾仍然是妨碍美中关系得到任何重大改善的障碍,但同时表示中国"是一个很有耐心的民族"。他称赞中国人"纪律性很强","我没有看到他们中间有任何关系紧张的迹象,他们不彼此进行倾轧"。汉弗莱也表示,"这是一次了不起的旅行,真是再好不过了"。①

本来,福特、基辛格曾打算让富布赖特从参议院退休后出任美国驻英大使一职,但被婉拒。12月19日,富布赖特在参议院发表告别演讲。他回顾自己的政治生涯时说,开始的奋斗目标是努力建立一个维护世界和平的国际组织,并展开国际文化交流,以增进世界各国人民的相互了解,并认为这是国际关系中"最为重要"和"最有前途的"事情,但到后来却不得不转向反对"过度的冷战"和越南战争。他表示,"人们要是记得我,我想那是因为我是持不同

---

① 《合众社报道富布赖特返美时的讲话》,《参考资料》1974年9月16日下午版,第19页;《合众社报道富布赖特同记者的谈话》,《参考资料》1974年9月19日下午版,第23—24页。

政见者。虽然持不同政见并非我的初衷，但是当重大问题违背了你最崇高的愿望和最强大的信念时，你别无选择，只能表示异议，除非你放任不管。"① 这句话体现了他作为一名杰出的政治家一生所恪守的行为准则。

退休后的富布赖特出任了华盛顿一家律师事务所的顾问，并享受着悠闲的生活，但仍然关注着美国的对外政策，特别是美苏关系和中东局势的发展。1983年11月，他还就美国对苏政策和美苏关系出席国会听证会。他非常担心，里根政府对苏联奉行的强硬政策有可能导致两国关系的恶化，并使自70年代以来东西方关系出现的缓和趋势出现逆转。1989年，富布赖特因"建立了本世纪规模最大的国际学术和文化交流项目，为教育做出

富布赖特与克林顿（1963年）
图片来源：伍兹著的《富布赖特传》

了重要贡献"而获得了希腊"奥纳西斯奖"。1990年，莫斯科国立大学同样因富布赖特的国际交流项目授予他荣誉学位。1992年克林顿当选为美国总统，这令富布赖特极为兴奋。克林顿年轻时曾参与富布赖特的竞选工作，并且也是罗兹奖学金获得者，是富布赖特的得意门生。1993年5月5日，由参加国际交流项目的学者组成的"富布赖特协会"举行了盛大宴会，400多位嘉宾出席，克林顿亲自授予富布赖特"总统自由勋章"。1995年2月9日凌晨，89岁高龄的富布赖特在睡梦中安详地离世。

---

① U. S. Senate, *Congressional Record*, December 19, 1974, pp. 41075-41076.

第六章　坚持到底

克林顿总统授予富布赖特"总统自由勋章",
陪伴他的是其夫人哈丽特·富布赖特
图片来源:鲍威尔著的《富布赖特及其时代》

结　语

　　作为战后美国颇有影响的政治家,富布赖特赢得了人们的广泛赞誉。爱德华·肯尼迪参议员认为,在美国历史上,只有少数几位参议员可以在对外交事务的理解和影响美国外交政策实施方面与他相媲美;"从富布赖特项目到越南战争时期他所表现出来的坚持不懈的勇气和远见卓识,再到为越战之后的美国指明一条新的发展方向",富布赖特"都体现了睿智、治国才能和领导能力的最高水准"。曼斯菲尔德、戈尔也都评价说,作为参议院外交委员会主席,富布赖特博学多才,富有胆识,出色地履行了自己的职责,尤其是在恢复参议院在制定外交政策的作用方面贡献良多。就连他的对手、一位极端反共的鹰派参议员约翰·麦克莱伦也不得不承认,富布赖特是他们这一时代的"先知";对于当代的一些重大问题,他不囿于成见,敢于提出自己的独立看法,结果证明他的立场是正确的。① 学者们虽然对于他是"新孤立主义者"还是一个具有现实主义眼光的"国际主义者"看法不一,但基本的观点是一致的,那就是都将其视为美国"当今最伟大的持不同政见者"和战后美国国会中

---

　　① Powell, *J. William Fulbright and His Time*, pp. 424-425; Lynn and McClure, *The Fulbright Premise*, pp. 74-75.

结语

对外交政策"最直言不讳的批评者"。他毕生所倡导的人与人之间的相互理解与包容、不同社会的和平共处和集体安全是其留给后人影响最为深远的遗产。

富布赖特一生中,关注最多的就是如何促进国际文化交流,以加强各国人民之间的相互了解,从而确保世界的长久和平,并多次表示国际交流计划是其一生中最为重要的成就。在他看来,教育是改变国际关系性质的重要工具,尽管并不是使人类避免灾难的最快办法,"但却是我们所拥有的避免灾难发生的最强大的力量"。①

反对美国的对外干涉在富布赖特的外交思想中占据着重要地位,并贯穿其一生。在美国的外交思想中,"天赋使命"观念根深蒂固。自从移民美洲大陆起,美国人就自认为是上帝的宠儿,要在美洲建立一个"山巅之城",成为世人的榜样,并自以为肩负着拯救人类的神圣使命。这些思想在以后的外交实践中往往发展成为对外干涉、维护自身利益的堂而皇之的借口。在富布赖特看来,"我们绝大多数人深深地依恋着自己的价值观念,并笃信自己的优势和长处。但是当你看一下外交政策,就会发现政治领导人们的慷慨陈词,坦诚地谈论理想,却很少描述他们的真实政策,而更常见的印象是模糊他们的真实政策。我们通常是在掩饰我们的激烈争夺和私利"。他认为,"历史已经充分证明,我们既无能力,也无意扶植最优秀的人上台,并不想在我们进行干涉的国家创立诚实、稳定和民主的政府",并指出美国人总是感到自己优越的心理是"对别国人民的一种轻蔑"。他这样写道:

第二次世界大战以前,美国的对外干涉几乎完全局

---

① Berman, *William Fulbright and the Vietnam War*, p.75.

富布赖特

限于我们公开宣布的在拉丁美洲的势力范围。第二次世界大战以来,美国已成为在全球实行对外干涉的国家。作为战后时期实力最强的国家,我们总是认为我们有进行干涉和维持秩序的责任。这里涉及一种理想,但我以为是错误的理想。我们根本不可能这么办。我们不具备这样的经验,这方面的知识,或者说根本没有这个能力。在伟大的非殖民化运动席卷全世界的情况下,我们不能认为在哪里觉察到某种利益受到危害或者有某种威胁需要去对付,就到那里去进行干涉。这一点慢慢变得明显了,这是个痛苦的过程。但是,这种观念一度使我们误入歧途,而且一定程度上还在把我们引向错误的道路。只有在有了付出昂贵代价的经历之后,我们才开始认识到,干涉往往违背了我们自身最重要的利益,而且在许多情况下(如果不是大多数情况的话),它并没有在有关国家起到有益的作用。①

富布赖特认为,美国不应该到处干涉他国内政,不应当自认为美国模式就是世界唯一的模式,更不应该傲慢地以为美国可以用自己的力量来促使其他国家按美国的标准和价值观行事。他指出,大国往往犯错误的深层原因主要在于"那种认为大国可以轻而易举地塑造和统治世界的观点",美国努力的方向是应当成为其他国家学习的榜样。他批评说,"人们常常将权力与美德相混淆,大国特别容易接受这样的想法:它的权力象征着上帝的恩赐,因此要担负对其他国家特殊的责任——使他们更富有、更幸福、更聪明,按照自己的光辉形象重新塑造它们,把权力混淆为美德也常常将

---

① Fulbright, *The Price of Empire*, p. 8, p. 153.

自己当作是万能的,一旦具有了使命感,一个大国很容易认为它既有义务又有办法来完成上帝的任务"。他说,"人类最大的虚荣心莫过于相信自己的价值观能放之四海而皆准,最大的蠢事也莫过于试图将某一个社会的偏好强加给一个并不心甘情愿的世界"。①

在他看来,美国并不具备强行干涉他人并为其制定政策的智慧;"我们自己的问题尚且把我们搞得精疲力竭;认为我们能够独立地帮助其他国家处理他们复杂的内部事务是愚蠢的。如果有什么可以施加影响的话,最好的办法便是通过榜样的力量,我们明智地管理好自己的事务,为他国树立榜样"。一些人由此认定富布赖特支持"新孤立主义",甚至是"新孤立主义"的代表。这种观点显然有失偏颇。富布赖特并非赞成美国一味地退缩到"美洲堡垒",对国际事务采取漠不关心的态度,而是主张有选择性地干涉。倘若其他国家对美国的国家利益和安全造成威胁,美国就应进行干涉。"我们只有在自己的实际利益受到威胁时才应当进行干涉",除非至关重要的国家利益真正受到威胁,否则"我们是不应进行干涉的"。他提出,"如果美国退回到我们的决策者所一直害怕的孤立主义,这并非是我们这些支持有选择性地对外承担义务的人产生了影响,而是对美国在越南盲目干涉所做出的一种反应"。②

富布赖特反对美国对外进行军事干涉,认为美国应该走的道路是强调援助的形式,而不是使用武力,不能把美国的民主制度强加于人。他说,"如果我们让我们的邻国做出自己的判断、允许他们犯错误,而只把我们的援助局限在经济和技术领域,而不是用军事手段把我们的价值观强加给他们,也许他们可能就会慢慢找到

---

① Fulbright, *The Price of Empire*, p. 128.
② U. S. Senate, *Congressional Record*, December 8, 1967, p. 35559.

富布赖特

民主和尊严"。在富布赖特看来,美国的干涉违背了开国元勋所确立的原则,错误地炫耀美国的武力。对于美国来说,对其他国家产生影响最好的办法是运用榜样的力量,明智地管理好美国自身的事务,为其他国家树立一个样板,而不是把自己的制度强加于人。他指出:

> 如果美国在这个世界上应该做出它的贡献的话,我相信它有这样的贡献,在很大程度上应是通过自己的典范来做出贡献。当我们过多地卷入别国事务的时候,我们不仅在消耗我们的资产和否定我们自己国家的人民正当地享用其资源的权利,而且我们也让世界失去了一个可以享受最高程度自由的自由社会的典范。①

应当说,富布赖特所追求的目标与那些扩张主义者并没有什么本质的区别,都是要维护美国在世界上的主导地位,确保美国的全球利益,两者之间的不同是采取何种方式和手段才能实现这一目标。

富布赖特多次指出,美国的民主制度未来所面临的真正和最大的威胁来自内部,并且认为对这一点怎么强调都不过分。他说,"我们大有可能由于滥印钞票、猛增赤字、通货膨胀和国内经济、政治生活的畸形,而不是由于苏联的入侵,将我们的民主制度丧失。庞大的军备开支严重影响了美国的经济。我们在世界各地付出的补贴和进行干预的开销太大,而且往往不见成效,这是我们将遭受严重失败的原因,也是美国自身经济恶化的原因"。②

---

① Fulbright, *The Arrogance of Power*, p. 14; U. S. Senate, *Congressional Record*, May 17, 1966, p. 10808; 王立新:《意识形态与美国外交政策》,北京大学出版社 2007 年版,第 126 页。

② Fulbright, *The Price of Empire*, p. 146.

结语

根据美国宪法,国会在对外事务方面享有如下权力:对条约的建议与同意权;建议对行政任命的同意权;拨款权;宣战权以及其他权力。在进行全体表决之前,这些权力中的相当一部分首先是要由参议院外交关系委员会来进行审议。因而,富布赖特对于美国外交政策的制定与实施具有相当大的影响力。

在20世纪60年代之前,富布赖特基本上对美国政府的对外政策采取了积极合作的态度。尽管与杜鲁门在一些外交问题上有不同意见,但他对杜鲁门主义和马歇尔计划以及北约的建立等都给予了全力支持。他明确指出,美国国会不能也不应当在美国外交政策中扮演决定性的角色,而是主要起咨询、阐释及教育的作用,主张美国民众和国会议员应该把外交决策权交给总统和国务院的专业外交人员,相信他们所做出的外交决策。1950年12月,杜鲁门政府的亚洲政策在国内遭到激烈的批评,参议员布鲁斯特质问富布赖特:"这位来自阿肯色州的参议员,您难道不认可宪法中的参议院在外交政策中拥有建议和批准权力的规定吗?"富布赖特明确表示,"对任命和条约有建议和批准权力,对外交政策的制定则没有"。① 1954年年初,俄亥俄州共和党参议员约翰·布里克提出一项议案,确定唯有经过国会两院的同意,美国总统与其他国家签署的任何行政协定才能生效。该提案得到了62名参议员以及美国律师协会、美国商会等组织的支持。富布赖特对此却表示坚决反对,将此举斥之为"孤立主义行径",是19世纪50年代以来对美国宪法"最猛烈的攻击",旨在扼杀美国总统行使美国所承担的外交责任和义务。他支持美国总统在外交政策方面的独立领导地位及主动精神,认为这是宪法赋予总统的权力,要使总统能够在国际

---

① U. S. Senate, *Congressional Record*, December 18, 1950, p.16694.

富布赖特

舞台上充分地行使美国宪法所赋予的权力。同时,国会议员对国内问题可能更为熟悉,他们代表着某一地区的利益,在考虑外交政策时往往不可避免地会带有地方色彩,而总统则代表整个国家的利益。基于这些考虑,他确信国会在外交决策中不会具有决定性作用,也不应占主导性地位,而是应积极地支持和配合行政部门展开工作。①

就任参议院外交委员会主席之后,富布赖特希望行政部门在外交决策中发挥更加积极的作用,甚至主张参议院放弃批准条约的权力,以加强总统作为总司令的权力,认为参议院外交委员会应该在外交政策制定过程中置身事外,放弃监督的作用,只充当一个向美国民众阐释总统的外交政策并使之合法化的教育机构,帮助民众理解并支持这一政策,使美国在外交事务方面只有一个声音。为了更好地帮助总统制定对外政策,他主张参议院外交委员会应加强知名学者与参议员、大学与政府部门之间的交流与沟通,使专家们的研究成果能有助于长远外交政策的制定。② 直至1966年,富布赖特并未公开批美国政府的对外政策,确信最高决策者能够明智地、克制地使用权力。对他来说,更担心的是右翼极端主义势力对美国外交所产生的影响。随着美国在越南战争的泥潭中越陷越深,促使富布赖特不断修正自己的立场,成为一名尖锐抨击美国总统无限制扩大并滥用权力的代表性人物。

自从与约翰逊决裂后,富布赖特即开始谋求恢复美国宪法赋予国会在外交事务方面的权力,使其在美国外交的制定和实施过程中发挥更大的作用,要求参议员运用宪法赋予的权力,以确保更

---

① Woods, *Fulbright*, p.192; Lynn and McClure, *The Fulbright Premise*, pp.99-100.
② Bullert and Casey, "The Foreign Policy of Senator William F. Fulbright," pp.454-455.

好地维护美国的自身利益。他认为，参议院有责任对总统及其顾问所实施的外交政策进行评估，并提出建议，批准或反对行政部门在外交政策方面所采取的主要行动，同时国会也有责任成为一个发表不同观点的论坛，充当在美国民众和美国政府之间进行沟通的桥梁，这是美国宪法赋予参议院的使命。他多次抱怨，在外交政策的制定和实施方面，行政部门几乎拥有了"独裁的权力"。① 在他的推动下，美国国会通过了一系列议案，对行政部门在外交事务上的权力予以限制，从而部分恢复了国会在外交领域的影响力。

到了70年代初，富布赖特又对行政部门的权力可能受到过分削弱感到不安。他提出：

> 那种认为行政部门和立法机构总是意见一致的看法不免有些天真，但是，如果对问题展开公开和清晰的辩论，就有可能避免近十年来所产生的双方之间的公开混乱、猜疑和疏远。每一部门都有各自的权力和责任。相互发生一些冲突是难免的，有时也会对国家利益有益。在最近几年，每一方都有可能过分地强调自己所享有的权力，但很显然，只有在每一方对自己的权威以及对方的权力有着清楚认识的时候，美国的宪政体制才能最好地运转。我们希望这种均衡能够得到恢复，因为没有一方是永远都正确或全能的。②

富布赖特善于独立思考，对所发生的事情有自己独到的分析和判断，而非人云亦云。他曾明确指出，保持党派的团结或者接受

---

① Fulbright, *The Arrogance of Power*, p. 44; Lynn and McClure, *The Fulbright Premise*, p. 52.

② Hnery Kissinger, *Years of Upheaval*, Boston: Little, Brown and Company, 1982, p. 430.

富布赖特

党派的领导并不是需要优先考虑的问题,参议院中提出批评意见的主要责任自然由反对党承担,但偶尔反对党过于薄弱,或非常赞同总统的政策,或这两种情况都存在,因而反对党无法提出明智而负责任的反对意见。在这种非常情况下,提出批评意见的责任最好由来自总统党派的成员承担,这比没有任何反对意见要好。富布赖特决心履行自己的职责,捍卫美国的政治体制,更好地维护美国自身利益。① 也正因为如此,富布赖特的对外政策主张在美国国会中往往并不占主流地位。

除了国际文化交流外,富布赖特认为,对外援助也是促进美国国家利益的重要手段。因而,他对美国政府的一系列对外援助行动给予了坚决支持,包括租借法案、马歇尔计划和第四点计划以及美国政府提出的一系列双边援助法案。但是,他不赞成艾森豪威尔政府那种牺牲经济援助和文化交流而过于重视军事援助的政策,认为美国这样做是在把部落和地区间的争斗从利用原始武器的小型冲突转变为能够摧毁所有人口的现代的致命的战争。他表示,鉴于苏联把发展中的第三世界作为主要的争取对象,那么美国帮助这些国家解决经济和社会问题就要比提供坦克和子弹更为重要。他同时认为,多国援助渠道要比双边援助要好,因为"双边援助很容易被变成错误地施加政治压力的手段"。如果美国对其他国家的发展援助态度是认真的,就应使它"国际化",通过联合国以及世界银行等机构加以实施,使之与政治干涉脱钩。②

约翰逊曾指责富布赖特反对越南战争是出于个人利益的考虑,发泄对从没有当上国务卿的不满并以此来引起人们的关注,并

---

① Fulbright, *The Arrogance of Power*, pp. 55-56.
② Fulbright, *The Price of Empire*, p. 173; *The Arrogance of Power*, pp. 224-225.

结语

称自己不论对越南采取何种政策,富布赖特都会照样批评。很显然,这一说法表明约翰逊对富布赖特有着极深的成见。其实,富布赖特之所以在60年代中后期走上了反对越南战争的道路,主要是基于以下几方面的考虑:其一,认识到促使美国在越南越陷越深的所谓"多米诺骨牌理论"是完全没有根据的,越南战争在本质上是一场内战,美国不可能赢得胜利。其二,旷日持久的战争给美国国内的政治、经济和社会乃至民众心理都造成了极为严重的负面影响,是诸多国内问题产生的主要根源,只有结束了越南战争,这些问题才能得到解决或缓解。其三,越南战争削弱了美国的国际地位和影响力,危及美国与盟国以及苏联、东欧国家的关系,同时还包含着与中国或苏联发生全面冲突的巨大危险。①

在反对约翰逊的越南政策中,富布赖特面临着很大的困境,受到诸多因素的制约。首先是在制度层面,大多数国会议员虽然对行政部门在外交事务方面的权力过大表示不满,但同时认为国会也并非制定对外政策的合适机构。不仅如此,国会的公开辩论和磋商导致的混乱不仅会导致美国外交的举棋不定,而且势必会延长战争,从而使更多的美国人付出生命的代价。正因为如此,尽管不少议员对越战持反对或怀疑态度,但始终没有形成一支强有力的、有组织的反对力量。很长一段时间,包括富布赖特在内的鸽派在国会中一直处于孤立地位。根据《国会季刊》的调查显示,1966年10月,国会中48.5%的议员支持约翰逊的越南政策。甚至到了

---

① Goodwin, *Lyndon Johnson and the American Dream*, p. 313; Fulbright, *The Arrogance of Power*, pp. 180-181.

富布赖特

1967年8月,约翰逊在参议院仍享有44%的支持率。① 其次是党派政治的影响。在对外关系方面,美国一直有着所谓"两党一致"的传统。富布赖特与约翰逊同属民主党,这在一定程度上使得他在反对美国政府的政策方面必须有所克制。同时,他还必须考虑到阿肯色州大部分选民的政治倾向。与南部各州一样,阿肯色州的民众大都对越南战争持支持态度,赞成美国政府采取一切手段以取得军事胜利。因而,他们一方面对富布赖特在越南战争问题上所表现出来的"诚实和正直"表示敬佩,但同时也对他坚持反对意见的做法感到不满。1967年5月阿肯色州小石城电视台所做的民意测验显示,有54%的受访者表示反对富布赖特在越南战争问题上的立场。正因为如此,富布赖特一方面反对战争的升级,但同时也明确表示不赞成美国单方面从越南撤出。显而易见,为了政治前途的需要,富布赖特在反对越南战争的道路上不得不谨慎行事。② 即使如此,正是因为在美国拥有一批像富布赖特这样负责任的、有良知的政治家,才使得美国决策者在对外政策方面终究不敢一意孤行、为所欲为。

---

① Michael Barnhart, *Congress and United States Foreign Policy*, Albany: States University of New York Press, 1987, pp.178-179; John Rourke, *Congress and the Presidency in U. S. Foreign Policymaking*, Boulder: Westview Press, 1983, pp.209-210.

② Woods, *Fulbright*, p.466.

参考文献

中文文献

李期铿:《台前幕后:参议院外交关系委员会主席与美国外交》,世界知识出版社 2008 年版。
时殷弘:《美国在越南的干涉和战争》,世界知识出版社 1991 年版。
王立新:《意识形态与美国外交政策》,北京大学出版社 2007 年版。
资中筠主编:《战后美国外交史:从杜鲁门到里根》,世界知识出版社 1994 年版。

英文文献

美国政府出版物和资料集:

Sheehan, Neil, et al. , *The Pentagon Papers as Published by the New York Times*, New York: Bantam Books, 1971.

U. S. Congress, *Congressional Record*, 1945-1974, Washington, DC: Government Printing Office.

U. S. Department of State, *Foreign Relations of the United States* (FRUS), 1964-1968, Vol. 1-2, Washington, DC: Government Printing Office, 1996.

著作:

Austin, Betty, *J. William Fulbright: A Bibliography*, Westport: Greenwood Press, 1995.

富布赖特

Berman, William C., *William Fulbright and the Vietnam War: The Dissent of a Political Realist*, Kent, OH: Kent State University Press, 1988.

Brown, Eugene, *J. William Fulbright: Advice and Dissent*, Iowa City: University of Iowa Press, 1985.

Carter, Ralph and James Scott, *Choosing to Lead: Understanding Congressional Foreign Policy Entrepreneurs*, Durham: Duke University Press, 2009.

DeBenedetti, Charles, *An American Ordeal: The Antiwar Movement of the Vietnam Era*, Syracuse: Syracuse University Press, 1990.

Dallek, Robert, *Flawed Giant: Lyndon Johnson and His Times*, New York: Oxford University Press, 1998.

Fry, Joseph A., *Debating Vietnam: Fulbright, Stennis, and Their Senate Hearings*, Lanham: Rowman & Littlefield Publishers, 2006.

Fulbright, J. William, *The Price of the Empire*, New York: Pantheon Books, 1989.

Fulbright, J. William, *The Arrogance of Power*, New York: Random House, 1966.

Fulbright, J. William, *The Crippled Giant: American Foreign Policy and Its Domestic Consequences*, New York: Random House, 1972.

Gibbons, William C., *The U. S. Government and the Vietnam War: Executive and Legislative Roles and Relationship*, Part 2-4, Washington, D. C.: U. S. Government Printing Office, 1986-1994.

Goodwin, Doris K., *Lyndon Johnson and the American Dream*, New York: St. Martin's Press, 1991.

Halberstam, David, *The Best and the Brightest*, New York: Ballantine Books, 1992.

Herring, George C., *America's Longest War: The United States and Vietnam*, 1950-1975, New York: Alfred Knopf, 1986.

Hersh, Seymour M., *The Price of Power: Kissinger in the Nixon White House*, New York: Summit Books, 1983.

Johnson, Haynes and Bernard M. Gwertzman, *Fulbright: The Dissenter*, Garden City: Doubleday, 1968.

Johnson, Robert David, *Congress and the Cold War*, New York: Cambridge University Press, 2006.

Kahin, George M. , *Intervention: How America Became Involved in Vietnam*, New York: Anchor Books, 1987.

Kaiser, David, *American Tragedy: Kennedy, Johnson, and the Origins of the Vietnam War*, Cambridge: Harvard University Press, 2000.

Kimball, Jeffrey, *Nixon's Vietnam War*, Lawrence: University Press of Kansas, 1998.

Kissinger, Henry, *Ending the Vietnam War: A History of America's Involvement in and Extrication from the Vietnam War*, New York: Simon & Schuster, 2003.

Logevall, Fredrik, *Choosing War: The Lost Chance for Peace and Esclation of War in Vietnam*, Berkeley: University of California Press, 1999.

Lynn, Naomi B. , *The Fulbright Premise: Senator J. William Fulbright's Views on Presidential Power*, Lewisburg: Bucknell University Press, 1973.

McNamara, Robert, *In Retrospect: The Tragedy and Lessons of Vietnam*, New York: Times Books, 1995.

Meyer, Karl E. , *Fulbright of Arkansas: The Public Positions of a Private Thinker*, Washington: Robert B. Luce, 1963.

Powell, Lee Riley, *J. William Fulbright and America's Lost Crusade: Fulbright's Opposition to the Vietnam War*, Little Rock: Rose Publishing Co. , 1984.

Powell, Lee Riley, *J. William Fulbright and His Time*, Memphis: Guild Bindery Press, 1996.

Schlesinger, Arthur M. , *A Thousand Days: John F. Kennedy in the White House*, New York: Houghton Mifflin Company, 2002.

Schulzinger, Robert D. , *A Time for War: The United States and Vietnam, 1941-1975*, New York: Oxford University Press, 1997.

Siff, Ezra Y. , *Why the Senate Slept: The Gulf of Tonkin Resolution and the Beginning of America's Vietnam War*, Westport: Praeger, 1999.

Small, Melvin, *Johnson, Nixon, and the Doves*, New Brunswick: Rutgers University Press, 1988.

Szulc, Tad, *The Illusion of Peace: Foreign Policy in the Nixon Years*, New York: The Viking Press, 1978.

Van Demark, Brian, *Into the Quagmire: Lyndon Johnson and the Escalation of the Vietnam War*, New York: Oxford University Press, 1990.

Woods, Randall B., *William Fulbright, Vietnam, and the Search for a Cold War Foreign Policy*, New York: Cambridge University Press, 1998.

Woods, Randall B., *Fulbright: A Biography*, New York: Cambridge University Press, 1995.

Woods, Randall B., *Vietnam and the American Political Tradition: The Politics of Dissent*, New York: Cambridge University Press, 2003.

Young, Marilyn B., *The Vietnam Wars*, 1945-1990, New York: HarperCollins, 1991.

期刊论文:

Ambrosius, Lloyd E., "The Goldwater-Fulbright Controversy," *Arkansas Historical Quarterly*, Autumn 1979.

Briggs, Philip, "Congress and Collective Security: The Resolution of 1943," *World Affairs*, Vol. 132, No. 4, 1970.

Bullert, Gary Byron, Francis Michael Casey, "The Foreign Policy of Senator William J. Fulbright: From ColdWar Warrior to Neo-Isolationist," *Journal of Social, Political and Economic Studies*, Vol. 8, Mo. 4, Winter 1983.

Felten, Peter G., "The Path to Dissent: Johnson, Fulbright, and the 1965 Intervention in theDominican Republic," *Presidential Studies Quarterly*, Vol. 26, No. 4, Fall 1996.

Fry, Joseph, "To Negotiate or Bomb: Congressional Prescriptions for Withdawing U. S. Troops from Vietnam," *Diplomatic History*, Vol. 34, No. 3, 2010.

Fulbright, J. William, "American Foreign Policy in the 20th Century under an 18th-Century Constitution," *Cornell Law Quarterly*, Vol. 47, Fall 1961.

Fulbright, J. William, "The Most Significant and Important Activity I Have Been Privileged to Engage in During My Years in the Senate," *Annals of the American Academy of Political and Social Science*, Vol. 424, March 1976.

Grundy, Kenneth, "The Apprenticeship of J. William Fulbright," *Virginia Quarterly Review*, Vol. 43, No. 3, Summer 1967.

Gunn, Herb, "The Continuing Friendship of James William Fulbright and Ronald Buchanan McCallum," *South Atlantic Quarterly*, Vol. 83, No. 4, Autumn 1984.

Jeffrey, Harry P., "Legislative Origins of the Fulbright Program," *Annals of the American Academy of Political and Social Science*, Vol. 491, May 1987.

McPherson, Alan, "Misled by Himself: What the Johnson Tapes Reveal about the Dominican Intervention of 1965," *Latin American Research Review*, Vol. 38, No. 2, 2003.

Smith, Harold T., "J. William Fulbright and the Arkansas 1974 Senatorial Election," *Arkansas Historical Quarterly*, Vol. 44, No. 2, Summer 1985.

Woods, Randall Bennett, "Dixie's Dove: J. William Fulbright, the Vietnam War and the American South," *The Journal of Southern History*, Vol. 60, No. 3, August 1994.

未发表的博士学位论文:

Stone, Gary S., "The Senate and the Vietnam War, 1964-1968," Ph. D. dissertation, Columbia University, 2000.

Tweraser, Kurt K., "The Advice and Dissent of Senator Fulbright," Ph. D. dissertation, American University, 1971.

Zelman, Walter, "Senate Dissent and the Vietnam War, 1964-1968," Ph. D. dissertation, University of California at Los Angeles, 1971.